Paul Wilhelm von Württemberg
Reisen und Streifzüge
in Mexiko und Nordamerika
1849-1856

Herausgegeben und eingeleitet von
Siegfried Augustin

Mit ethnologischen Anmerkungen
von Egon Renner

Mit 52 Abbildungen

Thienemann
Edition Erdmann

Die Abbildungen auf den inneren Umschlagseiten zeigen Indianer
der Tierra templada und eine Karte von Nordamerika und Mexiko
mit der Reiseroute Paul Wilhelms von Württemberg.

CIP-Kurztitelaufnahme der deutschen Bibliothek

Paul Wilhelm von Württemberg:
Reisen und Streifzüge in Mexiko und Nordamerika 1849–1856 /
Paul Wilhelm von Württemberg.
Hrsg. von Siegfried Augustin.
Stuttgart, Wien: Thienemann, Edition Erdmann, 1986.
(Alte abenteuerliche Reiseberichte)
ISBN 3-522-60720-1

Umschlag- und Einbandgestaltung besorgten Hilda
und Manfred Salemke in Karlsruhe.
Gesetzt in der Bembo, zehn Punkt, von Satztechnik Utesch
in Hamburg.
Gedruckt auf holzfreiem Werkdruckpapier und gebunden in
Cotona-Leinen von Wilhelm Röck in Weinsberg.

ALTE ABENTEUERLICHE REISEBERICHTE

Paul Wilhelm, Herzog von Württemberg

Inhalt

Reise durch die Südoststaaten der USA nach New York und Rückkehr nach Europa (22. Juni bis 28. Juli 1856)

Mit dem Dampfer nach Mobile (Alabama) – Ungesundes Klima – Montgomery – Eisenbahnfahrt durch einen brennenden Wald – Macon – Freuden und Leiden eines Bahnreisenden – Savannah – Bösartige Fieber – Schlechte Bahnhofsgaststätten – Richmond – Am Potomac – George Washingtons Landsitz – Von Washington nach Baltimore – Besuch der Smithsonian Institution in Washington – In der Schlangenabteilung – Feiern zum 4. Juli – Bürgerkriegsgefahr – Bühnenkunst – Der Konflikt USA/England – Weltpolitischer Exkurs – Von Baltimore nach Philadelphia – New York – Reisevorbereitungen – Heimfahrt

Einleitung

»In der Atmosphäre eines Palastes fühle ich
mich wie ein wildes, eingekerkertes Wesen in
einem goldenen Käfig. Hermelin, Szepter
und Krone wären für mich die Kennzeichen
eines Galeerensträflings. Mein Herz hätte
niemals aufgehört, sich nach den weiten, stillen Regionen zu sehnen, in denen das einfache, freie und unkomplizierte Dasein der Na-
turkinder herrscht.«

HERZOG PAUL IN EINEM GESPRÄCH MIT
LORD BLANK IN BALTIMORE

Unter den zahlreichen Deutschen, die sich um die Erfor-
schung und Beschreibung des nordamerikanischen Subkon-
tinents verdient gemacht haben, nimmt Herzog Paul von
Württemberg eine in mehrfacher Hinsicht herausragende
Stellung ein: In einem Zeitraum von fünfunddreißig Jahren
reiste er viermal über den Atlantik und hielt sich insgesamt
mehr als zehn Jahre in Nordamerika auf. Lange vor dem
Prinzen Maximilian zu Wied besuchte er die Gebiete am
oberen Missouri, entdeckte drei Jahre vor dem »offiziellen«
Entdecker Schoolcraft die Quellen des Mississippi, hatte einen Indianer als Adoptivsohn und war als Gast Johann August Sutters Augenzeuge des Goldrauschs in Kalifornien. Als
Naturwissenschaftler war er eine international angesehene
Kapazität und besaß die wohl größte private Naturalien-
sammlung der Welt. Als reisender Forscher schreckte er vor
keiner Strapaze zurück und übertraf mit seiner Unerschrok-

11

kenheit, ja bisweilen Tollkühnheit so ziemlich alle wirklichen und erfundenen Helden des Wilden Westen. Er war gewissermaßen Humboldt, Gerstäcker und Old Shatterhand in einer Person.

Sein Leben beschreiben heißt seine Reisen beschreiben. In ihnen fand sein Interesse an der Natur und ihren Erscheinungen realen Ausdruck, hinter dem eine militärische oder politische Karriere ebenso verblaßte wie höfischer Glanz.

Herzog Friedrich Paul Wilhelm von Württemberg wurde am 25. Juni 1797 in Carlsruhe in Schlesien als zweiter Sohn Herzog Eugens von Württemberg und dessen Frau, der Prinzessin Luise von Stolberg-Geldern, geboren. Sein älterer, 1788 geborener Bruder, Prinz Eugen von Württemberg, hatte mit dem berühmten österreichischen Feldherrn mehr als nur den Vornamen gemeinsam: Als Generalmajor in russischen Diensten machte er sich um die Befreiung Europas von der Diktatur Napoleons hochverdient. So entwarf er beispielsweise den russischen Feldzugsplan des Jahres 1812 und gab als Held von Wachau der Völkerschlacht bei Leipzig die entscheidende Wendung. Er starb 1857.

Der Onkel Herzog Pauls war König Friedrich I. von Württemberg, ein charakterloser, frankophiler Despot, dessen orientalisch üppige Hofhaltung ebenso berühmt war wie seine Ergebenheit gegenüber Napoleon. Gleichwohl erkannte er die außergewöhnlichen Anlagen seines Neffen und ließ ihm eine ausgezeichnete Ausbildung zuteil werden. Der junge Prinz sollte die militärische Laufbahn einschlagen. Er machte auch die entsprechende Ausbildung durch, wurde 1814 Hauptmann »à la suite« in der berittenen Garde, trat 1815 in preußische Dienste und stieg später bis zum Generalmajor der Kavallerie auf.

Viel mehr als die militärische Laufbahn interessierten ihn aber die Naturwissenschaften. In Württemberg wirkten damals einige der wissenschaftlichen Koryphäen ihrer Zeit.

Eine von ihnen, Professor Lebret, nahm den begabten Prinzen unter seine Fittiche und begeisterte ihn vor allem für Zoologie und Botanik. Daneben genoß er eine sorgfältige Ausbildung in Medizin, klassischer Literatur, alten und neuen Sprachen und in Philosophie. An der Universität Tübingen wurden ihm die Doktordiplome in Medizin, Anatomie und Philosophie verliehen.

Herzog Paul war aber alles andere als ein Stubengelehrter. Schon früh drängte es ihn, seine Kenntnisse praktisch zu erproben, und zwar in Regionen, die noch wenig erforscht waren. Als Vorbilder wirkten zweifellos Alexander von Humboldt mit seinen »Ansichten der Natur« (Stuttgart 1808) und seinem »Versuch über den politischen Zustand des Königreiches Neu-Spanien« (Tübingen 1809–1814) sowie Prinz Maximilian zu Wied mit seiner »Reise nach Brasilien« (Frankfurt am Main 1820).

Im Oktober 1822 schiffte sich Herzog Paul in Hamburg ein und segelte auf dem Dreimaster »Highlander« nach New Orleans. Zwei Jahre lang bereiste er inkognito – nur von einem Jäger begleitet – die Insel Kuba und die Gebiete an Mississippi und Missouri. Damals bereits wurde New Orleans so etwas wie seine zweite Heimat. Im Dezember 1824 kehrte er wieder nach Deutschland zurück und schockierte seine Verwandtschaft damit, daß er einen Indianerjungen als Adoptivsohn mitbrachte. Nicht irgendeinen Knaben, sondern das berühmteste Kind der USA: Baptiste Charbonneau alias »Pomp«, den Sohn der Schoschone-Indianerin Sacajawea, die die Expedition von Lewis und Clark durch die Rocky Mountains zum Pazifik geführt und dabei das Baby immer bei sich getragen hatte.

Am 17. April 1827 heiratete Herzog Paul Prinzessin Sophie von Thurn und Taxis. Das junge Paar zog in das ehemalige Deutschordensritterschloß Mergentheim. Dort kam am 3. September 1828 das einzige Kind Herzog Pauls, Maximilian, zur Welt. Im selben Jahr erschien auch die erste Ausgabe seines Reiseberichts über Nordamerika. Die zweite, endgültige Ausgabe kam 1835 in Stuttgart bei Cotta heraus; sie sollte seine einzige größere Veröffentlichung bleiben. Da sie jedoch seit einigen Jahren wieder in einer Neuausgabe zugänglich ist, kann auf die genaue Schilderung des Reiseverlaufes in diesem Rahmen verzichtet werden.

Im Frühjahr 1829 brach Herzog Paul zu seiner zweiten Reise nach Amerika auf. Dabei brachte er seinen Adoptivsohn wieder in dessen heimatliche Jagdgefilde zurück. Von dieser Reise existiert nur ein kurzer Zeitungsbericht aus dem Jahr 1845. An Hand von bruchstückhaften Archivmaterialien und zeitgenössischen amerikanischen Quellen läßt sich der Verlauf der Reise einigermaßen rekonstruieren.

1829

Mai:	Abreise von Bremen nach Bordeaux. Abstecher nach Madrid. Wieder zurück nach Bordeaux.
23. Mai:	Aufbruch nach Westindien.
Juni/Juli:	Reisen im Golf von Mexiko.
5. August:	San Domingo.
November:	Von San Domingo nach New Orleans.
1. Dezember:	Ankunft in St. Louis.

1830

Februar:	Council Bluffs, Ft. Atkinson. Besuch bei den Mandan. Ft. Kipp.
19.–22. März:	Vom Cheyenne River zu den Arikara am Missouri (45° 50′ nördl. Breite).
22. April:	Wieder bei den Mandan.
30. April:	Ft. Clark.
18. Juli:	Am Fuß der Rocky Mountains.
30. August:	Abreise nach Ft. Tecumseh.
Herbst:	Möglicherweise dreimonatiger Aufenthalt bei den Sioux. Am Ufer des Yellowstone

River. Im Quellgebiet des Missouri. Black-
snake Creek. Treffen mit dem Häuptling der
Sauk und Fox. Mary's Landing. Schiffbruch.
Lewis Rock, Oregon.

30. Oktober: St. Louis. Rückkehr nach New Orleans.

Winter: Von einem Sioux vom Tode errettet, dessen
Vater der Herzog einmal einen Dienst erwiesen hatte. Am Zusammenfluß des Sioux River mit dem Missouri. Besuch des Begräbnis-
berges Ua-Schinga-sabac. Zusammentreffen
mit den Schwarzfuß-Indianern und den Assi-
niboin zwischen dem 45. und 55. Grad nördl.
Breite und dem 103. und 125. Längengrad.
Auf einem kleinen Boot fuhr Herzog Paul den
Missouri hinab, ein Unternehmen, das als fast
aussichtslos galt.

21. Dezember: Einschiffung nach Tampico.

1831

1. Januar: Beginn der Reise von Tampico über die Kordilleren nach Mexiko-Stadt.

1. Februar: Eintreffen in Mexiko-Stadt. Von dort nach
Vera Cruz. Zurück nach New Orleans.

Frühjahr: Cincinnati, Buffalo, Erie am Eriesee, Nia-
garafälle.
Der weitere Verlauf der Reise ist unklar.
Möglicherweise unternahm der Herzog eine
neuerliche Reise nach den Rocky Mountains
und hielt sich erst 1831 drei Monate bei den
Sioux auf.

Eines dürfte jedoch sicher sein: Herzog Paul entdeckte auf
dieser Reise als erster Weißer die Quellen des Mississippi –
zwei Jahre vor Henry Schoolcraft, dem offiziellen Entdecker.
Dokumentiert wird Herzog Pauls Reise u. a. durch die Tage-

bucheintragungen eines amerikanischen Pelzhändlers. Dieser vermerkte unter dem 9. März 1830 u. a.:

»Um 9 Uhr vormittags kam ein Mann, der das wohlbehaltene Eintreffen Seiner Majestät ... meldete. Ich arrangierte alles für seinen Empfang. Um 3 Uhr nachmittags traf der Prinz mit einem Teil seiner Leute hier ein. Mr. G. P. Cerré stellte uns Seiner Majestät vor. Wir zogen bei seinem Eintreffen die Fahne auf.«

Einen Tag später schrieb dieser Pelzhändler:

»Mittwoch, den 10. März. Der Prinz ist ein gut aussehender Mann. Er ist ungefähr sechs Fuß groß und etwas korpulent. Er tituliert sich Paul Prinz von Warttenberg, Neffe des jetzigen Königs von England.«

Diese Eintragung interpretierte ein namhafter amerikanischer Historiker hundert Jahre später so: »Dies war der Bruder von Wilhelm I., König des armseligen Königreiches Warttenberg in Ostpreußen.«

Nach seiner Rückkehr nach Mergentheim machte sich Herzog Paul daran, die ungeheure Menge an Naturalien zu bestimmen und zu ordnen. Sein Plan war, in Schloß Mergentheim ein naturwissenschaftliches Museum einzurichten. 1834 fand in Stuttgart ein großes Symposium von Naturwissenschaftlern statt, bei dem der Herzog einige Stücke seiner Sammlung sowie Zeichnungen und Skizzen präsentierte. Es kam aber zu keinen weiteren Veröffentlichungen.

Auf Ersuchen des ägyptischen Vizekönigs Mehmet Ali unternahm der rastlose »Zigeunerprinz«, wie man ihn mittlerweile nannte, im Jahr 1839 eine Reise in den Sudan und nach Nordabessinien, um festzustellen, ob in den Bergen von Fazokl Gold zu finden sei. Am 5. Dezember 1839 brach der Herzog von Kairo aus auf und erreichte am 26. Januar Assuan. Über Berber reiste er weiter nach Khartum, wo er am 2. Februar eintraf. Seine Ankunft bei Achmed Pascha, dem General-Gouverneur von Belad Sudan, schildert Ferdinand

Werne in seinem »Beitrag zur Kunde von Afrika« (Stuttgart 1860); Werne befand sich zu dieser Zeit gerade mit seinem Bruder Josef als Gast bei Achmed Pascha.

»Aber auch der Prinz – Herzog Paul Wilhelm aus Mergentheim – war halb türkisch gekleidet, mit der rothen Mütze und der Schärpe um die weiten Hosen, seinen Lieblingssäbel zur Seite... Er war außerordentlich redselig, erzählte von seinen Reisen in Amerika wie auch, daß er früher als Major in preußischen Diensten gestanden habe, aus welchen er noch immer etwas von jenem bekannten Offiziers-Ton beibehalten hat. Der Wein setzte seine... eminente Corpulenz in ein solches, durch die Hitze des Tages gesteigertes Echauffement, daß mein Bruder mich bedenklich ansah und auf den Fall eines notwendigen Aderlasses wohlweislich seine Lancetten nebst Zubehör im Nebenzimmer zurecht legte; allein seine starke Natur hielt aus und schützte ihn auch auf seiner weiteren Fahrt...«

Auf dieser Reise drang er bis zum 8. Grad nördl. Breite nach Süden vor und brachte neben Naturalien auch zahllose Skizzen mit. Dreitausend eng beschriebene Seiten enthielten die wissenschaftlichen Daten dieser Reise; der Herzog fertigte allein dreitausend kolorierte Skizzen mit Vögeln an. Die Rückreise führte ihn über die Türkei und Griechenland wieder nach Deutschland, wo er im August 1840 eintraf.

Durch diese Reise, auf der er in vergleichsweise kurzer Zeit ein riesiges Gebiet systematisch erforscht hatte, rückte Herzog Paul in die vorderste Reihe der großen Forscher und Wissenschaftler seiner Zeit. Die Engländer zögerten nicht, ihn in einem Atemzug mit den großen Afrikaforschern Livingstone, Nachtigal oder Vogel zu nennen. Er stand mit den führenden Ornithologen seiner Zeit im Briefwechsel, mit Audubon und Swainson.

Nicht nur den geistig unbeweglichen Hofschranzen und Beamten des württembergischen Hofes, sondern auch einem Teil seiner Verwandtschaft war der Herzog suspekt, ebenso wie einige Jahrzehnte später etwa der kunstbegeisterte Bayernkönig Ludwig II. der engstirnigen Münchner Hofkamarilla. Man hatte zwar nicht den Mut, den reiselustigen Herzog – der nach eigener Aussage täglich für das Wohl seiner Verwandten betete, um nur ja nicht König werden zu müssen – offiziell für verrückt zu erklären, warf ihm aber Hindernisse in den Weg, wo es nur ging.

Herzog Paul kümmerte dies offenbar herzlich wenig. Seine Richtschnur war nicht Verwandtenklatsch oder Lakaiengeschwätz, er fand seine Bestätigung im Reich der Wissenschaften. Im folgenden sind einige der zahlreichen Ehrungen aufgezählt, die ihm zuteil wurden:

Mitglied der Königlichen Akademien der Wissenschaften in Wien, St. Petersburg und London
Ehrenmitglied der Senckenbergischen Naturforschenden Gesellschaft in Frankfurt am Main
Ehrenmitglied der Deutschen Ornithologischen Gesellschaft
Ehrenmitglied der Gesellschaft für vaterländische Naturkunde
Diplom der Société Impérial-Zoologique d'Acclimation, Paris
Diplom der Naturforschenden Gesellschaft des Osterlandes in Altenburg
Ehrenmitglied der Zentralstelle der württembergischen Landwirtschaft

Seine rege wissenschaftliche Arbeit schlug sich jedoch leider nicht in größeren Veröffentlichungen nieder. Noch war sein Tatendrang zu groß, als daß er sich hinter den Schreibtisch hätte verkriechen wollen. Nach einigen vergleichsweise kürzeren Reisen brach Herzog Paul 1849 zu seinem bisher längsten Reiseunternehmen auf. Von seinem alten Hauptquartier New Orleans aus wollte er verschiedene Regionen Nordamerikas und Mexikos erforschen und so beschreiben, wie dies der von ihm hochverehrte Alexander von Humboldt getan hatte: Tier- und Pflanzenwelt, Geographie, Geologie, Bewohner und ihre politischen und wirtschaftlichen Verhält- nisse, kurz, alle Aspekte der Natur, die er als Kosmos auf- faßte. Von Nordamerika aus wollte er über Südafrika nach Australien reisen. Als das Schiff wegen widriger Umstände vor der afrikanischen Küste umkehren und nach Brasilien zurücksegeln mußte, änderte der Herzog kurzerhand seinen Plan und bereiste ein halbes Jahr lang Südamerika: Brasilien, Uruguay, Argentinien inklusive Patagonien, Chile, Ecuador und Peru. Über Panama kehrte er nach New Orleans zurück, um noch einige ausgedehnte Reisen in den Vereinigten Staa- ten zu unternehmen, ehe er 1856 wieder nach Deutschland zurückkehrte.

Seinen Australien-Plan gab Herzog Paul jedoch nicht auf. Er nahm sich kaum Zeit, die ungeheure Menge an Naturalien und anderen Mitbringseln zu sortieren; er begann lediglich, die Tagebuchaufzeichnungen seiner siebenjährigen Amerika- reise für den Druck zu überarbeiten. Er kam damit jedoch nicht sehr weit, denn schon Ende September 1857 schiffte er sich in Bremen wieder einmal nach New Orleans ein, wo er bis zum 10. April 1858 erneut sein Hauptquartier aufschlug. Anschließend fuhr er den Mississippi aufwärts bis St. Louis und reiste von dort aus mit der Eisenbahn nach New York. Am 1. Mai 1858 stach er in See. Sein Ziel: Australien. Der Verlauf der Reise ist im folgenden kurz skizziert:

1. Mai – 6. August:	Seereise von New York nach Melbourne. Aufenthalt in Melbourne.
7. August – 2. September:	Von Melbourne bis Murray.
3. September – 27. September:	Von Murray bis Sidney, New Castle, Brisbane, Ipswich.
28. September – 30. Oktober:	Von Ipswich nach Sidney, Hoberttown, Tasmanien, Melbourne.

15. November – 6. Dezember:	Abfahrt von Australien nach Ceylon, Socotora und Aden.
8. Dezember 1858 –	Von Aden nach Suez, Alexan-
9. Januar 1859:	dria, Kephalonia, Albanien, Pola, Triest.

Auch von diesem Unternehmen kehrte er mit reicher wissenschaftlicher Ausbeute zurück. Nunmehr war – wenn man so sagen kann – die erste Phase seines weltweiten Forschungsprogramms abgeschlossen. Es gibt keine Anhaltspunkte dafür, daß er etwa auch Reisen nach Asien geplant hätte. Neben den großen Reisen hatte Herzog Paul allerdings eine ganze Reihe »kleinerer« Reisen unternommen – in Anbetracht der damaligen Verkehrsmittel ein relativer Begriff. Verbürgt sind »Verwandtenbesuche« in Paris, Den Haag, London, Wien, St. Petersburg, ferner Reisen nach dem Balkan, nach Sizilien, Spanien, dem Nahen Osten, Tunis, Algier und in das Atlasgebirge.

Nun ging Herzog Paul endlich daran, sich der Sisyphusarbeit der Auswertung seiner Forschungsergebnisse zu unterziehen. Doch es war ihm nicht vergönnt, sein gigantisches Lebenswerk adäquat abzuschließen und durch eine entsprechend umfangreiche Veröffentlichung zu krönen. Der große, stattliche Mann, der mit seinen blonden Haaren und blauen Augen, mit seinem reichen Wissen und seiner Bescheidenheit die Verkörperung des Bilderbuch-Deutschen war und der kaltblütig tausend Gefahren überstanden hatte, wurde das Opfer einer simplen Erkältung. Am 25. November 1860 nahm ihn der Tod mit auf die letzte große Reise. Herzog Paul wurde in der Stuttgarter Stiftskirche mit höfischem Zeremoniell und militärischen Ehren – beides hatte ihm zu Lebzeiten wenig bedeutet – beigesetzt.

»Bruder, diese Amerikaner sind himmelan
stinkende Krämerseelen. Tot für alles geistige Leben, maustot. Die Nachtigall hat recht,
daß sie bei diesen Wichten nicht einkehrt...
Eine Niagarastimme gehört dazu, um diesen
Schuften zu predigen, daß es noch höhere
Götter gebe, als die im Münzhaus geschlagen
werden.«

NIKOLAUS LENAU AN F. A. X. SCHURZ

Es ist heute üblich geworden, Personen und Ereignisse der
Geschichte ausschließlich aus der heutigen Perspektive zu
betrachten und zu werten. Dabei werden die zur Zeit gelten-
den Wertmaßstäbe nur allzugern als das Nonplusultra ange-
sehen, obgleich sie letztlich genauso subjektiv und von Vorurteilen behaftet sind, wie dies frühere Wertmaßstäbe waren.
Einer so ausgeprägten Persönlichkeit wie Herzog Paul von
Württemberg kann man nur dann einigermaßen gerecht
werden, wenn man sie vor dem Hintergrund ihrer Zeit zu
verstehen versucht. Daher soll im folgenden der historische
Hintergrund seiner dritten Amerikareise, also der Jahre 1849
bis 1856, kurz skizziert werden.

Herzog Paul kam 1849 aus einem Land, das im Umbruch
war, in ein Land, das im Aufbruch war. Die revolutionären
Turbulenzen des Jahres 1848 wirkten noch weiter fort und
führten unter anderem zum Mai-Aufstand in Dresden. In der
Folge mußten zahlreiche Revolutionäre ins Ausland fliehen,
etliche von ihnen wählten die Vereinigten Staaten als Ziel, die
vielfach als Hort der Freiheit galten. Der Strom politischer
Emigranten wurde von einem Strom von Auswanderern
begleitet, die mehr oder weniger aus materieller Not ihr Heil
im »goldenen Westen« suchten. »Golden« im wahrsten Sinn
des Wortes, denn die Kunde von den Goldfunden im Neu-
Helvetien des Schweizer Auswanderers Johann August Sutter hatte sich wie ein Lauffeuer auch nach Europa verbreitet.
Es war die Zeit, in der aus allen Richtungen Auswanderer-

Präsident Taylor

schiffe in Nordamerika eintrafen, Siedler- und Goldsucher-
trecks durch die Prärien und Felsengebirge zogen und »West-
ward Ho!« zum Schlachtruf des vielberufenen amerikanischen Pioniergeistes wurde. Geschichts- und Geschichten-
schreiber trugen zur romantischen Verklärung dieser Epoche
bei, die sich bei genauerer Betrachtung als gar nicht so ro-
mantisch erweist. »A Century of Dishonour« (»Ein Jahrhundert der Schande«) nannte Helen Hunt Jackson (1830–1885)
ihre 1881 veröffentlichte Dokumentation über die Verbrechen der USA an den Indianern. Dies ist jedoch nur einer der
vielen negativen Aspekte jener Zeit. In den vierziger Jahren

waren die Vereinigten Staaten vollends zur imperialistischen
Macht geworden, was insofern weniger auffiel, als sich die-
ser Imperialismus noch innerhalb desselben Kontinents be-
wegte. Durch den mit Mexiko vom Zaun gebrochenen
Krieg hatten sich die USA weite Gebiete des Südens und
Südwestens einverleibt. Seit März 1849 war Zachary Taylor
Präsident der USA. In seiner Amtszeit wurden auch – wie es
in den Geschichtsbüchern so schön heißt – »Kalifornien als
31. Staat in die Union aufgenommen und New Mexico und
Utah als US-Territorien zugelassen«.

Es war jene Zeit, in der die Vereinigten Staaten erstmals
von Ozean zu Ozean reichten und von der Joachim Fernau in
seinem exzellenten »Halleluja. Die Geschichte der USA«
sagte: »Jeder Amerikaner, auch wenn er nichts damit anzufangen wußte, wuchs innerlich um zehn Zentimeter. Es war
die Geburtsstunde des amerikanischen Größenwahns...«

Die territoriale Erweiterung brachte aber auch Probleme
ganz anderer Art mit sich. Es erhob sich nämlich gleich die
Frage, ob in den neuen Staaten und Territorien die Sklaverei
erlaubt sein solle oder nicht; es kam darob zu heftigen politischen Debatten. Worüber man sich allerdings weniger er-
eiferte, war das Schicksal der Indianer, denen das Land ja
eigentlich gehörte. Die Lösung dieses Problems überließ
man im großen und ganzen dem »Pioniergeist« der Siedler,
dem Wirken der Indianeragenten und Schnapshändler und
den »Strafaktionen« des Militärs und der Milizen. Es war ein
erbarmungsloser Ausrottungskrieg, der da geführt wurde,
nicht – wie bei den Spaniern – im Zeichen des Kreuzes,
sondern aus rein geschäftsmäßigen Überlegungen. Es ging
nicht um Menschenleben oder um die Einhaltung von Verträgen, sondern um den Besitz von Weide- und Ackerland,
von Bodenschätzen und vor allem um jede Form von Geschäft. Wenn Johannes Scherr, der große Kulturhistoriker
und Demokrat (1817–1886), das 19. Jahrhundert als ein Jahrhundert bezeichnet, in dem alles und jedes ein Geschäft sei

23

und es nur noch eine wirklich und wahrhaft gläubige Gemeinde gäbe, die »Church of business«, so trifft dies auf die USA beklemmend präzise zu.

Präsident Taylor starb am 9. Juli 1850; an seine Stelle trat Vizepräsident Fillmore. Damals schon war die Nicaragua-Frage eines der brennendsten außenpolitischen Probleme. Man wollte um jeden Preis verhindern, daß sich der frühere Kolonialherr England in Zentralamerika festsetze. Auch um das damals noch spanische Kuba stritt man.

Im selben Jahr 1850 starb auch Nikolaus Lenau, einer der vielen enttäuschten Deutschen, die mit großer Euphorie nach Nordamerika ausgewandert waren, aber zutiefst enttäuscht wieder zurückkehrten. Lenau war übrigens auch mit einem Vetter des Königs von Württemberg, Graf Alexander von Württemberg, befreundet gewesen, einem »prächtigen Kerl, wild und mutig, ritterlich und herzlich«. Lenaus drastisches Urteil über die Amerikaner wird in etwas differenzierterer Form von Herzog Paul bestätigt.

1851, als Herzog Paul seine Reise nach Fort Laramie unternahm, wurde in Mendota ein Vertrag mit den Santee-Sioux geschlossen, in dem diese einige Millionen Acre Land in Minnesota abtraten. In Frankreich hatte Louis Napoleon einen erfolgreichen Staatsstreich unternommen. Herzog Paul berichtet, wie ihn diese Nachricht erreichte. Immerhin war er mit Louis Napoleon, dem späteren Napoleon III., entfernt verwandt.

Im November 1852 gewann Franklin Pierce den Wahlkampf um die Präsidentschaft und trat im März des Folgejahres sein Amt an. Er entsandte vier Expeditionen, die mögliche Strecken für die geplante transkontinentale Eisenbahn ermitteln und vermessen sollten. An einer dieser Expeditionen, die Captain Whipple leitete, nahm auch Balduin Möllhausen, der Begleiter des Herzogs, teil.

1854 trat Mexiko Teile seiner Provinzen Sonora und Chihuahua an die USA ab. Das Großmachtstreben der USA

Präsident Pierce

wurde nun offensichtlich. Die Regierung ließ allen Ernstes
verlauten, daß die Vereinigten Staaten ein gleichsam göttli-
ches Recht auf den Besitz von Kuba hätten. Man wollte auf
Haiti und auf den Sandwichinseln Stützpunkte errichten, was
aber durch England und Frankreich vereitelt werden konnte.
Da sich die USA fast überall einmischten, bekamen sie im
Lauf der Zeit mit fast allen anderen Mächten Streit. Innen-
politisch brachte das Jahr 1854 den Aufstieg der ausländerfeind-
lichen Knownothings, einer fanatischen Bewegung von

25

»Natives«, also im Land geborenen, vornehmlich angelsächsischen Amerikanern. Es kam sogar zu bewaffneten Auseinandersetzungen mit Irländern, die als Katholiken den Knownothings besonders verhaßt waren. Im selben Jahr wurde die Republikanische Partei gegründet, die in ihrem Programm auch gegen die Sklaverei Stellung nahm.

1855 besuchte Herzog Paul die deutschen Ansiedlungen in Texas. Ihre Gründung ging auf das Wirken des 1842 in Biebrich bei Wiesbaden gegründeten »Vereins zum Schutze deutscher Auswanderer in Texas« zurück, dem zahlreiche Adlige angehörten und der deshalb auch »Mainzer Adelsverein« genannt wurde. Ziel dieses Vereins war die Gründung einer deutschen Kolonie in Texas, eine Idee, die auch von England gefördert wurde, da eine derartige Kolonie als Puffer zwischen den USA und Mexiko der amerikanischen Expansion hätte Einhalt gebieten können. Auf Grund organisatorischer Unzulänglichkeiten entwickelte sich das Unternehmen jedoch nicht planmäßig; es entstanden aber einige noch heute existierende deutsche Ansiedlungen, so die Städte Neu-Braunfels und Friedrichsburg. Bemerkenswert ist, daß die deutschen Ansiedler mit den Comanchen einen Vertrag schlossen, der zu den wenigen Verträgen mit Indianern gehörte, die jemals längere Zeit eingehalten wurden.

Immer wieder gab es auch Stimmen, die für die Indianer Partei ergriffen und auch ihre kulturelle Eigenheit anerkannten. Diese leider nur vereinzelt anzutreffende Haltung fand ihren schönsten Ausdruck in der 1855 erschienenen Dichtung Henry W. Longfellows, »Hiawatha«, die man auch die indianische Edda nannte.

1856 verließ Herzog Paul Nordamerika. Im Frühjahr war Präsident Pierce zurückgetreten, die innenpolitischen Spannungen wuchsen. Sie sollten, wie Herzog Paul in seinen Tagebuchaufzeichnungen prophezeite, sich schon wenige Jahre später in einem entsetzlichen Bürgerkrieg entladen, dem ersten Vernichtungskrieg neuerer Zeit.

»Nie stand ich solche Gefahren aus wie auf
dieser Reise... Nur die bis zur Leidenschaft
ausgeprägte Sehnsucht, dem inneren Drang
der Wissenschaft zu frönen, und der unersättliche Durst, die Geschehnisse der Oberfläche
unseres Planeten kennenzulernen, lassen solche Momente freudig überstehen.«

TAGEBUCH DER DRITTEN AMERIKAREISE (S. 130)

Diese Worte, die Herzog Paul nach der Überquerung der
Kordilleren zwischen Durango und Mazatlán im April 1850
in sein Tagebuch schrieb, charakterisieren prägnant seine
Persönlichkeit als reisender Naturforscher. Die Aufzeichnungen seiner dritten Amerikareise machen deutlich, wie
weitgespannt die Interessen des Herzogs, wie umfassend
seine Bildung und wie reichhaltig sein Wissen waren. Das
Hauptanliegen seiner Reisen war es zwar, Naturalien zu sammeln und dadurch bislang unerforschte Gebiete zoologisch
und botanisch zu erfassen, aber in seinen Notizen befaßte er
sich auch mit den Eingeborenen, mit politischen und wirtschaftlichen Fragen, mit Preisen auf Märkten, mit Landessit-
ten und dem Leben in den Städten, mit Baustilen und religiösen Problemen, mit Kriminalität und Rechtssprechung, mit
Fragen der Auswanderer und Siedler und mit vielen anderen
Themen. Bemerkenswert ist auch die Beschreibung der Fei-
erlichkeiten und Reden anläßlich des Unabhängigkeitstages,
wie er sie in Kalifornien erlebt.

Reichhaltig ist auch die Palette bekannter Persönlichkeiten,
mit denen er zusammentrifft. In Texas ist er Gast Adolph
Uhdes, der sich später als Verfasser des Buches »Die Länder
am untern Rio Grande« (Heidelberg 1861) einen Namen
machte. In Kalifornien ist er, wie erwähnt, Gast von Captain
Sutter; fast zur selben Zeit ist auch Friedrich Gerstäcker, der
berühmte Reiseschriftsteller, in den kalifornischen Gold-
minen. Als Herzog Paul in Mazatlán weilt, gastiert dort
gerade der berühmte Klaviervirtuose Henri Herz (1803–1888).

27

Er erwähnt auch Jenny Lind (1820–1887), die »schwedische Nachtigall«; sie begann 1850 ihr großes Amerika-Gastspiel, das von Barnum organisiert worden war und in einen regelrechten »Lind-Rummel« mündete.

Aus demselben Jahr 1850 stammt auch eine Tagebucheintragung des Heidelberger Privatdozenten für Pharmazie, Louis Posselt (1817–1880), der als Minensachverständiger in Nordmexiko lebte und etwa 1860 wieder nach Deutschland zurückkehrte und Chemieprofessor in seiner Heimatstadt wurde:

»Seit zehn Tagen befindet sich Prinz Paul von Württemberg, der berühmte Reisende, auf seiner Durchreise hier... Er ist ein Mann von vielen Kenntnissen in den Naturwissenschaften, und so ist sein Umgang belehrend.«

Herzog Paul begegnet aber auch Personen, die nicht so ganz freiwillig ihre Heimat verlassen haben, wie z. B. dem neben Friedrich Hecker berühmtesten »48er«, Gottfried Kinkel (1815–1882), der wegen seiner Teilnahme am pfälzisch-badischen Aufstand zu lebenslangem Zuchthaus verurteilt, 1850 aber von Carl Schurz befreit worden war. Er hielt sich 1851/52 in Nordamerika auf, zog sich aber bald von der Politik zurück und wurde Professor in London und Zürich. Das Verhalten dieser Emigranten muß nicht immer ein Ruhmesblatt für Deutschland gewesen sein, wie Herzog Paul mehrmals kritisch vermerkt. Dies beruht sicher nicht allein auf seiner monarchisch geprägten, keineswegs aber demokratiefeindlichen Gesinnung, sondern auf der Tatsache, daß diese Emigranten versuchten, ihre teilweise unausgegorenen Ideen auch in ihrem Gastland zu verbreiten – ein Phänomen, das im 20. Jahrhundert bereits alltäglich ist.

Bemerkenswert ist auch Herzog Pauls Besuch bei Pastor Ervendberg in Neu-Braunfels, der mit seiner Erziehungsanstalt eine frühe Form von Hermann Gmeiners Kinderdörfern kreiert hatte.

Durch die Fülle des Beobachteten aus allen Lebensbereichen wird das Tagebuch des Herzogs zu einer kleinen Kulturgeschichte jener Jahre. Dabei spart Herzog Paul nicht mit kritischen, teilweise scharfzüngigen Meinungsäußerungen, sei es zu der ihm lächerlich erscheinenden Temperenzbewegung, sei es zum Sektenunwesen oder zum Wirken der katholischen oder protestantischen Geistlichen. Bei aller Ablehnung der Sklaverei scheut er sich nicht, die Neger auf Grund eigener Beobachtungen und Erfahrungen kritischer zu sehen, als dies heute allgemein der Fall ist. Es wäre jedoch töricht, den Herzog deswegen als Rassisten zu bezeichnen.

So groß seine Bewunderung für die wilden Indianer ist, die ihm sogar würdig erschienen, »die Bardenlieder Homers und Ossians zu schmücken«, so gering ist sein Verständnis dafür, daß eine Macht wie die Vereinigten Staaten das Indianerproblem noch nicht gelöst hatte. Hier machen sich dann doch die militärische Ausbildung des Herzogs und eine gewisse staatsmännische Betrachtungsweise bemerkbar.

> »Man müßte ihn heute den amerikanischen
> Schweinfurth oder Nachtigal nennen, doch
> der Ruhm ist eine launische Sache, die nicht
> zuletzt eine Propagandatrommel braucht –
> und gerade die besaß Paul Wilhelm nicht.«
> ARMIN O. HUBER

Der Grund dafür, daß Herzog Paul in Deutschland ziemlich schnell in Vergessenheit geriet, liegt in erster Linie darin, daß sich sein Sohn Maximilian, aber auch die übrige Verwandtschaft nicht sonderlich für den wissenschaftlichen Nachlaß interessierten. Maximilian schenkte alles der Königlichen Bibliothek in Stuttgart; die Sammlung wurde im Lauf der Zeit verstreut; die über hundert Tagebücher, mehrere tausend Skizzen von Landschaften und ihren Bewohnern, von Bauwerken und Behausungen, von Tieren und Pflanzen, von Fahrzeugen und allen möglichen sonstigen Motiven,

Hunderte von Seiten mit naturwissenschaftlichen Daten (Regentabellen, Temperaturtabellen etc.), Aufzeichnungen über Preise, Informationen über Auswanderung, Zeitungsausschnitte und vieles andere wurde verpackt und landete schließlich im Keller. Es fand sich niemand, der den wissenschaftlichen Nachlaß des Herzogs bearbeitet hätte. Offensichtlich suchte man auch nicht allzu intensiv danach und stellte auch keine Geldmittel zur Verfügung. Obgleich einzelne Teile seiner Sammlung in Institute oder Museen gelangten, blieb doch der Großteil für die Öffentlichkeit unzugänglich. Amerikanische Brandbomben lösten dann zu Ende des 2. Weltkrieges das Problem auf ihre Weise.

Grundlage des vorliegenden Buches bilden private Abschriften, die vor dem Krieg angefertigt wurden. Sie beziehen sich allerdings nur auf die Reisen in Nordamerika und Mexiko, nicht auf die Reisen in Südamerika. Die Aufzeichnungen selbst sind unterschiedlich gut durchformuliert; der Herzog konnte bei weitem nicht alles für den Druck vorbereiten. Hier mußte die Bearbeitung behutsam ordnend eingreifen, ohne jedoch am frisch zupackenden Stil des Herzogs etwas zu ändern. Der vermeintliche Mangel ist sogar in gewissem Maße als Vorzug zu betrachten, da die Aufzeichnungen die nicht durch Verlags- und andere Konventionen seiner Zeit gefilterte spontane Meinung dieser großen Persönlichkeit zeigen. So enthält das Tagebuch des Herzogs auch manche Äußerung, die ob ihrer sympathischen Offenheit den Leser schmunzeln läßt. Anläßlich einer Bahnfahrt schreibt er beispielsweise: »Ich machte die Bekanntschaft höchst liebenswürdiger Damen und bedauerte oft, durch Alter und Verhältnisse gebunden zu sein.« Gelegentlich verfällt Herzog Paul in Fachjargon, etwa wenn er – als ausgebildeter Mediziner – über die Symptome bei Vergiftungen durch kalifornischen Efeu oder als Naturwissenschaftler über Schlangen schreibt. Auch die Bergmannssprache ist ihm durchaus geläufig, wie die Schilderung einer Erzlagerstätte zeigt. Insge-

samt wird dadurch die Vielseitigkeit und die geistige Spann-
breite Herzog Pauls deutlich. Einige naturkundliche Daten
und Ausführungen, die allzusehr ins Detail gehen, wurden
jedoch, da sie nur einen kleinen, speziell interessierten Kreis
ansprechen dürften, eliminiert. Außerdem mußten aus Platz-
gründen einige Reiseschilderungen weggelassen werden, so
etwa eine Reise durch die Oststaaten bis zu den Niagarafällen. Der Verlauf dieser Reisen wurde jedoch in tabellarischer
Form an den chronologisch richtigen Stellen eingeschaltet.

Wie aus Briefen hervorgeht, bestand zwischen Herzog
Paul und seinem Begleiter Balduin Möllhausen (1825–1905)
auch nach der Reise noch freundschaftlicher Kontakt. So
wußte der Herzog, daß Möllhausen in seinem zweibändigen
Reisewerk »Reisen in die Felsengebirge Nordamerikas bis
zum Hochplateau von Neu-Mexiko« auch die gemeinsamen
Abenteuer in Form von abendlichen Erzählungen am Lager-
feuer beschreiben würde. Herzog Paul plante offensichtlich,
einige seiner Abenteuer am Nebraska in der Fassung des
später erfolgreichen Romanschriftstellers in seine Aufzeichnungen einzubauen. Möllhausens Werk beschreibt die Colo-
rado-Expedition Leutnant Ives' aus dem Jahr 1857, die der
Deutsche auf Empfehlung Alexander von Humboldts als
Topograph und Zeichner mitgemacht hatte.

Es schien sinnvoll, das Tagebuch Herzog Pauls durch Briefe an Möllhausen und an Alexander von Humboldt zu ergän-
zen und abzurunden.

Mein Dank für die wertvolle Hilfe bei der Übertragung
der alten Abschriften gilt Herrn Konrad C. Augustin, Bad
Reichenhall. Für wichtige fachliche Hinweise bei der Bear-
beitung des Tagebuchtextes sowie für die Klärung etlicher
Details sei Frau Gertrud Ronacher, München, Frau Maja
Schumacher, Winona (Michigan, USA), Herrn Dr. Rudolf
Beissel, Saarburg, und Herrn Dr. Axel Mittelstaedt, Düssel-
dorf, gedankt.

Dr. Siegfried Augustin

Paul Wilhelm von Württemberg

*Reisen und Streifzüge in Mexiko
und Nordamerika*

1849–1856

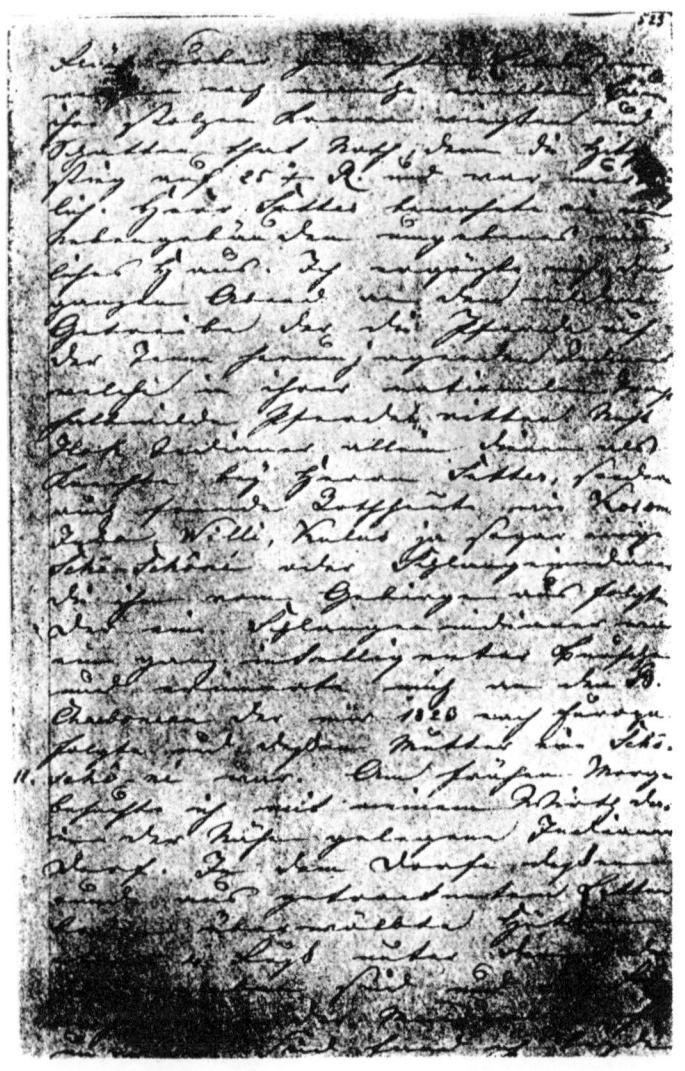

Tagebuchseite Herzog Pauls vom 10. August 1850

Überfahrt nach Nordamerika und erste
Streifzüge in Texas
(13. April bis Ende Oktober 1849)

Am 13. April 1849 verließ ich auf dem Fregattenschiff »Jane
Henderson« Bremerhaven und erreichte mit ungewohnter
Schnelligkeit in vierundzwanzig Tagen die ersten westindi-
schen Inseln. Nachdem ich den Süden von Kuba umschifft
und durch das Vorgebirge des Hl. Anton in den Golf von
Mexiko gesegelt war, lief ich glücklich in den Mississippi ein.
Schwüle Hitze, Regengüsse und zahlloses geflügeltes Ungeziefer bezeichneten die Südküste von Louisiana, und die
Cholera, diese neue Geißel der Alten und Neuen Welt, dezimierte die große Hauptstadt der südlichen Vereinigten Staaten. Wie sehr sich New Orleans seit meiner ersten Reise
verändert, vergrößert und verschlimmert hat, brauche ich
nicht zu erwähnen, da es eine bekannte Tatsache ist, daß
Städte, die sich in einem so riesenhaften Maß erweitern, in
den Sitten ihrer Bewohner nicht gewinnen. Trunk und Spiel,
zwei Laster, die die Amerikaner zur Zeit der Stifter ihres
großen Bundes nicht kannten, haben tiefe Wurzeln geschlagen. Die Abnahme jener strengen Religiosität und die Zunahme des Lasters und des Luxus zernagen den kräftigsten
Baum und sind fürchterliche Feinde, denen ein Gebäude
nicht widerstehen kann, das allen äußeren Feinden Trotz
bieten könnte und eine ungeheure Rolle in der Weltgeschich-
te eingenommen hätte, wenn der Geist Washingtons und

35

Franklins sich nicht von ihnen gewendet hätte. Die Besitznahme von Texas, der Krieg mit Mexiko und nun gar das Gold von Kalifornien haben die Vereinigten Staaten umgeformt. Ein Volk, das erobert, verliert durch Vergrößerung und Zunahme seines Volumens in dem Maß an innerer Kraft, als die Zahl der äußeren Feinde zunimmt.

Mein Aufenthalt in Louisiana war kurz, ich bestieg ein Dampfboot und segelte nach Brazos und von da nach Matamoros, einer am Rio Grande gelegenen Stadt, wo ich im Haus Karl Uhdes, des britischen Konsuls und Sohnes unseres wackeren Freundes Uhde aus Handschuhsheim, die liebenswürdigste Aufnahme fand.

Meine erste wissenschaftliche Arbeit war dem südwestlichen Texas gewidmet, da ich die Landstrecke zwischen dem 25. und 28.° nördl. Breite zwischen Nueces und Rio Grande für unerforscht hielt. Von Matamoros nahm ich ein Dampfboot nach Reynosa. Es wehte ein heftiger Südwestwind bei 36° C Wärme im Schatten. Die Gegend zeigt wenig Abwechslung. Auf dem mexikanischen Ufer sind viele Ranchos, wo Mais gebaut wird. Mais, Wassermelonen und etwas Bohnen sind auch das einzige, was die zivilisierten Indianer am mexikanischen Ufer anbauen. Weiße Kreolen, ihre Mischlinge, die Mestizen und die garstigen Zambos sind allerdings in der Überzahl.

Durch die Einführung der Dampfboote wurde ein neuer Industriezweig ins Leben gerufen, nämlich das Schlagen von Holz für den Bedarf der Steamer. Das Holz zur Feuerung auf den Dampfbooten ist Akazienholz von roter Farbe. Die dunklen, halbnackten Indianer und ihre Weiber erinnerten mich lebhaft an die ägyptischen Fellachen.

Der Rio Bravo oder Rio Grande, wie er jetzt gewöhnlich genannt wird, ernährt sehr viele Flußschildkröten, die oft bis zwei Fuß groß sind, aber sehr wenig Kaimane. Von Fischen ist eine Pimelodidae (Paramada) die Hauptart. Moskitos gibt es beinahe gar keine, Fliegen auch nicht viele. Das Land ist zu trocken für diese Wasserlarveninsekten. Am Ufer sieht man die Löcher des mexikanischen Armadillos. Dieses Tier wird sehr zahm, und man findet es daher in den Ranchos. Sein Fleisch ist genießbar. Die Nacht war schön und kühl. Der Mondschein erlaubte es, die ganze Nacht zu fahren. Am Morgen ging die Sonne prachtvoll auf. An einer Sandbank waren große amerikanische Nimmersatt (Tantalus lamiaton) beschäftigt, ihre Nahrung zu suchen. Sie schritten oft langsam, oft schnell umher und glichen in ihrer Lebensart ihren afrikanischen Geschlechtsverwandten.

Es war Nacht geworden, als wir uns Reynosa, einer kleinen mexikanischen Stadt am rechten Stromufer, näherten. Das Dampfboot durfte nicht am Ufer landen, da die Mexikaner hundert Dollar Tonnengeld fordern. Ich sandte einen Empfehlungsbrief nach Reynosa hinein und fand dort einen meiner Diener, den ich mit den anderen Leuten zu Lande nach Roma und Camargo vorausgeschickt hatte. Am Nachmittag des nächsten Tages erreichten wir Camp Ringgold, ein Lager amerikanischer Truppen an der neuen amerikanischen Niederlassung Davis Rancho oder Rio Grande City, das erst vor wenigen Monaten gegründet worden ist und sich bald zu einiger Bedeutung erheben wird. Es ist bemerkenswert, wie schnell die Angloamerikaner bei der Hand sind, durch Dampfboote Verbindungen zu eröffnen und ihrem Hang zu Handel und Ausbreitung die Hand bieten. Sowie dieses betriebsame Volk ein neues Land in Angriff nimmt, so erheben sich sogleich Settlements, die, auch wenn sie nur aus wenigen Häusern bestehen, doch Towns (Städte) genannt werden und in wenigen Monaten eine große und betriebsame, aber unruhige Bevölkerung aufnehmen. Wie anders ist es mit den Mexikanern, denen der Unternehmungsgeist abgeht und die daher überflügelt werden müssen. Das Dampfboot blieb die Nacht in Rio Grande City. Von hier aus steigen die Ufer an und der Rio San Juan, ein ziemlich bedeutender Fluß, der von der Sierra Madre durch die Ebene strömt, fließt an einer Stelle in den Rio Bravo, wo das Ufer sich vierzig bis fünfzig Fuß erhebt. Camargo liegt eine Legua den San Juan aufwärts, ein unbedeutendes Städtchen. Der Schmuggel hat aber einige fremde Kaufleute hingezogen. Von hier aus ziehen die Warensendungen über Monterey, Saltillo nach Zacatecas und Durango, und auch der Zug nach Kalifornien nimmt seine Richtung über Camargo.

Auf texanischem Gebiet liegt auf einem achtzig Fuß hohen Felsen, der, soweit das Auge reicht, mit niederen Waldbüschen bedeckt ist, die junge Niederlassung Roma. Sie zählt schon über hundert Bretterhäuser oder Wohnungen von Zelttuch. Das Dampfboot hatte hier seine Endstation erreicht. Roma ist der letzte von den Amerikanern gegründete Ort. Nicht weit davon entfernt, bei Laredo, einem alten mexikanischen Rancho, befindet sich ein amerikanisches Truppenlager. Die Regierung hat drei Besatzungen im südwestlichen Texas, eine in Fort Brown bei Brownsville, die andere mit einer halben Batterie reitender Artillerie im Camp Ringgold bei Rio Grande City und die dritte bei Laredo. Die Besatzungen kosten viel Geld, ohne wesentlich zu nützen. Es ist der Schnelligkeit eines indianischen Kriegers ein leichtes, sich jeglicher Verfolgung zu entziehen. Das Pferd der Amerikaner, obgleich flüchtiger als das Roß der Prärie, ermüdet nämlich bald und verträgt die Nahrung der Steppe nicht. Alles ist Wildnis hier in Ost und Nord, doch schönes Land, dessen Zukunft nicht zu bezweifeln ist. Ein braver Amerikaner, den ich in New Orleans kennenlernte, gab mir ein nach den Umständen recht bequemes Zelthaus für mich zur Wohnung und zur Unterbringung meiner Sachen. Ich unterhielt mich recht gut an seinem für deutsche und französische Kaufleute bestimmten und für den fernen Westen sehr gut ausgewählten Tisch. Das Haus, auf dem Plateau des Felsens gelegen, gewährte eine wunderschöne Fernsicht auf die mit Wald und Gebüsch bedeckte große Ebene des westlichen Stromgebietes, dessen Westgrenze durch die in den groteskesten Formen sich erhebende hohe Sierra Madre gebildet wird. Bei hellem Wetter ist allein diese Fernsicht Lohn genug für die Reise an den bis jetzt beinahe unbekannten Rio Bravo.

Von Roma brach ich nach Nordosten auf und kam an einen tiefen Gießbach, den Arroyo Perez, der zwar im heißesten Sommer austrocknet, zur Zeit meiner Ankunft aber noch Wasser führte. Während eines vierzehntägigen Aufenthalts in dieser wildreichen Gegend habe ich meine Sammlung mit manchem guten Exemplar vermehrt.

Um auf den Boden des westlichen Texas zu sprechen zu kommen, so bemerke ich, daß es meist ein sehr fetter tonhaltiger Sand und Letten ist, ruhend auf Sandstein oder Kiesellager, oft auf Breccie aufliegend. Das Land wird erst oberhalb Reynosa etwas hügeliger, aber nicht auf mexikanischem, sondern auf texanischem Gebiet. Niedere Hügel von Kieselbreccie durchziehen dann hin und wieder das Land, durchfurcht von tiefen Arroyos, denen jedoch in der trockenen Zeit das Wasser ausgeht.

Die Kultur des Landes liegt noch tief darnieder. Die klimatischen Verhältnisse wären günstig für den Anbau von Zukkerrohr, Reis, Baumwolle und Mais, doch nur letzterer wird regelmäßig angebaut, und zwar von den nicht sehr zahlreichen Bewohnern der Ranchos auf texanischem Gebiet. Die Viehzucht wird durch die Menge gänzlich verwilderten Rindviehs und wilder Stiere, die zu Hunderten an die Wasserstellen ziehen, sehr erschwert. Die wilden Indianer, Comanchen, Lipan und Tonkawa, die das Land unsicher machen und unversöhnliche Feinde namentlich der mexikanischen Bevölkerung sind, behindern den Anbau ungemein. Die Schaf- und Ziegenherden (Ganado), die das Land durchstreifen, müssen abnehmen, da die wilden Indianer die Hirten, meist zahme Garises-Indianer, regelmäßig töten. Das Land leidet an drei Hauptübeln: an sehr starker Trockenheit in einigen Monaten des Jahres, grimmiger Hitze im Juni, Juli, August und September – und dann plötzlich einsetzenden ungeheuren Regengüssen, die alles überschwemmen und den Boden grundlos machen. In den Wintermonaten treten äußerst kalte Nordwestwinde auf, und Schneegestöber sind keine allzu große Seltenheit.

Ein drittes Übel ist der völlige Mangel an Bauholz, das deshalb aus den Vereinigten Staaten unter ungeheuren Kosten und Schwierigkeiten herbeigeschafft werden muß. Die Häuser der Stadtbewohner sind meist aus Latten zugrundegegangener Dampfschiffe oder aus gebrannten und ungebrannten Ziegeln, selbst aus altem Zelttuch errichtet. Von Pise zu bauen, ist erst ein Versuch in Rio Grande City gemacht worden, obgleich der Boden die rechte Mischung enthält, die die gestampfte Erde erfordert. Die Bevölkerungszahl des westlichen Texas ist sehr unbedeutend. Ackerbau betreiben nur sehr wenige, und diese sind meist Mexikaner. Die Bewohner der Städte Brownsville, Rio Grande City, Roma und Laredo, die zusammen wenige tausend Seelen zählen, sind meist Kaufleute, die der bisher betriebene Schmuggel nach Mexiko dazu verlockt hat, an die Grenze zu ziehen. Dies hört auf, wenn die mexikanische Regierung über ihren Nutzen einmal die Augen öffnet und den Zoll herabsetzt. Dies wäre der Todesstreich für diese kleinen Kaufleute, und mit ihnen würden die wenigen Handwerker und Schenkwirte auch wegziehen. Alle Völker Amerikas und Europas sind jetzt übrigens im westlichen Texas vertreten, und man hört alle Sprachen des gebildeten Europa reden. Die mexikanische Bevölkerung ist durch die Sittenlosigkeit der Grenzer sehr verdorben, und Trunk, Spiel und Tanzsucht haben so überhand genommen, daß in Rio Grande City Nacht für Nacht getanzt und gejubelt wird.

Drei Monate hindurch waren meine Forschungen mit Kreuz- und Querfahrten dem Landstrich zwischen den Flüssen Rio Grande del Norte und dem Nueces gewidmet. Es war mir im September unmöglich, diesen Fluß zu überschreiten. Ich kehrte deshalb zurück an den Arroyo Perez,

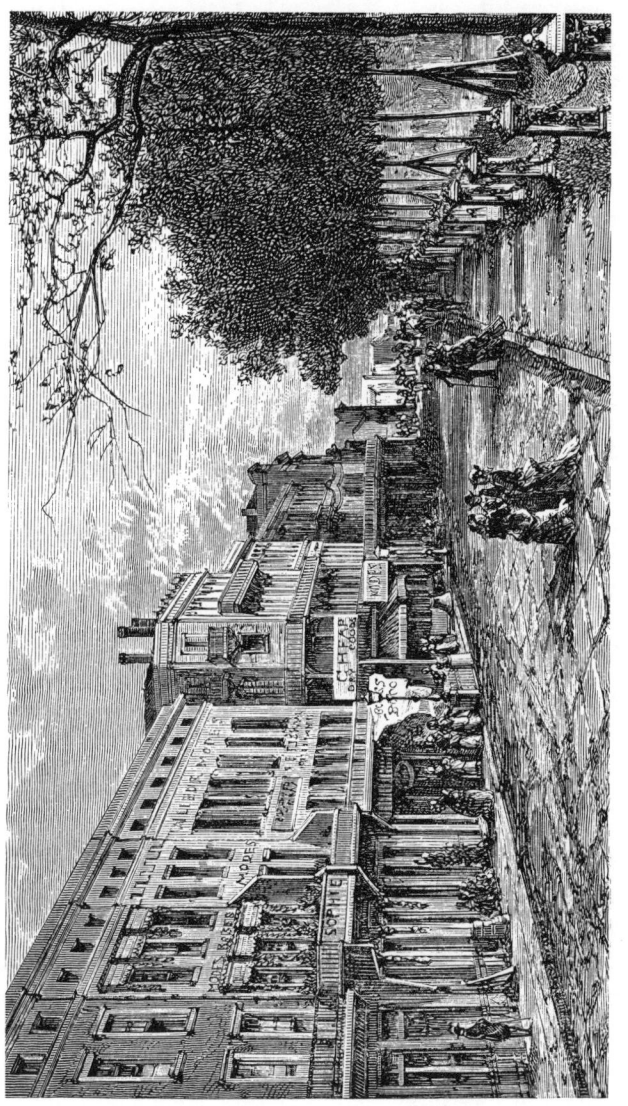

Die Kanalstraße in New Orleans

wo ich meine Leute und Sachen zurückließ und mich selbst nach Rio Grande City und dann nach Matamoros begab, um mich nach New Orleans einzuschiffen. Der Aufenthalt im westlichen Texas war eine Zeit der Entbehrungen aller Art. Eine unbeschreibliche Hitze herrschte, so daß das Thermometer selbst nachts selten unter 37,5° C sank; zahlloses Ungeziefer, sehr bissige Ameisen, die alles zerstören, Moskitos und Schnaken, die stechenden Samen einzelner Gräser, schlechtes Wasser und einige ungemein heftige Stürme mit gewaltigen Regengüssen, die stete Nähe feindlicher Indianer, die meine besten Pferde stahlen, Überfluß und dann wieder bitterer Mangel an Lebensmitteln, je nach der Ergiebigkeit der Jagdgründe, machten die Reise in diesem Landstrich ziemlich mühsam, belohnten aber andererseits durch den Gedanken, eine wissenschaftlich nicht erforschte Gegend der Neuen Welt betreten zu haben. Ende Oktober traf ich wohlbehalten in New Orleans ein.

Eine genaue Schilderung seiner »Kreuz- und Querfahrten« in Westtexas nebst wissenschaftlichen Ergebnissen veröffentlichte der Herzog in der beim angesehenen Verlag J. G. Cotta, Stuttgart und Tübingen, erscheinenden Zeitschrift »Das Ausland. Ein Tagblatt für Kunde des geistigen und sittlichen Lebens der Völker mit besonderer Rücksicht auf verwandte Erscheinungen in Deutschland«, 23. Jahrgang 1850 (s. Anhang). Der Artikel trug den Titel »Reise von Texas nach Westmexico«, als Fußnote den Vermerk »Aus einem Schreiben aus Mazatlan an einen Naturforscher entnommen«.

Gleich nach seiner Rückkehr brach Herzog Paul zu einer Reise nach Illinois und Missouri auf. Dabei rettete ihm seine Ungeduld das Leben. Weil sich die Abfahrt der »Louisiana« verzögerte, nahm er die abfahrbereite »Sultana«. Später erfuhr er, daß die »Louisiana« bei ihrer Abfahrt explodiert war und hundertfünfzig Menschen den Tod gefunden hatten.

Herzog Paul fuhr den Mississippi aufwärts bis Chester, ging von

dort auf dem Landweg nach Sparta, Belleville und St. Louis. Ende
November 1849 war er wieder in New Orleans, um sich für sein
erstes großes Unternehmen, die Durchquerung Nordmexikos, zu
rüsten.

Den Plan hierzu skizziert Herzog Paul im oben genannten
Artikel:

Ich berühre nun einen neuen Abschnitt meiner Reise, da von
Matamoros aus die Ausrüstung des zweiten Teiles derselben
beginnt: Ich meine die Unternehmung nach der Westküste
quer durch die ehemaligen Provincias internas Neuspaniens,
ein wenig durchforschter Boden, der dem wissenschaftlichen
Reisenden zwar manche Beschwerde, aber auch manchen
schönen Genuß darbieten mußte.

Der Plan, den ich befolgte, war durch die Staaten von
Tamaulipas, Neu-León, Coahuila, Zacatecas, Durango und
Sinaloa nach dem Stillen Ozean zu dringen, die heiße Ebene
bei Monterey (Hauptstadt von Nuevo León)und die Steigung gegen Leona del Vicario (Saltillo) zu verlassen, über die
Hochebenen der Anden, die Tierra fría, und die Wasserscheide des Stillen Ozeans (10 000–10 500′) zu schreiten, von Durango den zweiten Kamm der westlichen Cordillera zu
durchziehen und die heißen Täler der Westküste, der Süd-
spitze Kaliforniens gegenüber, zu betreten. Ich berechnete
hierzu drei Monate Zeit und habe, da ich Muße zum Arbeiten
brauchte, die Rechnung richtig gestellt.

Überquerung des nordmexikanischen Hochplateaus und der Kordilleren
(4. Dezember 1849 bis 13. April 1850)

VON NEW ORLEANS NACH CAMP RINGGOLD

Am 4. Dezember 1849 schiffte ich mich an Bord des Dampf-
postschiffes »Globe« ein, das seine gewöhnliche Fahrt nach
Brazos San Jago anzutreten an der Levée bereit lag. Es war ein
schöner kühler Morgen, und die Sonne beleuchtete die hohen
Gebäude der Stadt; und die damals noch prangende Kuppel
des St.-Charles-Hotels glänzte in ihren feurigen Strahlen.
Das Scheiden von den zahlreichen Freunden, die zum Abschied herbeigeeilt waren, wurde mir schwer.

Es herrschte wie immer in den Wintermonaten das regste
Leben in New Orleans. Ein Gewirr von Karren und Wagen
aller Art auf der Levée, die mit Waren und Baumwollballen,
Zuckerfässern und Maissäcken übersät war; Schiffe und Käh-
ne zogen auf der Fläche des Stromes einher, und es herrschte
ein Ameisengewimmel der verschiedenartigsten Menschen-
gestalten und Farbnuancen. Auch die Plantagen boten dasselbe Bild, denn man war mitten in der Zuckerernte, überall sah
man die Zuckermühlen und Siedehäuser von Dampf umhüllt
und schwarze Gestalten in rührigster Tätigkeit, die gereinigten dicken Rohre aus den Feldern herbeizufahren oder die
Halme zu schneiden und zu reinigen. Zu jeder Jahreszeit
bildet eine Fahrt auf dem Strom von seiner Mündung herauf

nach New Orleans eine interessante Szenerie, zu der das Originelle der Landschaft – Sumpf, Wald und angebautes Land – das Seinige beiträgt, am meisten in den Wintermonaten, wo der Handel in vollstem Gange ist und die Plage der Moskitos und Schnaken nicht vorhanden ist. In den heißen Monaten dagegen ist diese Qual nicht zu ertragen.

Recht gute frische Austern waren an Bord gebracht worden und wurden nebst trefflichen Orangen, die in diesem Jahr in Fülle gewachsen waren, unser Labsal auf der Reise. Das Schiff zog auf der spiegelglatten See parallel mit der Küste von Louisiana dahin. Eine kugelförmige Medusa schwamm in Myriaden im Golf, unfern der Küste von Osttexas und Westlouisiana. Sie bildet eine kugelförmige Masse von vier bis zwölf Zoll Durchmesser, von ziemlich kompakter, fast fleischiger Konsistenz, zergeht aber in Alkohol, weshalb ich mich begnügen mußte, sie zu zeichnen.

Das ganze Litoral von Texas ist flach, meist Dünenland, so daß man die Küste, der Sandbänke wegen, soviel wie möglich meidet. In der Ferne hatten wir das Land im Auge und sahen Espirito Santo, Corpus Christi und die Mündung des Nueces. Die Ufer dieses Flusses selbst sowie die der meisten anderen Flüsse von Texas nehmen in einiger Entfernung von ihren Mündungen belebteren und üppigeren Charakter an, denn wenngleich die größeren westlichen Ströme von Texas sich durch ein von niederen Hölzern, Mesquitebüschen und anderen Dornbuschsträuchern bewachsenes Steppenland hinziehen, so sind ihre Ufer doch oft von hohem kräftigen Baumwuchs beschattet. Die Urwälder sind oft so dicht, daß sie schon hin und wieder tropischen Charakter annehmen. Vor der Mündung des Nueces liegt ein niederes Eiland. Die »Globe« blieb zwanzig Meilen nördlich von Corpus Christi, einem nun aufblühenden Ort, der an den wilden Chaparral angrenzt, der zum Anbau nicht recht geeignet und immer noch der Aufenthalt wilder Tiere, namentlich herrenlosen Rindviehs, ist.

Am frühen Morgen des 8. Dezember lag die »Globe« vor der Barre von Brazos. Zahlloses Meergeflügel bevölkerte das überall zutage tretende Dünenland, ein wahres Stelldichein der Vögel der tropischen Meere Nordamerikas. Ich glaube behaupten zu können, daß nach und nach im Laufe des Jahres alle See- und Litoralvögel des Kontinentes sich an diesen unwirtlichen Küsten zusammenfinden. Traurig lag der kleine nichtswürdige Ort Brazos San Jago mit seinen aus Latten zusammengenagelten, halbverfaulten und zusammenge-stürzten Hütten vor uns. Ich war herzlich froh, den elenden Platz nicht erst berühren zu müssen, und suchte sobald wie möglich meine wenigen Effekten in eine kleine Lancha zu bringen, die nach Point Isabelle bestimmt war. Nur hatte ich viele Mühe mit dem Ausschiffen meines kleinen einspänni-gen offenen Wagens (Buggy), den ich von New Orleans mitgenommen hatte und der, wenn er beschädigt worden wäre, an diesem öden Strand nicht hätte repariert werden können. Endlich gelang es mir, den Wagen unversehrt zu verladen. Ich mußte aber für Fracht und Überfahrt zehn Dollar für fünf Meilen bezahlen, während die ganze Fahrt von New Orleans bis Brazos San Jago nur zwanzig Dollar gekostet hatte. Und dennoch war ich froh, nicht genötigt zu sein, die gefährliche Fahrt auf dem Rio Grande wiederholen zu müssen. Auch waren seit dem kurz zuvor vorgekomme-nen Untergang des Dampfbootes, das zwischen Brazos und der Rio-Grande-Mündung verkehrte, keine Dampfer mehr von der Brazos Bay durch den Rio Grande nach Brownsville gefahren. Nur mit knapper Not und ganz durchnäßt erreich-te ich die Lancha am Landungsplatz in Point Isabelle. Die Grasmarschen um diesen Platz bilden gute Jagdgründe, die von Enten, Gänsen und Stelzfüßern bewohnt sind. Abends bezog ich ein Gasthaus, wo ich immerhin ein gutes Essen und ein reinliches Bett fand. Einige Beamte und Offiziere sowie etliche umgängliche Passagiere bildeten eine nette Gesell-schaft. Die meisten von ihnen benutzten die am Morgen nach

Brownsville abgehende Postkutsche (Mail-stage), einen schlechten ehemaligen Trainwagen, den die Armee des General Taylor zurückgelassen hatte.

Ich mietete aber einen Maulesel und spannte das Tier an meinen Buggy, das Gepäck gab ich dem Mail-driver. Kaum auf dem Weg, veränderte sich das Wetter, die Temperatur sank von ca. 19° C auf 7,5° C, und ein gewaltiger, mit Hagel vermischter Regenschauer ergoß sich auf mich und meinen Begleiter, einen Schweizer, der Architekt und Offizier von Beruf war, durchnäßte uns bis auf die Haut und verwandelte den bisher trockenen Weg in einen grundlosen Morast. Zudem führte unser Weg vier geogr. Meilen weit teils durch die niedrig gelegene, sumpfige, mit hohem Gras und Röhricht bewachsene Steppe, die längs der ganzen Küste von Westtexas einen Saum zwischen den Dünen und der Waldregion bildet, teils durch eine mit Buschwerk bewachsene Fläche. Alle Augenblicke mußten wir aussteigen, um dem armen, im übrigen ganz vortrefflichen Tier zu Hilfe zu kommen. Dies ärgerte uns um so mehr, als der Jagdgrund vorzüglich war. Als wir endlich die Buschregion erreichten, wurde der Boden noch schlechter, und tiefe Löcher, mit Wasser und Schlamm gefüllt, bedrohten das Fuhrwerk. Es fing an, dunkel zu werden, als wir uns Palo Alto näherten, berühmt als Schlachtfeld. Schon hoffte ich das dort einzeln stehende Haus zu erreichen, als der Maulesel in einem tiefen Sumpf, dem auszuweichen nicht möglich war, steckenblieb, und, obgleich wir bis über die Knie ins Wasser stiegen, nicht herausgebracht werden konnte.

Mein Begleiter, dem Regen und Kälte hart zugesetzt hatten, machte sich dennoch auf gut Glück auf den Weg, um Hilfe zu suchen. Obgleich er ein gutes Gewehr hatte, war sein Vorhaben doch sehr unangenehm, denn die Gegend wimmelte von räuberischem Gesindel. Der Besitzer der Herberge in Palo Alto stand nicht gerade im Geruch der Heiligkeit, war vielmehr als nichtswürdiger Schurke und Diebeshehler bekannt. Der Schweizer war zum Glück noch keine Viertelstunde abwesend, als ich die Tritte von Tieren hörte. Es war ein Franzose, der mit Maultieren und ein paar Knechten des Weges kam und nach Brownsville reisen wollte. Mit Hilfe dieser Leute konnte ich mich bald aus meiner mißlichen Lage befreien und setzte den Weg fort.

Inzwischen war es völlig Nacht geworden. Vor dem berüchtigten Hause fand ich den Schweizer im Wortwechsel mit dem Wirt, der für die Hilfeleistung für das Fuhrwerk eine übertrieben hohe Summe verlangte. Als er sah, daß mich der Franzose erlöst hatte und ihm der Gewinn entgangen war, stieß er einen Schwall von Flüchen über den Retter in der Not aus. Aber noch mehr ärgerte sich der saubere Geselle, als der Maultierbesitzer ihm erklärte, die Nacht nicht mehr reisen zu wollen, und außerdem ein bis an die Zähne bewaffneter Passagier der »Globe« im Haus einkehrte, wir daher hinlänglich stark waren, dem Kerl zu imponieren und auf alle Fälle bereit zu sein, ihm etwaige böse Absichten aus dem Kopf zu schlagen. Ein armer deutscher Bursche, der im Hause den Aufwärter machen mußte und den Wirt näher kannte, warnte mich ernstlich und riet mir, nachts auf meiner Hut zu sein, da sein Patron mit den Räubern, die die Gegend unsicher machten, in enger Verbindung stehe. Dies stimmte mit den Angaben des Franzosen überein, der wenige Wochen vorher im Chaparral, wie er erklärte, vom Wirt verraten und von den Räubern überfallen worden war, sich aber hatte durchschlagen können.

Er drohte daher dem Wirt, legte zwei sechsschüssige Revolver auf den Tisch und nahm eine sehr kriegerische Haltung an. Da der Schweizer und ich jeder mit Doppelflinte und Pistolen, der Reisende ebenfalls mit einem Revolver bewaffnet waren, außerdem die Knechte des Franzosen im Hause blieben, so war keine Gefahr durch eine Gewalttat zu befürchten, um so weniger, als zwei Mann Wache hielten. Ein elendes Abendbrot, bestehend aus selbst gebratenem

Speck und etwas Schiffszwieback, bildete unsere Nahrung. So ging die Nacht vorüber. Der Wirt forderte am anderen Tag drei Dollar pro Kopf, der Franzose ordnete aber ebenfalls diese Angelegenheit ziemlich energisch, und da der Hausherr bestimmte Gründe haben mochte, es mit diesem nicht aufs äußerste zu treiben, so kam jeder mit einem Dollar davon. Als ich meinen gemieteten Maulesel forderte, fand ich das Tier nicht vor, es wurde aber schnell herbeigebracht, als wir Miene machten, dem Wirt die besten Tiere wegzunehmen, da er uns den Esel, nachdem er ausgespannt war, selbst entführt hatte.

Der Weg führte uns bis an eine tief mit Moder gefüllte Resaca, wo ich ohne Hilfe des freundlichen Franzosen, den ich als einen sehr braven Mann kennenlernte, sicher steckengeblieben wäre. Von hier wurde der Wald hochstämmiger und die Gegend, obgleich eine völlige Wildnis, recht interessant durch Übergang in die tropischen Formen. Kakteen waren vorherrschend. Auf einem der üblichen Grasplätze traf ich einen großen Train mexikanischer Fuhrleute, die an den Nueces zogen, um dort Waren einzukaufen, die nachher über den Rio Grande nach Mexiko eingeschmuggelt werden. Unterwegs begegnete ich einem Trupp US-Dragoner. Diese Leute sind gut beritten, sehen aber in ihren Mänteln und langen Stiefeln kurios aus. Ich halte ihre Ausrüstung für unpraktisch und glaube, daß es nichts schaden könnte, wenn bedeutende Verbesserungen im Heer der Vereinigten Staaten vorgenommen würden. Die Truppe ist brav, ihr Ingenieurkorps vortrefflich, die Artillerie gut, aber Infanterie und Reiterei lassen vieles zu wünschen übrig. Ihre Bewegungen und Märsche sind unbeholfen, ihr Train unglaublich groß, ihre Bedürfnisse gegenüber europäischen Truppen weit übertrieben.

Um die Stadt Brownsville ist viel niedriges sumpfiges Land mit großen Wassertümpeln, die mit Wasservögeln belebt sind. Meine Wohnung nahm ich in einem zu einem

Mexikanische Fuhrleute

Gasthaus umgewandelten Dampfboot, wo man bei annehm-
barer Kost zwei Dollar pro Tag bezahlte. In Brownsville
mußte ich zu meiner bevorstehenden Reise nach Mexiko vor
allem spanische und mexikanische Dollars wechseln. Ich
wurde zu einem Deutschen gewiesen, der solche kleinen
Geschäfte machte. Dieser erzählte mir, er habe eine Würt-
tembergerin zur Frau, die aber gerade unpäßlich sei. Da er
mich nicht kannte, so sagte ich ihm, daß ich auch aus Württemberg sei, worauf er mich bat, seine Frau zu besuchen. Als
ich nun in ihr Zimmer trat, begrüßte mich das Weib mit
einem heftigen Schrei. Ich blickte ihr ins Gesicht und erkannte in ihr eine Person, die längere Jahre bei mir als Dienstmäd-
chen gedient hatte. Es war ein gutes, hübsches Mädchen
gewesen, die meinen Dienst verlassen hatte, um mit den

Ihren auszuwandern. In New Orleans hatte sie den Mann kennengelernt und geheiratet und lebte nun in wohlhabenden Verhältnissen. Der Mann hatte seine erste Frau verloren. Er hatte mit ihr, einer Mexikanerin, und noch einem Deutschen eine Jagdpartie in den Chaparrals unternommen. Als sie sich abends gelagert hatten, wurden sie plötzlich durch den Kriegsruf einer Bande Lipan alarmiert, umzingelt und entwaffnet. Der Häuptling der roten Rotte war aber galant genug, sich mit der hübschen Mexikanerin zu begnügen, die er trotz ihres herzzerreißenden Zetergeschreis auf sein Pferd zog, worauf er mit der Bande verschwand. Seitdem hatte man von dem unglücklichen Geschöpf nichts mehr gehört.

Die Comanchen und Lipan hatten während der letzten Jahre mehrere Kriegszüge zwischen Nueces und Rio Grande gemacht, gemetzelt und gemordet und waren an beiden Stromufern des Flusses bis zur Mündung, ja selbst bis in das Innere von Tamaulipas auf den Weg nach San Fernando vorgedrungen. In Fort Brown machte ich dem Kommandanten einen Besuch. Der Colonel erzählte mir, daß er kürzlich auf dem Weg von Laredo nach Roma mein Lager besucht habe. Die mexikanischen Pferdediebe hätten daselbst zwei meiner besten Pferde, namentlich den trefflichen kleinen Braunen, gestohlen. Die Indianer hätten ebenfalls das Camp besucht, sich aber ruhig verhalten, denn die Häuptlinge der Comanchen hatten ihren Leuten verboten, irgend etwas zu stehlen. Die Rancheros um Roma seien aber desto schlechter weggekommen, da mehrere von ihnen und namentlich drei Hirten getötet und skalpiert, auch einige Mädchen und Kinder von den Wilden fortgeschleppt worden seien. Colonel Bennet war leidend, später fand ich ihn einmal wieder in New Orleans, noch mehr leidend und vom aktiven Dienst zurückgezogen.

Ich besuchte in Matamoros auch Karl und Adolph Uhde. General Avalos sowie der liebenswürdige Administrator der Aduana gaben mir für die bevorstehende Reise Empfehlungsbriefe, ersterer an die kommandierenden Offiziere in Saltillo und Durango, die Generale Jauregui und Arlegui, letzterer an den Administrator zu Villanueva bei Camargo. Meinen Freund Berlandier fand ich leider nicht in Matamoros. Durch einen Gewaltstreich des Gouverneurs des Staates Tamaulipas war er unter dem Vorwand der Konspiration gegen die bestehende Regierung arretiert und nach Victoria gebracht worden. Leider starb der um Naturkunde und Statistik von Nordostmexiko und Texas verdiente Mann kurz nachher. Berlandier hinterließ eine bedeutende Sammlung von Reptilien und Fischen aus Tamaulipas und Texas, viele von ihnen sind später von S. F. Baird und C. Girard, Washington 1853, beschrieben worden.

Endlich am 20. Dezember war Gelegenheit, mit dem Dampfer den Rio Grande aufwärts zu fahren. Die Fahrt ging ziemlich langsam vor sich. Die üppig grünenden Fluren wurden nur selten von kleinen Ansiedlungen mit ihren kümmerlichen Bretter- und Rohrhütten unterbrochen. Der Anbau des Landes setzt das Ausroden der lästigen, dornenbewehrten Sträucher und der hartholzigen Baumstämme voraus, wozu bei der unglaublich regen Vegetation viele Arbeitskräfte und ungemeine Geduld notwendig wären. Die ungemein fruchtbaren Böden brachten aber reiche Mais- und Baumwollernten.

Wir legten bald am Rancho von Don Garcia auf dem Texasufer an. Der ganze wilde Platz, von ein paar schlechten Bretter- und Rohrhütten, die die Mexikaner Milpas nennen, spärlich bedeckt, führt den hochtrabenden Namen New St. Louis. Der Platz ist für Herrn Garcia ein wichtiger Punkt, denn von hier aus, also mitten aus der unheimlichen Stille eines breiten Urwaldes, treibt er einen nicht unansehnlichen Schmuggelhandel, den die Behörden entweder nicht unterbinden können oder wollen. Señor Garcia ist ein reicher Mann, steht mit großen Häusern in Matamoros und Brownsville in enger Verbindung, besitzt große Herden von

Pferden, Mauleseln, Rindern und Schafen und betreibt bedeutsamen Handel. Er setzt viele Handelszüge in Bewegung, verfügt daher über viele Maultiertreiber und Knechte.

Man bezichtigt ihn, daß große Massen versteuerbaren Silbers ihren Weg über den River finden und ungehindert den Boden der Union erreichen sowie daß große Mengen an Waren dafür nach Mexiko gelangen. Doch mich kümmerte dies nicht. Da ich einen Empfehlungsbrief an Señor Garcia bei mir führte, benützte ich ein überfahrendes Boot und setzte auf mexikanisches Ufer über. Die Guardias bewachen dieses auf der kahlen Ebene regelrecht, wie es ihnen aber im Walde gelingt, ist mir unbekannt.

Eine halbe engl. Meile trennt das Ufer von der kleinen Stadt Reynosa. Sie ist von echt mexikanischer Bauart und besteht aus weißen viereckigen Häusern mit flachen Dächern, einer kleinen Kirche und einem großen Platz, der von meist einstöckigen Gebäuden umgeben ist. Das Haus des Señor Garcia, der, wenn ich nicht irre, auch Alcalde war, ist noch eines der ansehnlichsten. Der Besitzer empfing mich mit kalter Höflichkeit und bot mir in der Voraussicht, daß ich doch nichts fordern würde, sein ganzes Haus an – der gewöhnliche Gebrauch in spanischen Ländereien. Es fehlte aber jene echte spanische Herzlichkeit, die man unter Männern mit echt spanischem Geblüt noch findet, denn Señor Garcia war durch seinen vielfachen Umgang mit Amerikanern und Europäern smart geworden, ein schlauer, durchtriebener Spekulant, den ich schon früher bei Herrn Karl Uhde kennengelernt hatte.

Da ich wohl sah, daß mein Aufenthalt nicht sehr erwünscht schien, weil Garcia gerade eine wichtige Unternehmung vorbereitete, empfahl ich mich. Sechs Monate früher, als ich einen großen Permiso auf Einführung von sechs Gepäckstücken bei mir hatte, den mir der mexikanische Zoll gegeben hatte, wäre ich bei ihm ein lieber Gast gewesen. Ich wollte damals sein Haus aber nicht betreten, da ich Effekten bei mir hatte und er den Permiso benützt haben würde, außer meinem Freigepäck noch seine eigenen Waren einzuschmuggeln.

Ich setzte meine Fahrt den Rio Grande aufwärts fort. Unterwegs trafen wir die »C. Cross«, jenes Dampfboot, das ich in Brownsville ursprünglich hatte benützen wollen, dem ich mich aber dann doch nicht anvertraut hatte, als Wrack. Trotz der Schwierigkeit, die der Strom in dieser Jahreszeit bietet, kam unser Dampfer glücklich voran, und bald zeigte sich das hohe Ufer, auf dem sich das von Palisaden umgebene amerikanische Lager Camp Ringgold befindet. Es liegt nördlich von Rio Grande City.

Wir landeten, und ich brachte bald meine Sachen und meinen Buggy in das neu eingerichtete Hotel, wo eine Menge Gäste in dem großen Saal des zweiten Stockes untergebracht wurden. In einem Verschlag des Hauses hatte man einige verheiratete Familien einquartiert. Da mir diese Kasernierung nicht recht behagen wollte, verließ ich das sogenannte »Hotel« wieder und zog, obwohl die Kost viel schlechter war, zu Mr. Davis, wo ich diesmal allerdings im Hinterhaus in einem nichtswürdigen, staubigen, ungedielten, überall zerlöcherten Loch, dessen vier Wände aus Betten gebaut waren, vorliebnehmen mußte. Wenigstens war ich hier allein mit Ries, meinem Diener, der mir vom Camp entgegengekommen war, wo ich ihn zurückgelassen hatte. Trotzdem war meine Habe nicht sicher, denn ich wurde während meines Aufenthaltes ordentlich bestohlen und dazu von einigen jungen Bengeln, die wahrscheinlich die Täter waren, noch ausgelacht.

Der Hausherr und die Landlady waren übrigens ganz ehrenhafte gute Leute, die mir stets viel Freundschaft erwiesen und mich für nur einen Dollar pro Tag beherbergten und verköstigten. Ries bestätigte mir den Verlust der zwei Pferde, namentlich des guten Braunen, und erzählte mir, der störrische Maulesel habe sich im Wasser an seinem Lasso erwürgt, dagegen sei ein anderes Pferd, ein starkes amerikanisches Pony, zugelaufen, das den Braunen teilweise ersetzen könne. Über meinen Jäger führte Ries bittere Klage und bedauerte es sehr, daß ich Alkohol zum Konservieren von Reptilien zurückgelassen hätte. Der alte Deutsche habe nämlich diesen stark mit Zucker gemischt konsumiert und ihn nur zum kleinsten Teil für den bestimmten Zweck verwendet. Der Alte habe mit amerikanischen Soldaten, die in der Gegend marodierten, sympathisiert, Mexikaner in das Lager herangezogen und stets geschlafen, wenn er hätte die Wache mit halten sollen. Von diesem diebischen mexikanischen Gesindel sei auch der Braune gestohlen worden, da er ihnen das Pferd gezeigt habe. Dem alten Jäger wurde ferner die Schuld an dem Tod des armen kleinen Antonio zugemessen, den die Comanchen gepfeilt und skalpiert hätten, da er den Jungen allein auf die Suche nach den gestohlenen Pferden geschickt habe, statt ihn zu begleiten. Mich jammerte der gute Bursche ungemein, der einen treuen Diener abzugeben versprach und, obgleich von reinem indianischem Blut, das Herz und die guten Anlagen eines weißen Menschen teilte.

Ich war längst mit dem faulen alten Burschen unzufrieden, und nur langjähriges Zusammenleben und der Umstand, daß er die ganze zentralafrikanische Reise mit mir durchgemacht hatte, sowie die Rücksicht auf sein Alter stimmten mich für ihn. Ich mußte nachher noch viel mit ihm durchmachen. Ries war so klug gewesen, mit Rafael die besten Pferde nach Rio Grande City zu bringen. Ries zeigte sich immer mehr als ein tätiger und umsichtiger Mann. Über Rafael habe ich längst ein günstiges Urteil gefällt. Er war gemütlich, ehrlich und treu, nur wie alle Mexikaner ein Freund von Monte, was ich ihm aber auch noch abgewöhnte. Ich mußte nun, um meine Fuhrwerke bespannen zu können, mich nach ein paar Pferden umsehen, was nicht so leicht war. Gute Reitpferde zu bekommen, ist nicht schwer, dagegen gute Zugpferde, da die mexikanischen Pferde leicht tragen, aber schlecht ziehen.

In Abwesenheit des kommandierenden Offiziers machte ich dem Captain der dort stationierten Artilleriekompanie einen Besuch. Dieser kam mir sehr freundschaftlich entgegen, erteilte dem Schmied der Batterie den Befehl, vor meiner Abreise alle meine Tiere zu beschlagen, meine Wagen zu revidieren, und ebenso dem Sattler, für Geschirre und Sättel Sorge zu tragen.

Freund Merryweather ging mir auch an die Hand, und so blieb mir noch Zeit zu wissenschaftlichen Exkursionen.

Der amerikanische Kapitän borgte mir einige von seinen Pferden, und Ries begleitete mich mit ein paar Soldaten nach dem Arroyo Perez. Wir mußten auf unserer Hut sein, denn die Indianer streiften bis vor das Camp Ringgold; die amerikanischen Patrouillen hatten ihre frischen Spuren noch einige Meilen weiter gefunden, bis dicht am großen Grasplatz bei Rio Grande City. Am Arroyo Perez angelangt, vernahmen wir Rafael wieder mit traurigen Nachrichten: Die Indianer streiften in der Gegend umher, hätten die Herden überfallen und zwei Hirten, geborene Garises-Indianer, getötet. In der Gegend von Roma hätten sie einige mexikanische Familien ermordet, ein hübsches Mädchen und einen kleinen Knaben geraubt. Alles war in Aufruhr. Die Besatzung von Roma und die benachbarten Rancherías sowie die Mexikaner vom benachbarten Ufer hatten sich bewaffnet. Eine große Kavalkade war den Räubern gefolgt, deren Häuptling den Rio Grande hinaufgezogen war, hatte aber schließlich seine Spur verloren.

Meinen alten Jäger fand ich nicht ganz nüchtern. Rafael klagte, daß er mit dem anderen Knecht, dem Ignacio, dem auch nicht sehr zu trauen sei, jede Nacht hätte wachen müssen, daß aber die Indianer sich durchaus nicht feindlich gegen mein Lager gezeigt hätten, obgleich es ihnen ein leichtes gewesen wäre, alles zu rauben. Vielleicht hielten sie die abenteuerliche Figur meines alten Jägers für einen Medizinmann oder für wa-kan, d. h. tabu. Am liebsten hätte ich mein Lager

Comanchen-Überfall

abgebrochen, was aber nicht ging, da der Aufenthalt in Rio Grande City mit solchem Troß zu kostspielig gewesen wäre und der Aufbruch nach dem Hochplateau von Mexiko vor Mitte Januar nicht denkbar war.

Der Aufenthalt im Lager konnte der geliehenen Pferde wegen nur kurz sein. Da mein Jäger fast nichts gejagt hatte, brach ich zu einer kurzen Jagd auf, um Proviant für das Lager zu gewinnen. Dem Lager ließ ich für acht Tage reichlich Zucker, Kaffee, Reis und Mehl sowie zwei Schinken zurück, dagegen keinen Tropfen Alkohol, wovon ich mir eine Besserung für den alten Sünder versprach. Zudem schoß ich einen Hirsch, ein junges Rind und ein halbes Dutzend kleine Rebhühner. Auf dem Weg nach Rio Grande City schoß ich noch eine fette zweijährige Kuh, die Rafael, den ich vom Lager mit einem Klepper und dem Pony mitgenommen hatte, als geübter Vaquero in einer halben Stunde zerwirkt und auf die Tiere geladen hatte.

Ohne Unfall erreichte ich Rio Grande City. Das wichtigste für mich war jetzt, einen Permiso von seiten der mexikanischen Zollbehörde für meinen Wagen und mein Gepäck zu bekommen. Ich mußte deswegen nach dem mexikanischen Städtchen Camargo reiten und nahm einen Knecht mit. Der Weg führte durch dichten Wald, der noch wilder war als auf der texanischen Seite. Er war nur an wenigen Stellen gelichtet und da und dort von kleinen Milpas unterbrochen. Es ist unglaublich, wie diese Vaqueros und diese kühnen und geübten Reiter mit ihren trefflich zugerittenen und klugen Pferden sich durch das undurchdringlich scheinende Gestrüpp Bahn brechen können und wie diese mit Leder bekleideten Männer in schnellstem Galopp die in wilder Flucht begriffenen Bestias und Mustangs verfolgen und mit den nie fehlenden Lassos zu treffen wissen. Ich habe diese wilden Jagdszenen im letzten Sommer ja mitgemacht, und das rege Leben damals gehörte ja zu den romantischsten Abschnitten meines vielbewegten, so häufig in den abenteuerlichsten Situationen zugebrachten Daseins, in die sich nur derjenige schicken kann, der gewohnt ist, seine Existenz mit der Büchse zu fristen, und der gelernt hat, einen großen Teil seiner irdischen Laufbahn unter allen Klimaten und Situationen der Erde und mitten unter Wilden zu leben und sich ihren Sitten, Gebräuchen und ihrer Ernährungsweise zu fügen.

Endlich erreichte ich die kleine Stadt Camargo. Das ansehnlichste der Häuser gehört dem in neuester Zeit berühmt gewordenen Parteigänger Colonel Caravajal. Dieser Offizier, der der späteren Regierung viel zu schaffen machte, kommandierte sonst ein Regiment, dessen Stab in Camargo stand, gehörte einer bekannten altspanischen Familie an, war mit den Interessen der Vereinigten Staaten eng liiert und besuchte häufig Rio Grande City, wo er mich manchmal aufsuchte und sich recht freundlich benahm. Er war ein kühner, fähiger Mann, der der Partei der Aufklärung und des Fortschrittes angehörte. Leider wäre er einer besseren Sache würdig gewesen, als das Haupt von Flibustiern zu werden, denn höher hat sich sein Anhang nicht erhoben. Seine Kriegshaufen waren längere Zeit der Schrecken der Gegend und bezeichneten, gegen den Willen ihres Führers, ihre Gegenwart durch Gewalttaten. Auch mir brachten diese Räuber Schaden, indem sie sich trefflicher Waffen, die ich Herrn Merryweather zur Aufbewahrung gegeben hatte, bemächtigten.

Die Stadt gleicht mit ihrer Plaza allen spanischen Städten. Lebensmittel und Gemüse sind wenig zu haben. Alles deutet auf die einfache Lebensweise der spanischen Rasse. Ebenso sind die Kaufläden mit Waren schlecht sortiert, meist mit den einfachsten Stoffen für Bekleidung beider Geschlechter. Ich ritt über die Plaza nach dem tiefer liegenden See Juan, der durch den Zusammenfluß mehrerer kleiner Flüsse entsteht. Auf der Fähre, die mich über den Fluß setzte, war ein großes Gedränge von Maultieren, so daß man nur mit großer Mühe und unter der Gefahr, von den halbwilden Tieren geschlagen zu werden, sich in die Prahm hineinwagen konnte. Von den wilden Bestien sprangen einige während der Überfahrt über Bord und konnten bei den steilen Ufern nur mit Mühe wieder eingefangen werden. Ich ritt am linken Ufer bis Villanueva, das auf einem Hügel lag, aus wenigen Häusern bestand und Sitz des Zollamtes war.

Señor Fierro stellte mir mit größter Freundlichkeit den Erlaubnisschein aus und stellte mir obendrein noch zwei Guardias zur Verfügung, die mich unbehelligt über alle Zolllinien bringen sollten.

Nach Rio Grande City kehrte ich in der Nacht zurück. Dort traf ich alle Anstalten, meine Sachen am Arroyo Perez zu holen, und kaufte noch um einen Spottpreis ein gutes mexikanisches Pferd.

Den 1. Januar feierte ich auf Bitten meiner Bekannten in Rio Grande City. Die Offiziere der amerikanischen Garnison und mehrere Einwohner von Camargo hatten sich frühzeitig eingefunden. Ein presbyterianischer Prediger hielt den Gottesdienst, den namentlich Mexikaner stark besuchten. Nachher wurde gegessen, getrunken, getanzt und gespielt, und mancher Mexikaner und Amerikaner verlor seine Habe mit Roß und Sattel. Daß nicht Mord und Totschlag vorkamen, hat mich gewundert, da alle Leute bewaffnet waren. Auch Rafael wollte trotz meiner Warnungen sein Glück versuchen und erbat sich einen Großteil seiner Ersparnisse, die ich in Verwahrung hatte. Nachdem er sie glücklich verloren hatte, kehrte er mit saurem Gesicht zurück, titulierte mich als seinen Muy buenito Señor, lamentierte und heulte, ließ sich den Rest des Geldes geben und verlor es prompt wieder. Ich brach nun nach meinem Lager auf, fand den Arroyo Perez infolge mehrerer Gewitterregen angeschwollen, mußte daher den großen Wagen abladen und die Stücke einzeln hinübertragen lassen. Im Lager erzählte mir mein alter Jäger, daß eine große schwarze Schlange unfern des Wassers alle Tage sich auf einem Grasplatz sehen ließe. Des anderen Tages war

Mexikanische Weinschenke

ich so glücklich, das Tier aus dem Chaparral hervorkriechen zu sehen und durch einen Schuß zu erlegen. Es war wirklich ein riesiges Exemplar einer Coluber, in Form und Farbe der Coluber constrictor, Blacksnake der Amerikaner, sehr ähnlich. Es sind ganz harmlose Tiere, die nur Nutzen, aber keinen Schaden bringen. Unter den Mexikanern herrscht die sonderbare Meinung, diese schwarzen Schlangen seien Feinde der Klapperschlangen und bekämpften diese mit großer Wut. Dieser Aberglaube herrscht auch in Brasilien. Wir hatten bisher in der Nähe des Lagers nur wenig Schlangen gesammelt, mein alter Diener war zu träge dazu, die Mexikaner hatten eine unüberwindliche Furcht davor, und Ries hatte ich wegen seiner Kurzsichtigkeit diese Art von Jagd untersagt. Die Gegend um Rio Grande City und Roma bis hinauf nach Laredo ist ungemein reich an Klapperschlangen, wie überhaupt alle trockenen und sandigen Teile von Texas, namentlich die felsigen, von Kakteen und Agaven bedeckten Chaparrals. So reich das östliche Texas, besonders die Gegend um Neu-Braunfels und La Grange, an nicht giftigen Schlangen ist, so arm daran fand ich den Rio Grande.

Gleich nach meiner Abreise vom Lager waren die Indianer zurückgekehrt, hatten zwei Menschen skalpiert, einen Hirten namens Antonio, einen guten Kerl, der oft ins Lager gekommen war, und einen Garises-Indianer. Ein höchst merkwürdiger Umstand trug sich zu. Mein schöner guter Fuchs, den indianische Räuber im August gestohlen hatten, stand eines Morgens, einen schönen Indianerlasso um den Hals, an meinem Zelt. Das brave Pferd begleitete mich später an die Westküste.

Nunmehr brachen wir vom Lager auf. Nachdem wir den modrigen Arroyo passiert hatten, schlugen wir auf einem freien Platz das Nachtlager auf. Aus Vorsicht ließ ich die Pferde nicht grasen, sondern mit klüglich erspartem Mais füttern. Des Nachts heulten Wölfe und ein paar Wildkatzen dicht um das Lager. Die Pferde und Esel drängten sich dicht an das Feuer heran. Die Nacht ging aber ohne Überfall von Indianern oder wilden Bestien vorüber. Am nächsten Tag erreichten wir Camp Ringgold, wo ich vom Major etwas kühl empfangen wurde, der sich Geschäfte meiner Leute ganz und gar verbat. Ich erfuhr durch dritte Hand, daß mein alter Jäger während meiner Abwesenheit von Texas marodierenden Soldaten Branntwein gegeben hatte und daß dieses Gesindel grobe Exzesse begangen hatte, durch die der Major in Ungelegenheiten gekommen war. Nachdem ich den Major darüber aufgeklärt hatte, daß der alte Diener gegen meine ausdrückliche Instruktion und gegen den Einspruch des Herrn Merryweather und in meiner Abwesenheit vom Lande und meinem Lager gehandelt hätte, war der Major vollkommen versöhnt. Ich stellte es ihm noch ausdrücklich anheim, den Mann zu bestrafen und ein Exempel zu statuieren. Wir schieden als gute Freunde, und der Major erlaubte mir noch, den Rest meiner Tiere beschlagen und den Wagen reparieren zu lassen. Der Major – von französischer Abkunft – war ein tüchtiger Soldat und in meinen Augen ein achtenswerter Mann, der wegen seiner Strenge von seinen Untergebenen aber gefürchtet wurde.

VOM RIO GRANDE NACH SALTILLO

Das Übersetzen der Wagen über den Rio Grande verursachte viele Mühen wegen der steilen Abhänge des Flußes. Schließlich war es nur möglich, indem man die Wagen leer hinüberschaffte und die Kollis einzeln hinübertrug. Endlich war alles auf mexikanischem Ufer unter Aufsicht von zwei Guardias.

Der folgende Tag war ein Sonntag, der hier sehr verschieden vom Norden der Union verläuft. Die Mexikaner besuchen zwar den Gottesdienst, selbst protestantischen, und feiern ihn wie die Amerikaner mit großer Andacht. Am Nachmittag treiben sie es aber desto toller. Große Gruppen tanzen auf dem offenen Platz den Bolero und Fandango, andere hocken auf dem Boden um eine Monte oder spielen auf alten Zithern, Mandolinen oder Mundharmonikas. Andere wieder erzählen sich Geschichten, wobei Abenteuer mit Pferden, wilden Ochsen oder Indianern das Thema bilden, oder sie sitzen stumm um eine Art Improvisator, der nach neapolitanischer Weise Romanzen und Heldengeschichten erzählt, wobei altspanische Legenden und Heldensagen den Text liefern – natürlich in bedeutender Abweichung vom Original. Die Amerikaner aber und die Fremden besuchen öffentliche Lokale, die es in allen texanischen Grenzstädten gibt, Schnapsbuden, Bar-Rooms, in denen allerlei Alkoholika in Form von Wein und Whiskypräparaten unter dem Namen von Brandy, Rum, Gin und nachgemachten Likören verkauft werden. In den Tanzlokalen, wo eine ohrenzerreißende Musik stets die nämlichen Melodien spielt, werden Walzer, Polkas, schottische und Kontertänze auf das abenteuerlichste defiguriert. Hier erscheinen nun junge Leute aller Nationen und Soldaten vom amerikanischen Lager, auch finden sich Mexikanerinnen dabei, die sich etwas höher dünken, meistenteils recht nette Geschöpfe mit pechschwarzem Haar, dunkelglänzenden Augen und sehr brünettem Teint, der mehr oder weniger indianisches Blut verrät. Die Rassen fangen an, sich immer mehr zu mischen, und das Indianerblut mengt sich mit dem der Anglo-Sachsen und Kelten. In Mexiko, wo gegen die Neger das Vorurteil nicht so groß ist wie in der Union, sieht man auch Mischlinge von farbigen Nachkommen der Neger und Indianer unter geachteten Familien. Diese Zambos sind oft von lichter Farbe, tragen aber stets einen ganz eigentümlichen Charakter in den Gesichtszügen. Eine besondere Liebhaberei ist das Abbrennen von Schwärmern, Raketen und Böllern sowie das Anzünden von Holz- und Strohfeuer mitten in den Straßen.

Das Übersetzen der Pferde geschah am Montag, wobei einige ins Wasser stürzten und an das texanische Ufer schwammen, wo sie durch dort aufgestellte Leute eingefangen wurden. Die Karawane ging an diesem Tag bis Camargo, wo bei einem bekannten Herren im Hofe übernachtet wurde. Ich wußte, wie schwierig es ist, selbst die allernötigsten Lebensmittel zu bekommen, und hatte deshalb von Rio Grande Fleisch mitgenommen. Nach der Überfahrt über den Rio San Juan bog ich in einen ziemlich hochstämmigen Wald ein, eine traurige und wilde Gegend mit sehr schlechtem Weg, wo ich mich ohne die Guardias nicht zurechtgefunden hätte. Hier verließ uns aber diese Begleitung. Die Folge davon war, daß der eine Knecht, der den Weg kennen sollte, uns in die Irre führte. Mit Mühe kamen wir aus dem Dickicht heraus und erreichten einen höher gelegenen Chaparral und mit Eintreten der Nacht den sechs Leguas von Camargo

Mexikanerin in ihrer Tracht

entfernten Rancho La Quemada. Die Bewohner waren sehr gutmütige und gefällige Leute, die Hühner und Eier zum Abendessen herbeibrachten.

Bald flackerte ein helles Feuer, und die Kessel hingen über ihm. Die wunderschöne Nacht erlaubte es, ohne Zelt auf den ausgebreiteten Teppichen zu ruhen.

Die Sonne ging prächtig auf. Ein reißender Wildbach hielt mich auf. Es blieb kein anderer Rat, als nach dem Ranchero zurückzuschicken und einige Ochsen zu requirieren, um den Wagen auf die steile Uferhöhe zu ziehen. Der Weg führte weiter immer abwechselnd durch Resacas (Schluchten) und Llanos (Ebenen), durch bewaldeten Talgrund oder Hochwald oder durch Chaparrals mit Potreros (lichtere Viehweiden), ein wildes unbebautes Land, das kaum bewohnt war. Die häufigen Spuren von Hirschen und größeren Raubtieren ließen auf guten Jagdgrund schließen. Wir näherten uns dem

Fluß San Juan und schlugen unser Lager am Rancho San Juan auf. Die Leute füttern hier die Tiere mit den jungen Stengeln eines bambusartigen Rohres. Dieses wohlfeile Futter fraßen meine Pferde wider Erwarten. Für vier Reals verkauften die Mexikaner mir ein fettes Schaf und waren sehr glücklich, als ich ihnen etwas Tabak gab. Das Landvolk ist ausnahmslos sehr gutmütig und gastfrei auf solchen Straßen, durch die die amerikanische Auswanderung nach Kalifornien nicht führt. Die Yankees, wie man die anglo-saxonische Rasse hier nennt, haben sich seit dem Krieg mit Mexiko viele Erpressungen erlaubt und versuchen immer noch, die Bevölkerung soviel wie möglich zu unfreiwilligen Kontributionen zu zwingen. Viel halbwildes Vieh lebt in diesem Grunde auf den Grasplätzen, die aber auch ein Lieblingsaufenthalt der Hirsche, Wölfe (Coyotes) und Panther sind, die in diesen, in der Nähe des Wassers in Binsenniederungen und Rohrdickichte übergehenden, meist sumpfigen Triften sichere Schlupfwinkel finden.

Wir setzten unseren Weg fort, ohne auf Behausungen zu stoßen. Ein Hauptgrund der so spärlichen Bevölkerung in einer übrigens fruchtbaren und holzreichen Gegend liegt auch darin, daß in Mexiko, wie in allen früheren spanischen Kolonien, zu große Flächen Landes abgemessen und als Repartimientos an einzelne Besitzer abgetreten wurden. Diese ungerechte Verteilung des Bodens rührt schon aus der Zeit der Eroberung her. Die Gegend wurde nun sehr einförmig, hügeliges Land und niederes Strauchwerk mit völliger Armut an Bäumen. In der Ferne tauchte die Sierra Madre empor und im Nordwesten der Cerro de Seralbo. Eine traurige, kleinere Ranchería, Rancho del Cerro genannt, bot wenig Hilfsmittel, denn selbst Stroh war für die ermüdeten Tiere nicht zu haben. Es mußte zum Maisvorrat Zuflucht genommen werden. Eine Exkursion in die Umgebung hatte kein Resultat. So arm an Tieren und Pflanzen diese Einöde auch ist, so fehlte doch nicht die scheußliche, aber harmlose Phrynosoma. Das garstige, langsame, hilflose, stachelige Tierchen ist vor lauter Häßlichkeit schön, denn es sieht einen mit reinen, schönen, feurigen Augen so gemütlich an. Das Land wurde immer wüster, der Knollenkaktus immer häufiger. Mit zunehmender Feuchtigkeit des Bodens treten höhere Bäume auf, die Vegetation wird üppiger.

Ich lenkte meine Schritte der kleinen, freundlichen Stadt China entgegen und fand bald eine sehr freundliche Aufnahme im Hause eines alten Spaniers. Ein großes kühles Zimmer wurde mir eingeräumt, und alle Arten Lebensmittel, die nur die kleine Stadt darbieten konnte, wurden herbeigebracht. Geflügel, Eier und Milch sind immer die Hauptsache, Bataten, Bohnen, Porotos, und Garbanzas sind Nebenzutaten, um mit Mantequilla und Cebollas ein gutes Essen zu bereiten. Herrliche Orangen wuchsen im Hofraum, auch Wein und Zuckerbranntwein waren zu haben. Für die Tiere gab es Mais und Stroh, was könnte man mehr erwarten?

China liegt am Zusammenfluß des Rio del Pilón mit dem Rio San Juan in einer ziemlich flachen Gegend, doch sind beide Flüsse teilweise mit hohen, steilen Ufern eingefaßt.

China hat nahezu tausend Einwohner. Plaza und Kirche sind von altspanischer, halbmaurischer Bauart. Die Viehherden, die von Monterey nach Matamoros getrieben werden, halten hier an. Es gibt deshalb hier einen bedeutenden Handel mit Mais, der gut und billig zu haben ist.

Da es Sonntag war, kamen viele Leute aus der Umgebung in das Städtchen, armes, aber reinliches Hirtenvolk, die Mädchen und Weiber meist anständig gekleidet. Den ganzen Nachmittag wurde bei Zither- und Gitarrenklängen getanzt. Die Bewohner von Nordtamaulipas und Nuevo León sind ein recht edler und gemütlicher Menschenschlag, fleißig, die Weiber berühmt wegen ihrer Fertigkeit im Wirken guten Wollzeugs, die Männer treffliche Reiter und gewandt im Werfen des Lassos. Viehzucht ist der Haupterwerb, nur nebenbei wird Ackerbau betrieben. Hauptprodukte des Bodens

Musik und Tanz des Volkes

sind Mais, Baumwolle und Zucker, dessen Rohr oft zwei- bis
dreijährige Triebe von Armdicke treibt. Den ungekochten
Saft läßt man in Röhren erstarren und ißt ihn als Pilón, als
Zuckerhut. Nebenher besteht der Gemüsebau in Hülsen-
früchten, Melonen, Wassermelonen, Gurken, Zwiebeln, Tomaten, spanischem Pfeffer, Kohl, Salat etc. Das Volk ißt
auch gerne vegetabilische Nahrung, namentlich Zwiebeln,
Gurken, Kohl und die für alle Spanier und Indianer so wichtigen Bohnen, doch alles stark gepfeffert. Das auf den Markt
kommende Fleisch ist meist in lange, dünne Streifen geschnitten, um in der Luft getrocknet zu werden. Auf dem

Markt findet man auch eine Art stark mit spanischem Pfeffer gewürzter, fetter Würste, die dem Neuling heftig auf der Zunge brennen. Zu allem darf die Tortilla, jenes national-mexikanische Gericht, das die Eroberer von den Azteken übernommen haben, nicht fehlen. Übrigens wird von wei-ßem Mehl auch ein recht gutes Brot gebacken, das sich wochenlang hält. Mehl ist sehr teuer, weil es meist aus den Vereinigten Staaten importiert wird. Das Landvolk lebt bei-nahe ganz von Mais, der in steinernen Gefäßen zerstampft und als Tortilla oder Brei konsumiert wird. Abends sah ich mir einen Tanz im Freien an. Auf einem festgestampften Boden wurden unfern eines lodernden Feuers eine ganz eige-ne, nationale Weise getanzt, die Caraba und die Petenera, wozu gesungen wird.

Der Weitermarsch ging durch eine felsige Gegend. Wir begegneten häufiger Viehherden, die von Cadereyta und Monterey kamen und deren Arrieros höflich grüßend an mir vorüberritten. Es ist überhaupt ein sehr herzlicher und artiger Menschenschlag, der nicht ohne Begrüßung an einem Frem-den vorbeizieht.

Durch die Jagd auf seltene Vögel aufgehalten, blieb ich in der Nähe des Rancho de la Barranca liegen und fand gute, gastfreundliche Leute, die mir ein Schaf, Eier und Stroh für die Tiere abgaben. Der Hausherr war Soldat unter Santa Ana gewesen, trug noch seine abgenutzte Montur und hatte einen alten rostigen Kavalleriesäbel als Zeichen seines Standes im Haus aufgehängt. Er bot mir an, in seiner Hütte in einem ganz reinlichen Bett zu schlafen, und bat mich, ihm als Be-lohnung für alle seine Dienste ein Kapitel aus dem Evange-lium Johannis vorzulesen. Als ich dies getan, fragte er mich, ob ich nicht gar ein Pfarrer sei. Als ich dies verneinte, gab er sein Erstaunen zu erkennen. Vor einiger Zeit sei nämlich ein Mönch bei ihm eingekehrt, und der habe in dem Buch nicht lesen können, obgleich man ihm versichert habe, daß es doch in spanischer Sprache gedruckt sei, was ich bekräftigen

Zubereitung der Tortillas

konnte. Der gute Mönch hatte offenbar nicht lesen können
und seine Gebete und sein Brevier nur auswendig gewußt.
Der alte Kriegsmann meinte treuherzig, daß die Mönche
wohl nur Latein lesen könnten. Wir schieden am anderen
Morgen als sehr gute Freunde, wobei ich bei dem guten
Mann im Geruch der Heiligkeit stand. Amerikanische Missionare, die nach dem Westen zogen, haben spanische Bibeln
verbreitet. Dort, wo man lesen kann, werden die Übertra-
gungen von Luthers Bibel eifrig gelesen. In Nordmexiko ist
übrigens der katholische Klerus sehr duldsam, ja sogar welt-
lichem Sinn nicht abhold. Rom ist zu entfernt, um einzuwir-
ken, ich fand keinen religiösen Haß im Volk. Die Bischöfe

von Monterey und Durango sehen freilich auf eine strengere Disziplin.

Der Weg zog durch ein schönes Tal, dem mehrere Meilen trockener Chaparral mit Agaven und Yucca sowie verschiedene Opuntien folgten. Der mexikanische Rabe ließ seine krächzende Stimme hören. Die Yuccas nehmen hier die Gestalt hoher Bäume an. Ich kam an mehreren Rancherías vorbei. Da ich mich nach Wasser und Stroh richten mußte, blieb ich bei Señor Matteo Saba, den ich unterwegs getroffen und der mich eingeladen hatte. Er versah mich mit Empfehlungen nach Cadereyta.

Die Gegend war uneben, und bedeutende Hügel erhoben sich; von einem solchen Cerro hatte ich eine wundervolle Aussicht auf das ganze Panorama der Sierra Madre nördlich von Monclova in Coahuila bis gegen Victoria in Südtamaulipas. Über die große Hacienda San Isabel, die von hohem Baumwuchs umgeben war, führte mich mein Weg zur Hacienda de la Consumption, wo zwischen Fenzen große Stükke urbaren, mit Mais und Zuckerrohr bebauten Landes lagen, dann zur Hacienda de los Dolores und zum Rancho San Diego, sechs Leguas von Obispo entfernt. Die Gegend gefiel mir ausnehmend gut. Mit Früchten überladene Zitronen- und Orangenbäume, Feigen- und Granatäpfelbäume zierten die sauberen Anwesen, und reichlich Hausgeflügel lief umher. Überall malerische Szenerie, hohes Gebirge im Westen, lachende Fluren und Viehtriften.

Die Sonne stand noch hoch, als ich durch die sauberen Straßen der schönen neuen Stadt Cadereyta einzog, wo ich auf die erhaltenen Empfehlungen hin ein schönes, freundliches Zimmer und einen guten, geschlossenen Hof erhielt, in dem meine Tiere gesichert untergebracht werden konnten. Cadereyta ist eine der hübschesten Städte von Mexiko, gegründet im Laufe des vorigen Jahrhunderts von einem der letzten Vizekönige. Die Anlage der Stadt ist regelmäßig und beweist jedenfalls trefflichen Geschmack und Kenntnis von

Lokalverhältnissen, denn die Gegend ist gesund, fruchtbar, gut bewässert und bringt alle Gemüse der Tropen hervor. Die meist schönen, oft zweistöckigen Häuser mit Dachterrassen und Verandas, weiß getüncht, sind von Gärten umgeben. Die Straßen sind sehr breit und gehen im rechten Winkel von der Plaza aus.

Cadereyta ist ein lebhafter Ort, etwa acht Leguas vom Gebirge gelegen, durch befahrbare Wege mit Matamoros, dem südlichen Tamaulipas, San Fernando und Victoria verbunden. Große Herden von Maultieren versammeln sich hier, und mexikanische Karren, mit Ochsen bespannt – die merkwürdigsten Fuhrwerke, die man nur sehen kann, da ihre Räder oft nur aus einer großen Holzscheibe bestehen –, sind nichts Seltenes. Wider Erwarten fand ich die Straßen wie ausgestorben; die Stadt ist aber auch im Verhältnis zu ihrer Größe beinahe ganz entvölkert und die Bevölkerung wohl kaum größer als die in China. Die Ursache ist unbekannt. Im Krieg zwischen den Vereinigten Staaten und Mexiko war Cadereyta vor der Einnahme von Monterey für die Amerikaner ein wichtiger Punkt, um die Verbindung mit Matamoros und dem Rio Grande offen zu halten.

Cadereyta und Cerralbo, am Fuß des Gebirgsstockes gleichen Namens, dienten General Taylor als Basis zu seinen Operationen. Man kann diesem Offizier die Anerkennung von Mut und Einsicht gewiß nicht absprechen, wenn man die Schwierigkeiten des Terrains und einen weit überlegenen Feind berücksichtigt, der noch dazu den Vorteil hatte, in seinem eigenen Lande zu kämpfen. Jedenfalls spielte in der Geschichte von Amerikas Kriegszügen der Feldzug Taylors von Texas bis Parras eine bedeutende Rolle, und die für die nordamerikanische Union höchst ruhmreichen Gefechte von Palo Alto, Resaca de la Palma, Monterey und Buena Vista werden dem Namen des amerikanischen Feldherren stets zur Ehre gereichen. Überhaupt steht nicht leicht in der Kriegsgeschichte ein Doppelangriff so gekrönt mit Erfolg da wie der durch beide gleichmäßig ausgeführte Angriff von Scott und Taylor. Beide begannen mit zwei schwierigen Aufgaben, der Eroberung von Vera Cruz und von Matamoros. Beide Punkte ließen sich gut verteidigen, und auf beiden hätte durch Mut und Einigkeit unter den mexikanischen Generalen bei einigem Talent der Angriff glänzend zurückgeschlagen werden können. Santa Ana war seiner Aufgabe nicht gewachsen. Solange die Nachkommen der einst so tatkräftigen und tatenreichen Spanier nicht einsehen werden, daß sie Vaterlandsliebe und ihren Ehrgeiz nie im eigenen Privatinteresse suchen dürfen, werden die vom Mutterland getrennten, zerstückelten und politisch zerklüfteten Kolonien niemals gedeihen und zuletzt namentlich in der nördlichen Hemisphäre der Neuen Welt immer mehr dem Angelsachsentum zur Beute fallen.

Von Cadereyta ging der Weg wieder durch den leidigen Chaparral. Man berührt San José mit einigen Pflanzungen, wobei das Auge stets auf der unvergleichlichen Sierra Madre ruht. In Las Lermas, einem kleinen Ort, wo ziemlich reges Leben herrscht, muß man über den Rio de Cadereyta setzen, der hier in einem von hohen Bäumen, Zypressen und Platanen beschatteten tiefen Tal seine kristallhellen Fluten in malerischen Partien rauschend über Felsblöcke wälzt. Von hier in westlicher Richtung reitend, näherte ich mich immer mehr dem Gebirge. Der Chaparral tauchte wieder auf, wo Vieh und Pferde weideten. Hübsche muntere Mädchen wuschen an einem Bach und riefen mir lustig einen »Buen camino, caballero« zu.

Das Gebirge öffnete sich nun in eine Talschlucht, die den Gebirgsstock trennt und nach Süden läuft. Am Eingang der Schlucht befindet sich ein großes Dorf, Puebla de la Guadalupe, mit einer Kirche. Der Ort ist weitläufig gebaut, treibt viel Garten- und Ackerbau und ist, da eine Straße in die Sierra führt, nicht ohne Verkehr, jedenfalls mehr als in Cadereyta. Das Klima ist hier in dem geschützten Tal von Monterey mitten im Winter sehr mild, wovon die herrlichen Orangenbäume, Agaven und Yuccas Zeugnis gaben. Die Gegend wird im Süden und Westen immer mehr vom Gebirge eingeschlossen, die Mitra reckt stolz ihr Haupt, und der gedehnte Bergzug der Pescona erhebt sich stolz empor. Von einer Erhöhung erblickte ich plötzlich vor mir Monterey, die schöne Hauptstadt von Nuevo León, ausgestreckt am Fuß des Gebirges, die weißen Häuser glänzend in den Strahlen der sich neigenden Sonne und das Ganze eingefaßt in das Grün belaubter Bäume. Monterey mit der Kathedrale und den anderen Kirchen und Zitadellen machte einen besonders günstigen Eindruck auf mich, den auch das primitive Pflaster beim Einzug nicht verwischen konnte.

Im Hotel de Monterey, das ein Franzose führte, fand ich für mich und meinen ganzen Troß komfortable Unterkunft, was mir um so angenehmer war, als ich zur Besorgung verschiedener Angelegenheiten einige Tage bleiben wollte. Rafael, der nur bis Monterey gedungen war, sollte mich verlassen. Die Anhänglichkeit des Burschen zu mir siegte aber, und nachdem er unter Tränen von mir geschieden war, kehrte er wieder zurück. Er erklärte, daß er mich nicht verlassen könne, und so behielt ich den ehrlichen und guten Menschen. Erst an den Ufern des Stillen Ozeans trennten wir uns, um uns nicht wieder zu sehen. Er soll beim Hüten meiner nach Durango zurückgebrachten Tiere auf den Weiden den Tod gefunden haben. Er war sehr krank nach Durango zurückgekehrt. Durch Wölfe, Schnee und Indianer waren mehrere Tiere abhanden gekommen; um sie zusammenzutreiben, war er ins Gebirge zurückgekehrt. Seitdem hatte ihn niemand mehr gesehen.

Monterey ist wie alle spanischen Städte groß und regelmäßig gebaut. An der Plaza mayor sind die Häuser zweistöckig im Viereck, mit einem Hofraum, der zugleich als Garten dient. Die Vorstädte bestehen aus Milpas, mit Dornengehegen umzäunt, wo viele Gemüse und Gartenfrüchte sowie

Obstbäume gezogen werden. Ich sah neben unseren Äpfeln vor allem Mandelbäume, Pfirsiche, Aprikosen, Orangen, Feigen, Granatäpfel, Bananen, Avocados und Tomaten sowie Hülsenfrüchte aller Art. Ebenso wimmelte es von Geflügel in diesen Milpas, deren stachelige Einfriedung jedem Eindringling ein undurchdringliches Hindernis darbietet. Der kleine, die Stadt bewässernde Fluß ist reich an Wasserpflanzen. Mit einem Franzosen, an den ich empfohlen worden war, machte ich in der Umgebung mehrere Exkursionen.

Ich besah mir natürlich auch sämtliche Punkte, die durch den Krieg mit den Vereinigten Staaten Interesse erregten, namentlich die nordwestlich gelegene Zitadelle, die nach heftigem, blutigem Kampf erobert worden war. Das ganze Tal ist flach, fruchtbar, durch Gräben bewässert. Die größeren Grundstücke der Haciendas, in denen Mais, Zuckerrohr und Baumwolle gezogen werden, sind im Quadrat von oft zwanzig Morgen eingeteilt und mit beinahe undurchdringlichen lebenden Hecken umzäunt. In diesen fand ich manchen seltenen Vogel.

Mit einem spanischen Priester, einem sehr jovialen alten Herren, an den ich ebenfalls empfohlen war und der mich sehr freundlich aufnahm, besah ich mir die Kirchen und Klöster von Monterey. Gewöhnlich schlecht gemalte Heiligenbilder in Lebensgröße, den Kirchenpatron darstellend, einige Marien mit dem Jesuskind oder in Holz geschnitzt, mit alten Kleidern, oft reich mit Silber- und Goldbrokat und künstlichen Blumen verziert, wiederholen sich stets. Die Kathedralkirche, die Kirche des Bischofs, ist ein größerer, sorgfältig ausgeschmückter Tempel. An reichen Monstranzen und silbernen Arm- und Kronleuchtern ist hier nicht gespart. Die Bilder waren allerdings wertlos und die Holzschnitzereien ohne künstlerischen Wert. Die Bauart aller dieser Tempel ist mehr maurischen Stils, der überhaupt alle spanisch-amerikanischen Kirchen bezeichnet. Typisch ist außerdem das Vorhandensein mehrerer außen angebrachter Glocken mit ganz besonderem Geläute. Die Kirchen sind alle solid, meist aus Quadersteinen gebaut, auch hat sich jene maurische Bauart bei Erdbeben bisher bewährt.

Ich trank vortrefflichen Parraswein, der trotz des schwierigen Transportes auf dem Rücken der Tiere zehn bis fünfzehn Reals per Gallone kostet. Es gibt verschiedene Sorten von Wein und Sekt, weißen und roten. Da die Reben spanischen Ursprungs sind – meist aus Andalusien herübergebracht –, so gleicht der Wein auch mehr dem spanischen als jedem anderen. Lebensmittel wie Fleisch, Hühner, Eier und Gemüse sind hier sehr billig. Man bäckt auch ein sehr gutes Brot. Weißer Zucker, Kaffee und Tee sind teuer, Schokolade ebenfalls, da der Kakao jetzt meist erst aus den Vereinigten Staaten importiert werden muß und dann oft verdorben ist. Der im Land fabrizierte, übrigens recht wohlschmeckende Pilón-zucker, ist hingegen billig.

Am 30. verließ ich die Stadt. Der Weg führte anfangs durch ein Tal, das den südlichen Gebirgsstock von der Mitra trennt und ganz den Eindruck eines Alpenlandes hervorruft, denn an kolossaleren Felsgebilden, kahlen Geröllhalden, wilden Waldpartien, steilen Wänden, zerklüfteten Massen und abgerollten Felsblöcken kann man nicht leicht ein ähnliches Gebirgsland finden. Das Tal ist dagegen anmutig und, obgleich nicht breit, sehr fruchtbar und gut bewässert. Am Gebirgspaß nach Molino machte ich bei einer Mühle Station. Abends unterhielt ich mich mit den Bewohnern der kleinen Siedlung. Es waren einige Milpas in der Nähe der Mühle. Die tanzlustige Jugend versammelte sich und fing an, einen Ball zu arrangieren, bei dem zu den Weisen einer Zither getanzt wurde. Eine hartgestampfte, zum Austrocknen des Kornes dienende Tenne war der Tanzsaal, und bald war das Fest in vollem Gange. Ein paar entzückende Mädchen waren unter den Tänzerinnen, denen die leichten und netten Nationalkleider allerliebst standen. Ich gewann mir die besondere Gunst

Tanzende Mestizen

dieser ländlichen Schönen, indem ich ihnen von meinem Vorrat einige Kleinigkeiten schenkte. Sie plauderten noch bis zum späten Abend mit mir, und schon mit Tagesanbruch waren die Señoritas wieder an meinem Feuer und brachten mir einen großen Topf frischer Milch und Eier als Geschenk. Die mexikanischen Mädchen sind wirklich recht nette und gute Geschöpfe. Bei einer natürlichen Koketterie sind sie völlig harmlos und zutraulich. Der Mexikaner gewährt seinen Töchtern jede Freiheit, aber man hört selten, daß sie mißbraucht wird.

Den hübschen Pueblo de Santa Catharina ließ ich links. Von Palmar an wird die Gegend öder und wilder, der Weg steiniger, vielfach sandig. Die Hitze betrug 30° C im Schatten, der trockene Boden war von Kakteen und Agaven bedeckt.

Der weitere Weg führte durch ein immer wilder werdendes Land. Es ist wieder die Form des Chaparral, aber die Dornensträucher, Algarobien und Akazien stehen nicht so dicht, und der Boden ist mit Felsbrocken und Steinen übersät. Es bildet sich ein von allen Seiten tief eingeschlossenes, von Schluchten zerklüftetes Tal. In einem Kessel öffnet sich das Land, hohe Pappeln kommen zum Vorschein, und eine breite Allee von mächtigen Agaven führt nach dem Pueblo de Rinconada. Ein Arroyo bespült das merkwürdige Talbekken und speist eine üppige Vegetation. Die Gebirge teilen sich hier in mehrere Täler, deren steinige Schluchten nach den verschiedenen Himmelsrichtungen hinausführen.

Im Pueblo herrschte reges Leben. Das Fest eines Heiligen hatte viel Volk herbeigezogen. Feuerwerk und Markt sind wie überall in Mexiko Anziehungspunkte, denen der Landbewohner nicht widersteht. Es war mühsam, sich durch das Gewühl der vielen Pferde, Maultiere und Esel durchzuzwingen. Eine Wohnung zu erhalten, war rein unmöglich. Eine Art von Prozession durchwanderte die Stadt und die Plaza real. Dem Volk war es aber mehr um den Genuß irdischen Tandes zu tun als um die Gunst der Heiligen, und der Santo mußte sich mit dem Geleit von einigen alten Señores begnügen. Ich lagerte daher außerhalb des Städtchens unfern eines alten Mauerwerks, eines Zeugen besserer Zeiten. Abends wohnte ich im Pueblo dem Einzug einer gebenedeiten Jungfrau Maria aus Pesqueira bei, die wahrscheinlich der Kirche von Rinconada einen Besuch abstatten wollte. Die ganze Prozession war umrahmt von Ergüssen lärmender Fröhlichkeit von seiten der Menge. Als es dunkel geworden war, folgten Feuerwerk und Gewehrsalven. Um die Unbefleckte Mutter des Herrn kümmerte sich das Volk nachgerade wenig, desto mehr schwelgte es in Tanz und Lustbarkeiten und im Genuß geistiger Getränke und süßen Zuckerwerks.

Ich zog mich bald in mein Lager zurück, wo ein frugales Abendessen auf mich wartete. Mr. Glower, der Konsul der Vereinigten Staaten in Monterey, der einen Wagenzug nach Durango abgesandt hatte und diesem nachreisen wollte, war angekommen und lagerte an meinem Feuer. Der Weg führte nun die steile Costa de Rinconada hinauf, das steilste Stück bis Durango. In der Höhe wird der Charakter des Gebirges immer wilder. Das Gebirgsbild am berühmten Paso de los Muertos, einer schauerlichen, von jähen, grotesken Felsmassen und steilen Bergkämmen umgebenen Schlucht, gewährt einen majestätischen Anblick. Der Rio Ojo Caliente (warme Quelle) durchzieht nun die Sierra de los Muertos in südwestlicher Richtung, nimmt Wasser auf und befruchtet zuletzt einen breiten, von Gebirge umrahmten Talgrund, in dem grüne Weizenfelder das Auge erfreuten. Bis auf Yucca und einige Pappeln verschwindet das Holz. Der Charakter dieser Gegend bleibt bis zum Rio Gonzales unverändert, an dem fruchtbare Felder mit Haciendas und Milpas liegen. Alleen von Maguey, Obstbäumen mit Birnen, Äpfeln und Pfirsichen werden bald häufig. An einer Hacienda mit großem Gehöft machte ich Halt, ließ daselbst meine Leute und Wagen zurück und fuhr, von einem Knecht begleitet, in einem Buggy nach der eine Legua entfernten Stadt Saltillo.

VON SALTILLO NACH DURANGO

Saltillo, auch Leona del Vicario genannt, liegt über einer von Bergen eingesäumten Ebene so hoch über dem Meeresspiegel, daß sich die Stadt nach mexikanischen Begriffen in der Tierra fría befindet, jener Klimazone also, in der neben der Maguey und der Yucca noch unsere sämtlichen Obstbäume gedeihen. Die Stadt ist groß und hat zehn- bis zwölftausend Einwohner. Im tropischen Zentralmexiko zwischen 20 bis 18° nördl. Breite gehört alles Land vom Meeresspiegel bis dreitausend Fuß darüber zur Tierra caliente, von dreitausend bis siebentausend Fuß zur Tierra templada, von siebentausend bis zehntausend Fuß zur Tierra fría. Schon mit 24° nördl. Breite senkt sich diese kältere oder vielmehr kühlere Region bis nach viertausend Fuß herab. Saltillo ist von echt spanischer Bauart. Mit den vielen Klöstern und Kirchen lehnt es sich im Hintergrund an ziemlich hohes, gezacktes Gebirge an. Der Handel ist bedeutend. Die Straßen sind zwar gepflastert, aber mit spitzen, meist ungleichen Steinen und deshalb für Fußgänger höchst ermüdend, weshalb die Maultiertreiber soviel als möglich die Stadt meiden, zumal auch ein Stadtzoll für Lebensmittel erhoben wird.

Eine große, echt spanische Herberge nahm mich auf, wo dem Reisenden nichts als die leeren Wände geboten werden. Für alles andere muß er selber sorgen, das heißt, er muß im Hof selber kochen oder einige Schalen Essen aus einer mexikanischen Garküche holen lassen. Die landesübliche Kost kennt nur eine stark gewürzte Suppe, etwas gebratenes Fleisch und einige Eier oder mit spanischem Pfeffer fürchterlich gewürzte trockene Würste. Der Mexikaner wickelt beinahe jede Speise in eine Tortilla und schluckt alles hinunter. Gabeln sind fast nicht im Gebrauch, nur Messer und Löffel, diese meist aus Holz oder Horn.

Ich war an Don Pablo Moreno empfohlen, der mich sehr höflich aufnahm und mich einlud, mit ihm die Stadt zu besichtigen. Er besorgte mit einen trefflichen Esel, den ich um vierunddreißig Dollar kaufen konnte, in New Orleans hätte er zweihundertfünfzig gekostet.

Vor meinem Gasthaus, das sich Hostería de Saltillo nannte, spielte eine sehr gute Blechmusik der Städtischen Guardia nacional, die ausgerückt war und vorbeimarschierte. Die Musikanten trugen eine kunterbunte Mischung von Landestracht und moderner europäischer Kleidung, alle aber hatten Sombreros auf dem Kopf und hatten ihre malerischen, oft mit Troddeln oder Knöpfen überladenen Mangas oder Sarapes umgeworfen. Die altspanische Tracht, die von den Einwohnern noch sehr häufig getragen wurde, nimmt sich recht schön aus gegenüber dem nüchternen europäischen Frack oder Paletot oder der einfachen leinenen oder tuchenen runden Jacke. Bei den landesüblichen Decken, den Mangas, Sarapes und Ponchos herrscht ein großer Unterschied. Die Manga wird meist nur von reichen Leuten getragen, ist häufig aus weinrotem oder violettem Tuch, viereckig geschnitten, innen mit Seide oder feinem Wollzeug gefüttert, vier Fuß breit, mit einem Spalt in der Mitte, um Kopf und Hals durchzustecken. Dieser Spalt ist mit schwarzem Samt eingefaßt und mit breiten Gold- oder Silberborten oder Troddeln ausgeschmückt. Die Sarapes sind oft aus feinster Wolle und ungemein dicht und künstlerisch gewirkt, wasserdicht und mit farbigen Streifen, Feldern und Zickzackfiguren durchwirkt. Diese Sarapes sind oft sehr kostbar, bis zu zweihundert Pesos wert und beschäftigen die Frauen einer Milpa oft ein halbes Jahr lang. Die ordinären Ponchos, die Tracht der Armen, sind aus minderwertiger Wolle und von wertloser Arbeit. Sie kosten zwischen drei und sechs Pesos.

Die meisten Männer haben harte Züge, braunen Teint und schwarzes, lockiges Haar, meist große Bärte und sehen recht martialisch aus. Ihre Waffen waren meist herzlich schlecht, alte ausgediente Musketen, Karabiner oder Flinten, denen oft der Hahn oder sonstige Teile fehlten.

Das tolle Getriebe ging bis spät in die Nacht. Die Stadt war mit Fackeln und großen, mitten auf Plätzen und Straßen brennenden Holzstößen beleuchtet. Die Musik spielte, und die Schönen, viele von ihnen verschleiert oder in schwarze Mantillas gehüllt, promenierten mit den Herren. In vielen Häusern wurden Tertulias gehalten. Als ich an einem vornehm aussehenden Haus vorbeikam, wo eine solche Abendgesellschaft gehalten wurde, die aus fein gekleideten Damen und Herren bestand, wurde ich wider alles Erwarten sehr höflich eingeladen, einzutreten, und, ohne daß die Dame des Hauses gefragt hätte, wer der Herr sei, genötigt, Platz zu nehmen. Man wetteiferte mit Artigkeiten gegen mich, setzte mich zwischen die schönsten Señoritas und lud mich so höflich ein, einem gegen elf Uhr servierten, sehr splendiden Bankett beizuwohnen, daß ich eine Ablehnung für ungalant gehalten hätte und bis ein Uhr nachts bei den liebenswürdigen, unbekannten Wirten zubrachte. Das ist die mexikanische Gastfreundschaft, dieses schöne Erbstück altspanischer Zeiten. Von Herrn Moreno erfuhr ich, daß der Gastgeber einer der reichsten Hacenderos der Gegend und sogar des Staates Coahuila sei, ein Mann von großem politischen Einfluß und ein echter Caballero von spanischem Adel. Ich fand es nun der Höflichkeit angemessen, mich sogleich unter meinem Namen vorstellen zu lassen, was die herzlichste Freude verursachte. Man nahm mir das Versprechen ab, am nächsten Abend wieder vorzusprechen. So ist in diesem Lande leicht eine Bekanntschaft angeknüpft, die dann besonders seitens der Damen recht warm und aufrichtig gehalten wird, so daß man in den spanischen-amerikanischen Städten nie um eine gute Gesellschaft im privaten Kreis verlegen ist.

Ich besichtigte eingehend die Stadt und deren Obstgärten mit ihren Erzeugnissen, die ja weithin berühmt sind. Die Kathedrale, auch Parroquia de San Esteban, dem heiligen Stephan gewidmet, ist ein sehr schöner, beinahe ganz im maurischen Stil gebauter Tempel mit großer, schön verzierter Kuppel. Das Innere entspricht dem großartigen äußeren Eindruck nicht. Ich besuchte noch zwei Klöster, den Convento del Pueblo und den Convento de San Francisco sowie die hübsche kleine Capilla de San Juan. Das Gouvernementhaus ist ein sehr einfaches Gebäude. Andere öffentliche und private Bauten sind im Vergleich dazu wesentlich prunkvoller.

Saltillo ist die bedeutendste Stadt im Staate Coahuila und übertrifft, was die Ausdehnung des Handels anlangt, jedenfalls Monclova. Seine Handelsbeziehungen mit San Luis Potosí, Zacatecas, Parras, Durango und Chihuahua sind sehr rege. Ich machte auch dem mexikanischen Stadtkommandanten einen Besuch und fand da eine Menge Damen, die der Señora des Hauses ihr Kompliment machten.

Nach meiner Ankunft im Lager fand ich viele neugierige Leute zu Pferd und zu Fuß, die sich alle als Führer anboten. Der Weg führte mich am ersten Tag nach Buena Vista, einem elenden Nest von kleinen Hütten. Da es sehr kalt zu werden drohte und Holz zu selten war, um die Nachtfeuer zu unterhalten, so war ich froh, daß mir ein junges Frauenzimmer anbot, ihre Hütte abzutreten und zum Nachbarn zu ziehen. Buena Vista liegt noch viel höher als Saltillo, gehört also vollkommen in das Gebiet der Tierra fría. Die Vegetation ist daher, wo mit Bewässerung nicht nachgeholfen wird, kümmerlich und zeigt bereits den Charakter der nordmexikanischen Alpenflora oder der Wüstensteppe.

Am Abend zuvor waren meine Tiere zusammen mit den Tieren des Rancho in einen Corral getrieben worden. Als man nun morgens die Pferde und Maultiere am Bach tränken wollte, wurde eines der Maultiere scheu und rannte davon; diesem Beispiel folgte die ganze Truppe in wilder Flucht. Die Mexikaner nennen das Stampede. Für diesen in einer wilden Gebirgsgegend äußerst wichtigen Fall halten die Hirten und Knechte immer ein oder zwei der schnellsten Pferde gesattelt zum Einfangen der Flüchtlinge bereit. Ein anderes Mittel besteht darin, den langen, aus sehr fest geflochtenen Riemen aus Ochsenleder bestehenden und oft vierzig Ellen messenden Lasso am Hals der Tiere befestigt zu lassen. Dieser wird dann nachgeschleppt, wobei der Vorteil benutzt werden muß, den Wurfriemen über die linke Schulter der Pferde und Esel zu werfen, während der Knoten geknüpft ist, daß er auf der rechten Schulterseite festsitzt.

Hier bei Buena Vista fand ich mich auf dem Schlachtfeld, das ich mit einem Mexikaner, soweit das ohne kriegskundigen Führer möglich war, genau besichtigte. Der Arroyo bei Chopaderos unfern Buena Vista bildet eine der sonderbarsten Formationen, die ich je gesehen habe. Durch eine weite Strecke hat er nämlich, durch eine ziemlich tiefe Schlucht ziehend, den Tonboden in Form grotesk geformter Säulen ausgewaschen. Durch zahllose dieser hohen Tonstatuen, in den wunderlichsten Gestalten ausgezackt, bald eckig, bald abgerundet, tief eingerissen oder zackig gezahnt, windet sich der von einer kräftigeren Vegetation umsäumte Bach hindurch. Hier verloren am Schlachttage die Freiwilligen von Illinois, meist Deutsche, sehr viele Leute. Eine Kompanie kommandierte ein Württemberger. Sie zeichnete sich auf das ehrenvollste aus.

Der Hauptkampf fand abseits an der Straße nach Saltillo statt. Ich überzeugte mich, daß nur die unglaublichste Unfähigkeit der höheren mexikanischen Offiziere schuld an dem Verlust der Schlacht sein konnte, da den mexikanischen Truppen selbst das ungeteilte Zeugnis gegeben wird, daß sie mannhaft und tapfer gefochten hatten. Daher hätten sie bei ihrer numerischen Übermacht gegenüber dem an Munitionsmangel leidenden und durch Zeichen von Unzufriedenheit in den Reihen der Freiwilligen zerrütteten Gegner leicht den Sieg davontragen können. Die treffliche Aufstellung und Bedienung der amerikanischen Artillerie, die sich überhaupt während des ganzen Feldzuges als ungemein brauchbar und tüchtig erwiesen hat, trug das meiste zum Sieg bei. Ein unvergleichlicher Fehler von seiten des kommandierenden mexikanischen Generals war es, daß er nicht ein Corps Truppen den Amerikanern in den Rücken detachierte, um dieses möglichst in dem Rinconada Basto Fuß fassen zu lassen und so den ersten Fehler der Nichtverteidigung dieses so wichtigen strategischen Punktes wiedergutzumachen. Ferner hätte Santa Ana dem General Taylor bei der Besetzung wichtiger, das Schlachtfeld dominierender Höhen zuvorkommen oder ihn durch einen fingierten Rückzug in die breiten Ebenen hinter La Vaquería hinlocken müssen, wo die amerikanische Artillerie keine so vorteilhafte Aufstellung hätte nehmen können und der große Mangel an Reiterei gegenüber den wohlberittenen Mexikanern fühlbar geworden wäre. Dann wären den Mexikanern zwei Wege zu einem geordneten Rückzug übriggeblieben, nämlich der in Richtung Zacatecas und Durango oder der nach San Luis Potosí. Ferner hätte sich Santa Ana auch nach Parras wenden können, wo aber die Verpflegung seines Heeres auf große Schwierigkeiten gestoßen wäre, obgleich seine Stellung mit dem Rücken gegen Mapimi und Chihuahua für den General Taylor höchst gefährlich geworden wäre.

Auf dem Weg nach La Vaquería, das eigentlich Pueblito de San Juan heißt, begegnete mir der Wagenzug des oben erwähnten amerikanischen Konsuls Glower. Die Nähe eines solchen, von vielen bewaffneten Leuten begleiteten Trains ist immer gut in einem Lande, wo Räuber und wilde Indianer zu den gewöhnlichen Erscheinungen gehören. La Vaquería ist ein elender, aus kleinen Rancherías bestehender Ort, hat aber einige Bedeutung als Knotenpunkt der Straßen von Chihuahua, Durango, Zacatecas und San Luis Potosí nach Saltillo. Auch ist der Ort im letzten Feldzug bekannt geworden.

Von Saltillo hatte sich der Weg gesenkt, die Ebene breitete sich immer mehr aus, und der Charakter der Steppe trat hervor, jene eigentümliche Savannenbildung, wo sich das Gras mit saftigen Fettpflanzen und baumartigen Liliaceen mengt. Die Wege trennen sich in dieser von zwei hohen Berggraten eingefaßten Ebene, der eine wendet sich südwestlich, der andere nordwestlich nach Parras. Die nordwestliche Sierra, die sich von Buena Vista gegen Mapimi hinwendet und den fürchterlichen, beinahe undurchdringlichen Bolsón (Tasche) de Mapimi umgürtet, ist die höhere; die südwestliche, mit weniger schroffen, mehr abgerundeten bewaldeten Kuppen, ist leichter zu überschreiten. Ich zog eine lange Strecke durch die westliche Ebene und kam an einen mit Eichen und Kiefern dicht bewachsenen Berg.

Viel verdächtiges Gesindel und Räuber von Profession sollen hier ihr Unwesen treiben, weshalb der Paß sehr verrufen ist. Ich sah bewaffnete Leute im Wald, kümmerte mich aber nicht um sie, sondern jagte abseits meiner Wagen ungehindert fort. Einige gut angebrachte Schüsse und meine Sicherheit machten den richtigen Eindruck auf die Buschranger, wenn sie jemals böse Absichten gehabt haben sollten.

Eine ungemein große Karawane von bepackten Maultieren begegnete mir, wohl an die vierhundert Tiere, meist mit Mais beladen. Die Arrieros waren sehr freundlich und sagten, der Weg nach Cedros sei sehr gut, doch hätte eine Schar der Comanchen mehrere Mordtaten verübt und einige Rancherías verwüstet. Eine Schlucht spaltete das Gebirge, und von einer Höhe sah ich einen Teich vor mir liegen, einen bekannten Wasser- und Lagerplatz mit Aussicht auf die breite Ebene von Santa Helena. Dieser Teich ist ein großes Wasserbecken von mehreren hundert Fuß Durchmesser, von ziemlich hohen, lehmigen Ufern umfaßt, und ist der Wasserplatz aller halbwilden und zahmen Herden im Umkreis. Die Hirten treiben die Schafe des Tags nach dem Wasser und lagern auch nachts oft in seiner Nähe. Ich fand die Stätte schon besetzt mit Maultiertreibern aus Zacatecas, die haarsträubende Geschichten von Räubern und Indianern erzählten, so schauerlich, daß das Reisen zur Unmöglichkeit geworden wäre, wenn nur ein Teil davon wahr gewesen wäre. Während der eifrigen Erzählung eines der Arrieros fragte ihn Rafael, wie oft er schon den Weg von Zacatecas hierher gemacht habe. Wohl hundermal, entgegnete der Treiber stolz. »Dann bist du ein Zauberer oder, was ich eher glaube, ein lügnerischer Windbeutel, der andere Leute abschrecken oder zum Narren halten will«, antwortete Rafael. Der Erzähler verstummte, wünschte Rafael aber Indianer und Banditen zu Scharen auf den Hals.

Die Wagen des Herrn Glower kamen nun auch angefahren. Der Konsul schlug sein Zelt neben mir auf, und wir beschlossen angesichts der futterarmen steinigen Gegend, die nun folgte, zwei Tage zu rasten. So unerwünscht mir dieser Aufenthalt war, so wollte ich doch den Train Glowers in einer so gefährlichen Gegend, wie es die Straße bis Cedros war, nicht verlassen, da es das einzige Mittel war, den umherstreifenden Comanchentrupps, die oft mehr als sechzig Köpfe zählten, die Stirn zu bieten.

Als am späten Abend die Tiere zusammengetrieben waren, fand es sich, daß das schöne amerikanische Reitpferd des Herrn Glower abhanden gekommen war. Ein Mestize vom Arkansas, vom Stamm der Choctaw, im Dienst des Konsuls und trefflicher Spurenleser, umkreiste die Gegend und fand die breite, beschlagene Hufspur des Pferdes in einer nach dem Wald führenden Schlucht. Sogleich war ein Dutzend Knechte zu Pferde, darunter auch Rafael auf meinem Dunkelfuchs. Gegen elf Uhr nachts brachten sie das geraubte Pferd, mit ihm einen schmutzigen, zerlumpten Burschen, der von Saltillo dem Train gefolgt war. Der Kerl blieb an ein Wagenrad gebunden die Nacht im Lager, wurde dann am frühen Morgen von zwei Reitern in die Ebene geführt, wacker durchgepeitscht und dann seinem Schicksal überlassen. Die Mexikaner hatten alle gefordert, ihn aufknüpfen zu dürfen, da er ein bekannter Räuber sei, der nur die anderen auf unsere Spur lenken würde. Dieses Lynchgericht wurde aber für einen zweiten derartigen Fall aufgehoben.

Da es viel wildes Vieh in der Ebene gibt und ein Gesetz in Nordmexiko es Reisenden gestattet, solches zum eigenen Gebrauch zu erlegen, unter der Bedingung, daß von gezeichneten Stücken dem Besitzer der Wert zu erstatten sei, so forderte mich Mr. Glower auf, einige Stücke zu schießen, um frischen Mundvorrat und Tasajo zu erhalten. Tasajo oder Carne seca nämlich ist die Hauptnahrung der mexikanischen Treiber und wird mit Tortillas genossen. Mit vieler Mühe gelang es mir, ein Kalb und ein junges Rind zu erlegen. Ich brauchte den ganzen Tag dazu, denn das Vieh ist ungeheuer scheu und vorsichtig. Zu Pferd ist diese Jagd ganz unmöglich, da das Vieh, gewohnt, von Viehhirten ständig gehetzt und mit dem Lasso eingefangen zu werden, beim Anblick eines Reiters schon auf fünfhundert bis sechshundert Schritt Entfernung die Flucht ergreift.

In der Nähe des Teichs wäre es nachts ein leichtes gewesen, so ein Stück Vieh zu schießen, allein dies ist ein geheiligter Platz. Ein Schuß würde sofort eine Stampede verursachen. Die Hirten der Gegend wollten uns keine Schafe geben, da sie als bloße Knechte für die Herde und deren Bestand verantwortlich sind. Wenn sie es tun, so geschieht es nur verstohlen gegen Mehl, Branntwein und Tabak.

Durch einen engen Hohlweg führte der Weg an dem südwestlichen, nicht so steilen Abhang wieder in die Ebene, wo sich ziemlich gutes Weideland ausbreitete, das sich an eine nicht sehr hohe steinige Bergkette, die Cuesta de Santa Helena lehnte. Hier liegt die Hacienda gleichen Namens. Ich schoß mehrere Tauben und Rebhühner sowie zwei Hasen. In der Nacht sank das Thermometer auf minus 4° C, während tagsüber eine unerträgliche Hitze herrschte.

Meine und des Konsuls Karawane brachen am frühesten Morgen auf. Zwischen dem Konsul und einem Reiter von verdächtigem Äußeren, der aus der Ranchería de Santa Helena herausgekommen war, entspann sich ein lebhafter Streit, weil der Mann für den Kopf jedes Tieres, das über Nacht auf

88

dem Pasto geblieben war, einen Silberreal forderte. Für hundertfünfzig Köpfe hätte das eine ordentliche Summe Weidegebühr für die paar armseligen Grashalme ausgemacht. Dort, wo der Pasto ungemein karg oder wo viel bewohntes, angebautes Land vorhanden ist, pflegt man den Besitzer der Weide zu entschädigen, nicht aber hier in den großen Llanos oder Savannen, wo das Vieh keine Not leidet. Die Forderung des Mannes, der sich ganz wild und ungebärdig benahm, war gar nicht ortsüblich, und wir beschlossen, durch einen Bewohner der Ansiedlung seine Identität festzustellen. Als der Patron unsere Absicht merkte, suchte er sich zu entfernen, was wir vereitelten. Ein hinzugekommener Vaquero erkannte nun in dem Burschen einen höchst berüchtigten Gauner und Pferdedieb, der wahrscheinlich der Bande angehörte, die des Konsuls Pferd gestohlen hatte, und, da dies mißlungen war, sich nunmehr auf andere Art schadlos halten wollte. Daß der gute Mann auf keine sehr höfliche Weise verabschiedet wurde, läßt sich denken.

Nach Überschreiten der sechs Meilen breiten Ebene stießen wir auf ein wildes Felsengebirge, in dem sich ein mächtiges Felsentor, die Puerto del Calado öffnete. Hier erschien auch zuerst die dornenreiche Fourcroya, das gefährlichste Gestrüpp von Nordmexiko. Diese Dornenpflanzen bilden ganz undurchdringliche Gehege. Reiter und Tiere verfangen sich so in den gekrümmten, scharfen Dornen der biegsamen, zähen Ruten, daß sie sich nicht mehr losreißen können. Darin sind sie gefährlich wie die Averrhoas der tropischen Urwälder, die ihre Beute auch nicht mehr fahrenlassen und in denen Tiergerippe aller Art bleichen. Die westlichen Chaparrals von Nordmexiko sind daher auch für den geübtesten Ranchero nicht zu betreten. Manche Wildnis, wie der geheimnisvolle fabelhafte Bolsón de Mapimi konnte nicht erforscht werden. Erst in neuerer Zeit gelang es, diese nur dem Indianer zugängliche Wildnis, an der selbst die riesige Ausdauer der Konquistadoren scheiterte, zu durchdringen. Der mutige

General Landberger, der einen großen Landstrich von Chihuahua und Sonora für die mexikanische Regierung aufnahm und auch die Gegend von Mapimi erforschte, gab mir sicheren Aufschluß über den Bolsón. In Durango sah ich Schädel und Teile der in den Höhlen des Bolsón gefundenen Mumien, den peruanischen in vielen Stücken ähnlich. In historischer Hinsicht – was die urgeschichtlichen Traditionen der Rothäute betrifft – muß der Bolsón de Mapimi viel Rätselhaftes enthalten. Es scheint, daß er in den religiösen Vorurteilen der Völker westlich des Rio Grande eine bedeutende Rolle spielt. Das Land ist nach dem Glauben der Indianer nämlich »verzaubert«.

Nachdem das Tor durchkreuzt war, betrat ich wieder eine nackte, kahle, wasserarme Ebene. Im Südosten erheben sich sehr hohe Berge, die einen Halbkreis um die trockene Wüste bilden. Die Hitze stieg auf 35°C. Man sah einzelne Hirsche über die Ebene fliehen. Schaf- und Rinderherden waren nicht besonders zahlreich. Einen sehr traurigen Eindruck machten häufige Kreuze auf Gräbern am Weg. Eine kurze Inschrift mit dem Namen des Unglücklichen bekundete dessen Tod durch die ruchlose Hand der Indianer. Während unter spanischer Herrschaft die Indianos bravos kaum die Grenzen von Sonora zu berühren wagten und Texas als ein beinahe unbewohntes Land von ihnen heimgesucht wurde, sind sie unter der Republik so frech geworden, daß sie das Land bis vor die Tore von Durango und Zacatecas verwüsten und Skalpe holen. Sie rauben, morden, brennen und entführen junge Weiber und Kinder beinahe ungestraft. Die Nationen der Comanchen, Apachen, Navajo, Mimbres, die beinahe ausgerotteten Lipan, Pawnee, Arapaho etc. wollen sich anscheinend für das ihnen von der angelsächsischen Rasse geraubte Land in Mexiko entschädigen.

Die Gegend war immer öde und kahl. Eines Tages, als ich mich ausruhend unter dem hohen Stamm einer Yucca hingelegt hatte, sah ich einen wohlbewaffneten Reiter auf mich zureiten. Ohne alle Umstände band er sein Pferd an einen Strauch, kam zu mir und fragte, wie weit der Train des Herrn Glower sei und wo dieser die Nacht bleiben würde. Er gab vor, eine Sendung an den Konsul zu haben und von Parras zu kommen. Da ich dem Señor nicht traute, legte ich zwei Doppelgewehre und meine Büchse zu mir und visitierte den Revolver. Dann befahl ich Ries, die Leute zu bewaffnen, und nahm meine Doppelflinte. Da ich mehrere bisher noch nicht beachtete Vögel sah, so schoß ich diese in Gegenwart des Fremden. Er staunte über diese Schießfertigkeit und fragte verwundert, ob ich denn die Vögel mit der Kugel schösse. Ich ließ ihn in dem Glauben. Als ich in einem Yuccastamm einen Knorren erblickte, nahm ich meine Büchse und schoß auf achtzig Schritt mitten hinein, lud mein Gewehr wieder und blieb ruhig sitzen. Der Mann stand nun auf und suchte den mit den Tieren beschäftigten Rafael auf. Er fragte ihn, was mich ins Land führe. Dieser sagte ihm, er wisse doch, welch eigenartige Passionen die Ingleses (Engländer) – so heißt man alle Nichtamerikaner in Mexiko – hätten. Dieser nun sei der beste Schütze, den man sich vorstellen könne, und da es kein wildes Tier mehr gebe, das er nicht schon geschossen habe, so übe er jetzt seine Kunst an den Räubern aus und jage sie wie das Wild. Dann zeigte Rafael auf meinen abenteuerlichen alten Jäger: »Der ist noch gefährlicher und eine Art Hexenmeister. Mein Herr reist mit einem Permiso der Regierung und wird alle Indianer und Räuber vertreiben.«

Der bewaffnete Mann setzte sich wieder hin, rauchte eine Zigarette, aß ein ihm offeriertes Stück Schiffszwieback, bestieg sein Roß und sprengte mit einem »Adiós, caballeros!« davon. Abends kamen einige Arrieros ins Lager. Ihnen war der Herr begegnet, allerdings war er nicht mehr allein gewesen, sondern in Gesellschaft von einundzwanzig wohlbewaffneten Reitern. Man gratulierte mir, daß ich die Bande so zeitig vom Halse bekommen hätte. Wer Abenteuer liebt, dem empfehle ich diese Straße.

Wir bogen in ein breites Tal ein, in dem Cedros liegt. Dort kreuzen sich die Straßen von Zacatecas im Süden, Durango im Westen und Mapimi im Norden. Ich fand in einer Herberge ein einfaches Zimmerchen und brachte Wagen, Tiere und Begleitung unter. Cedros ist der Sitz der Bergbauverwaltung von Mineral de Cedros, einer nicht unbedeutenden Kupfer- und Silbermine. Der Direktor des Bergwerkes, an den ich empfohlen war, war ein Mann in mittleren Jahren, ein gebürtiger Spanier. Er hatte unter Zumala-Carrégui und Cabrera die Feldzüge der Karlisten in seinem Vaterland mitgemacht, hatte, nachdem die Sache des Präsidenten verloren war, Spanien verlassen und war nach Mexiko ausgewandert. Er war mit dem Fürsten Lichnowsky, dem schändlich gemordeten, befreundet gewesen und freute sich, in mir einen Bekannten des Fürsten zu sehen. Er hatte in der Armee von Don Carlos als Oberst ein Regiment kommandiert und früher schon in Amerika gedient.

Die Grube von Mineral de Cedros ist nicht sehr reich an Silber. Das Erz enthält außer Kupfer auch noch viel Bleikies und nur fünf bis sechs Prozent Silber. Die Gruben liegen östlich der Stadt auf geringer Höhe. Ich besichtigte auch das Rebgelände um Cedros. Die Parzellen sind mit Mauerwerk oder hohen Steinreihen eingezäunt, die einzelnen Stöcke stehen etwa drei Fuß in Reihen auseinander. Es sind wohl meist Malagatrauben. Um diese Weine zu versuchen, führte mich der Direktor in den Keller, wobei ich über einen Eimer fiel, den die Arbeiter nicht weggeräumt hatten. Ich verletzte mich am linken Schienbein erheblich und hatte nachher noch lange darunter zu leiden. Der Wein war übrigens vortrefflich, und ich nahm einen Vorrat mit.

Die Ebene von Cedros zieht sich von Norden in südlicher Richtung gegen fünfzehn Leguas in die Länge, ihre Breite beträgt sechs bis acht Leguas. Sie ist trocken und graslos, mit dichterem und dünnerem Chaparral bedeckt, vor allem mit Akazien, Berberitzen, Agaven, Kakteen. Am Saum des vor

Indianer arbeiten in einer Silbermine

mir liegenden Berges lag ein mit Mauerwerk künstlich einge-
faßter Teich. Am Fuß dieses Berges lagerte ich. Viel Vieh zog
nach dem Wasser; auch viele Vögel, namentlich Enten, die
uns einen guten Braten lieferten, zog das Wasser an.

Wir setzten unsere Reise in der Ebene fort: in südwestlicher
Richtung, angesichts des Teria, der seine zackigen Gipfel
majestätisch in den reinen Äther erhob. Viel Vieh und viele
Schafe weideten in dem guten Pasto. Eines meiner Pferde
wollte nicht mehr weiter, es mußte seinem Schicksal überlassen werden. Der Weg führte nun über pflanzenlosen Lehmboden, der stellenweise so kahl wie eine Tenne war. Nach
drei Leguas wurde das Land uneben. Durch Gneislagen und
Porphyrblöcke ging der rauhe Weg nach dem wilden Kesseltal von Capam, auch Corpus Christi genannt. Ein abscheuliches Gewächs, eine Art Opuntie, mit dichten langen Stacheln, die nicht aus dem Fleisch zu ziehen sind, kommt hier
oft in dichten Gruppen vor. In seiner Nähe gedeiht auch das
häßliche Klettengras, dessen scharf gestachelte Samen sich
fest in Haut und Kleider einhaken. Von Ost nach Südwest
eröffnete sich wieder eine breite Ebene mit hohem Gebirge
im Süden und Südwesten.

Seit zwei Tagen hatten wir außer einem alten zerlumpten
Kerl, einem wahrscheinlich brotlosen Hirten, kein menschli-
ches Wesen gesehen. Endlich zeigte sich ein Hirte, von dem
ich ein Schaf erhandelte. Am westlichen Fuß des Teria befindet sich ein Dorf, Pueblito del Tecolote genannt, von dem aus
der Teria sich am besten ausnimmt. Dieser merkwürdige
Gebirgsstock ist aus allen Richtungen der Windrose von
weiter Entfernung sichtbar und muß etwa achttausend Fuß
hoch sein. San Isidoro ist ein kleiner Rancho, der wegen eines
Überfalles der Indianer verlassen worden war. Eine Legua
davon entfernt fanden wir einen an einer von den Comanchen erhaltenen Pfeilwunde leidenden Hirten. Ich reinigte die
Wunde und gab ihm etwas Leinen zum Verbinden. Wir
befanden uns nun schon nahe dem 24. Breitengrad auf einer

Ebene, die fünf- bis sechstausend Fuß über dem Meeresspiegel lag. Ich rastete an einer Pfütze mit kaum trinkbarem, brackigem Wasser. Als die Feuer verloschen waren, quälte mich ein heftiger Nachtfrost ohne Spur von Reif so sehr, daß ich aufstand und mich in sternenheller Nacht nach den Pferden umsah. Sie waren aber nirgends zu sehen, und mein Jäger, der die Wache hatte, schlief wie gewöhnlich auf seinem Posten. Da ihm der zweite Knecht die Wache aber eine halbe Stunde vorher übergeben hatte, so konnten sie nicht weit sein. Mein schnellfüßiger Brauner wurde sogleich gesattelt, um die Verfolgung aufzunehmen. Aber erst um halb zehn Uhr brachte Rafael die Tiere zurück, die bis zur Wasserstelle am vorigen Tag zurückgelaufen waren. Der arme Teufel hatte zehn Leguas weit reiten müssen. Es war begreiflich, daß die Leute über den alten Diener aufgebracht waren. Ich hatte Mühe, sie von Tätlichkeiten abzuhalten.

Das Land stieg an, und die Vegetation wurde lebhafter, dann senkte es sich wieder. Ich kampierte mitten im Chaparral zwischen felsigen Hügeln ohne Wasser, doch auf ziemlich grasigem Boden. Zu essen hatten wir nichts als etwas an der Sonne getrocknetes Fleisch. Am nächsten Tag gelangten wir an eine Hacienda mit großem, ummauertem Wasserbehälter von zwar trübem, aber trinkbarem Wasser. Aus der Ebene erhob sich ein monolithischer Felsblock wie eine ungeheure Felssäule, wie der Peter Botte auf Mauritius.

Am nächsten Tag näherten wir uns dem ebenso merkwürdigen wie gigantischen Felsblock des Cerro de Pichagua. Der Tonboden schwängerte sich wieder mit Salpeter. Solche Flächen ernähren weder Fettpflanzen noch Yucca. Der Boden nimmt die Form des vulkanischen Systems immer deutlicher an, indem Schlacken, Schorf und Bimslager mit porphyrischen und basaltischen Gebilden abwechseln. Das Gebirge im Westen türmt sich in den auffallendsten Gestalten auf, es erhebt seine Gipfel in Form von sägeförmigen Kämmen und Hörnern, Kegeln und tafelförmigen Flächen. Die Hochebene, wohl sechstausend Fuß über dem Meer, verläuft in sanften Hügeln wellenförmig dahin. Die kleine Hacienda a la Mio hat zwar Wasser, aber modriges und brackiges. Anderthalb Leguas entfernt liegt der freundlich aussehende Pueblo de San Agostin. Da wir keine Lebensmittel mehr hatten, ritt ich mit meinem zweiten Diener, dem Antonio Salar, zu dem Dorf hinüber. Ich fand dort die Bewohner sehr aufgeregt und ratlos. Man hatte vor zwei Tagen am Pichagua Indianer entdeckt und fürchtete stündlich den Überfall; die Viehherden waren dicht an den Fuß des Gebirges getrieben worden. Die besten Pferde wurden vor dem Pueblo gesattelt gehalten, und Furcht und Entsetzen standen auf allen Gesichtern. Der Pueblo und die benachbarten Haciendas und Rancherías zählten mindestens drei- bis vierhundert streitbare Männer. Statt sich zu bewaffnen und die etwa sechzig bis siebzig Mann zählenden und mit Bogen, Pfeilen, Lanzen und Tomahawks bewaffneten Rothäute aufzusuchen und zu züchtigen, zitterten diese »Männer« wie Kinder und hätten sich wehrlos schlachten lassen. Ich sah, wie kaum zwanzig Amerikaner und Franzosen Hunderte von Indianern angriffen und in die Flucht schlugen. Hier, wo vier gegen einen Mann standen, fürchteten sich diese feigen Memmen. Unter diesen Mexikanern sind berühmte Reiter, die auf ihren trefflich gerittenen Pferden auf dreißig bis vierzig Schritt mit ihrem Lasso keinen Hasen fehlen. Mit dieser Waffe, die derjenige, der sie kennt, als eine der furchtbarsten Angriffswaffen anerkennen muß, hätten die Mexikaner, wenn sie Mut hätten, schon längst alle feindlichen Indianer besiegen können.

Nachdem ich Hühner, Eier, ein Schaf, Zwiebeln, Bohnen und zwei Arrobas Mais gegen Tabak, etwas Schießpulver und Blei eingehandelt hatte, kehrte ich ins Lager zurück. Am nächsten Tag schickte ich noch zwei Mulas nach San Agostin und ließ zwei Saumlasten mit acht Arrobas Mais, zwei Arrobas Zwiebeln und Bohnen, die ich hier vortrefflich fand, aufladen. Ehe diese zurückkehrten, kam ein Hirte angesprengt und berichtete mir, daß die Indianer in der Nacht zwei Mulas gestohlen und ein paar Schafe geraubt hätten. Es sei aber ein versprengter Haufen von wenigen Kriegern gewesen, der sich nach dem Rio San Juan gewendet hätte.

Über sanfte Hügel führte der Weg nach dem Piancillo, der sein klares Wasser in einem wohl zweihundert Fuß breiten Bett zwischen hohen Ufern führt. Bei Regengüssen, Aguaceros, schwillt er zum mächtigen Strom. Diese sind gewaltige Naturereignisse im tropischen Amerika, von großen elektrischen Detonationen begleitet. Der Regen fällt dann in Strömen, große Lagunas nördlich von Parras und nordöstlich von Mapimi nehmen diese Zuflüsse der Hochebene auf.

Nachdem man ein Felstor siebentausend Fuß ü. M. passiert hatte, erschien im SW die spitze Bergkuppe des San Gil. Wir stiegen in einen kleinen, runden Talkessel. Kaum am Rand des Tales angekommen, wurde ich sonderbar überrascht. Um den glimmenden Stamm einer vertrockneten Yucca saßen sechs braune Gestalten zusammengekauert, nackt bis auf weiße quergestreifte Leggings, die mit Menschen- und Pferdehaarbüscheln verziert und denen der Pawnee ganz ähnlich waren. Sie trugen rote und blaue Schürzen, Schurzlappen zwischen den Beinen und braune Mokassins. Ihre Haare hatten sie in Zöpfe geflochten, die bis weit unter den Gürtel herabhingen. Es waren Comanchen.

Alle waren rot und weiß bemalt und am ganzen Körper tätowiert. Als Schmuck trugen sie Ohrgehänge aus Porzellan und silbernen Ringen sowie Halsketten aus Glasperlen, aus Früchten einer Leguminose oder aus Zähnen von Raubtieren. Bewaffnet waren sie mit Bogen aus Gelbholz, Pfeilen, Lanzen, die mit rotem Tuch überzogen und längs des Schaftes mit Rabenfedern verziert waren, mit Bowiemessern in indianischen Scheiden, Lassos aus Büffel- oder Pferdehaaren und Tomahawks. Man hätte diese Indianer von den Pawnee oder Arapaho nicht unterscheiden können, wenn in ihren langen Haaren nicht am Scheitel ein langer Zopf herunterge-

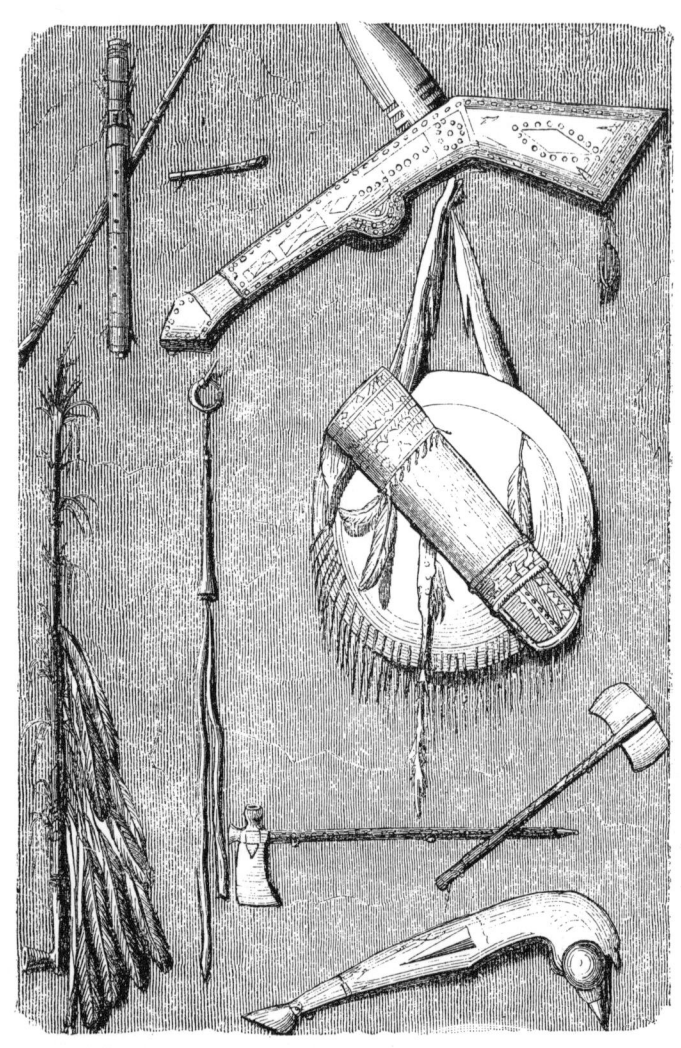

Waffen, Friedenspfeife und Zierat der Indianer

hangen hätte, der mit bis zu zwanzig breiten, runden, silbernen Platten verziert war. Außerdem trugen sie in den Haaren auch Federn von Eulen und Raubvögeln sowie Eisenstücke und Pfeilspitzen aus Feuerstein. Sie hatten außerdem Decken aus Wolle, mexikanische Sarapes, Bisonroben und schön gegerbte, fein gearbeitete und bemalte schneeweiße Decken von Antilopenleder. Die sprechendste Ähnlichkeit unter allen bisher gesehenen Indianern, was ihre Gesichtszüge, ihre Größe und die Art, die Pferde aufzuzäumen und zu satteln betrifft, fand ich zwischen den Comanchen und den Arikara.

Ich mußte annehmen, daß dies nur die Vorhut eines größeren Haufens sei. Jedenfalls war ihre große Sorglosigkeit auffallend. Es zeugte von einer unglaublichen Verachtung ihrer Gegner, so allein in einer Gegend zu lagern, die von einer Bevölkerung von mehreren hundert Männern kaum einige Leguas entfernt war. Genug, die Indianer ließen sich nicht stören. Wir setzten alle Waffen in Bereitschaft, und ich fuhr ganz einfach, anscheinend ohne mich um sie zu kümmern, an ihnen vorbei, die nächste Höhe hinauf. Dort lag die ganze Ebene wieder vor mir. Reiter sah ich nicht. Die Gegend war zu kahl, als daß sich ein größerer Trupp hätte verbergen können. Sie war auch nicht geeignet, Indianern zu einem Angriff zu dienen. Nachdem ich meine Wagen in einer offenen Lage gesichert hatte, ging ich mit Ries gut bewaffnet zu den Indianern zurück. Ich nahm Tabak, etwas Zinnober, Glasperlen, Porzellanstäbchen und einige Messer mit mir und trat ohne weiteres zu den Indianern hin. Es waren meist junge hübsche Burschen, der älteste konnte vierundzwanzig bis sechsundzwanzig Jahre sein. Sie blickten mich anfangs finster an und schienen es wohl auffallend zu finden, daß zwei Bleichgesichter sich so ohne weiteres unter sie mischten; andererseits mochten sie wohl auf den ersten Blick erkennen, daß ich kein Neuling unter den Rothäuten war. Ich legte ohne fernere Umstände die Geschenke vor sie und zog mich ein paar Schritte zurück. Einer von ihnen nahm ganz gelassen etwas von dem Tabak, stopfte seine Pfeife, rauchte einige Züge und gab die Pfeife im Kreise herum, stand dann auf, brachte mir die Pfeife, von der ich und dann auch Ries einige Züge rauchten. Der ganze Chor stand nun auf und rief aus einem Munde das Wort »Waschi«, ein Friedenswort gegenüber den Bleichgesichtern. Diese Rothäute hassen nämlich nur die Mexikaner und die Yankees.

Durch Zeichen erfuhr ich nun von den Indianern, daß sie die Vorhut eines großen Kriegshaufens seien, der zwischen Mapimi und Parras streife. Sie wollten den Abend abwarten, um über die Ebene zu reiten, da sie dies am Tage doch nicht wagen konnten, denn ihre Pferde könnten sich mit denen der Mexikaner nicht gut messen, die Mais im Leibe hätten. Der Morgen habe sie in dieser Gegend überrascht. So hätten sie den Talkessel als Versteck gewählt und meinen Zug seit einer Stunde beobachtet.

Als ich mich eine Stunde entfernt von dem Punkt der Zusammenkunft mit den Comanchen befand, begegnete mir ein Haufen wohlberittener und bewaffneter Mexikaner, die mehrere junge Frauen und hübsche Mädchen begleiteten. Nach der ersten höflichen Begrüßung kam das Gespräch auf die Indianer. Als ich mein Abenteuer erwähnte, faßte die ganze Gesellschaft ein solches Entsetzen, daß alle beschlossen zurückzukehren, obgleich ich den Mexikanern begreiflich machte, daß ein Dutzend mit Feuergewehren versehene Männer mit trefflichen und ausgeruhten Pferden wohl wenig von einer Handvoll herumstreifender Rothäute zu befürchten hätte, um so weniger, als die Gegend es ihnen ja gestatte, durch einen Umweg die Indianer zu umgehen. Der panische Schrecken war aber namentlich in die Frauen gefahren. Ich behielt bis zum späten Abend die ganze Kavalkade zur Gesellschaft.

Der Chaparral hört auf, je mehr man sich dem Grundstock der Kordilleren nähert. An seine Stelle treten die nur mit Gräsern bewachsenen Savannen. Nirgends traf ich soviel

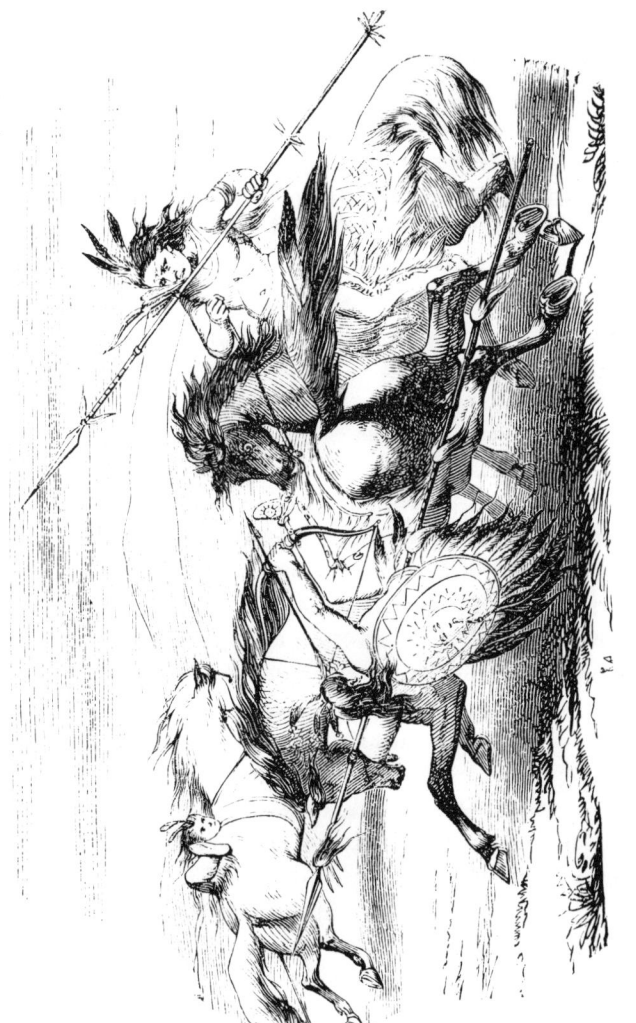

Comanchen im Kampf

Hasen wie hier, an Geschmack sind sie nicht besonders, ihr Fleisch ist weißlich, trocken und fade. Der San Gil lag im Norden, eine halbe Legua entfernt. Der Weg zog sich in die Höhe, wo trotz der siebentausend Fuß Höhe blühende Yucca und Akazien prangten. In diesem Teil von Nordmexiko regnet es vom Dezember bis April fast nie. Die Pflanzen vertragen trockene Kälte eher als Naßkälte. Die Gegend wurde wieder sehr wild, das Porphyrgestein trat wieder zutage, und gewaltige Steintrümmer und Felsblöcke bedeckten in chaotischer Unordnung die Abhänge.

Der Weg führte nun durch ödes Land, dessen Charakter gänzlich dem erloschener Vulkane gleicht. Alle derartigen Gesteine waren hier vertreten, Lava, Bims, Porphyr, mächtige Breccienlager, abwechselnd mit Trachyten und Basaltsäulen. Auf einer sehr hoch gelegenen, mit kümmerlichem Steppengras bekleideten Ebene mußte ich lagern, weil ich dort in einer Vertiefung etwas Wasser fand. Die Gegend behielt beim Weitermarsch ihr Aussehen bis zur zweitausend Schuh breiten, beinahe zirkelförmigen Laguna de San Lucas, die halb eingetrocknet war und deren Ränder kaum betreten werden konnten, da ein tiefer, nur auf der Oberfläche getrockneter Schlamm die Annäherung gefährlich machte. Die Mitte des Teiches war mit zahlreichen Gänsen, Enten und Tauchern bevölkert, von denen ich einige schießen konnte. Eine kleine Ranchería lag hier, auf deren Feldern viel Mais gebaut wird. Diese Gegend war durch die Indianer fürchterlich mitgenommen worden. Diese in ihrem Haß unversöhnlichen Söhne der Wildnis, die plötzlich aus dem Boden auftauchten und deren ganzer Kriegspfad mit Spuren von Mord und anderen erbarmungslosen Greueltaten bezeichnet ist, sind die größte Kalamität des Landes. Sie zeugt von einer nach außen völlig geschwächten Regierung und von der Verweichlichung und Mutlosigkeit einer sonst tapferen und kriegerischen Nation.

Glowers Train kam nun auch herbei, und wir zogen gemeinsam weiter. Das Gestein war durch gewaltige Spalten

Mexikanische Hochebene mit Wüstenpalmen (Yucca)

zerklüftet, Schlacken lagen hoch aufgetürmt, während ungeheure vulkanische Massen in den abenteuerlichsten Gestalten als schroffes Gebirge emporstrebten. Durch die Friktionen dieser verschiedenen Elemente gebildet, durchkreuzten Adern von rotem und schwarzem, feinem vulkanischem Sand die Ebene und die Klüfte und Risse des Gebirges, bis sich dieses bei San Ponce, einem unbedeutenden Dörfchen, zu einem fruchtbaren Tal neigte. Nach anderthalb Leguas war das Städtchen San Juan del Mesquital erreicht, wo ich bald in einer Herberge mit dem ganzen Troß leidlich untergebracht wurde. Es herrschte großer Verkehr, denn es war gerade Jahrmarkt, an dem Handelsleute von Mexiko, Querétaro, Zacatecas, San Luis Potosí, Parras, Durango, Monterey und Chihuahua zusammenströmten. Ein Gewühl von Menschen, Tieren und Fuhrwerken aller Art herrschte hier. So hatte ich Gelegenheit, die Ochsenkarren von Sonora zu sehen, große, plumpe, zweirädrige Fahrzeuge mit ungeheuren, aus einem Stück Holz gesägten Rädern, wie die Carretas der Gauchos von Buenos Aires, bedeckt mit einer ausgespannten Ochsenhaut oder Bastmatte nebst einem in Holz geschnitzten Heiligen auf einem Stock auf der Vorderseite des Karrens. Die Fuhrleute tragen statt der Peitsche lange, oft zwanzig Schuh messende Rohre mit einer eisernen, mit Haken versehenen Spitze. Diese Männer aus Sonora oder Chihuahua waren ganz in rotes Leder gekleidet und trugen außer dem Sombrero und einem Corongo von grau-schwarz gestreifter grober Wolle weder Tuch noch Bauwollzeug an sich. Es war ein grober häßlicher Menschenschlag, der viele Ähnlichkeiten mit den halbwilden Karrentreibern von Tucuman und Gran Chaco hatte, wie ich sie am Parana gesehen hatte. Die Preise der Waren fand ich nicht hoch, auch die der Lebensmittel nicht: Parraswein zwei Pesos die Gallone, die Fanega Reis achtzehn Reals, Mehl die Arroba ein Peso, acht Eier ein Real, ein halber Hammel fünf Reals, Ochsenfleisch die Arroba ein Peso, Gemüse waren verhältnismäßig noch billiger. Alle europäischen Obstsorten gedeihen hier in dieser Höhe von siebentausend Fuß. Selbst Tropenfrüchte waren reichlich vertreten.

Der Markt hatte allerlei Schnurranten, Komödianten und Musiker herbeigezogen. Selbst ein Stiergefecht durfte nicht fehlen. Das war nun allerdings so ziemlich das Kläglichste dieser Art, was ich je gesehen hatte. Die Stiere waren magere, mutlose Tiere, die Picadores, Banderilleros und der Matador waren Vaqueros aus der Umgebung, die ihr Talent an wilde Toros in der Arena nicht gewagt hätten. Das Arbeiten mit dem Lasso auf freiem Feld und auf flüchtigem Roß oder im beengten Raum des Zirkus ist nämlich ein himmelweiter Unterschied. Nicht ohne Grund zählt das Handwerk der Toreadores zu den gefährlichsten der Welt. Das Stiergefecht mochte nun so kläglich sein, wie es wollte, die Regeln der altspanischen Etikette und Ordnung durften nicht fehlen, denn das Stiergefecht ist ein ritterliches nationales Vergnügen, wie das Turnier des Mittelalters. Viele Caballeros wollten meine Waffen sehen. Die Senõritas bewunderten meine übrigen Sachen, wie etwa die illustrierten Werke und Nekels trefflichen Atlas. In der Nacht stieg der Festlärm zeitweise zum Höllenspektakel. Betrunkene sah ich nicht, denn das Volk spanischer Abkunft ist diesem Laster nicht ergeben, dagegen wurde dem Hasardspiel eifrig gefrönt.

Tags darauf kamen wir nach Montecillo, zwei Leguas weiter im Westen, einer Gegend mit üppigen Grasfluren und viel angebautem Land, wo auch Kartoffeln gedeihen. Nicht weit davon liegt der Pueblito San Jago. Beide Orte wurden 1849 von den Indianern beinahe verwüstet. Sie begingen schauderhafte Grausamkeiten und raubten Mädchen und Kinder. Es folgt der Pueblo San Marco, wo die Felder mit Steinwällen umfriedet waren. Grüne Fluren umgeben das Dorf. Nun begann aber wieder der vegetationslose, vulkanische Charakter des Bodens. In einer wilden, wasserarmen, von aller Vegetation entblößten Schlucht, wo kaum soviel Strauchwerk wuchs, um ein kleines Feuer anzuzünden, mußte ich lagern. Anderntags kam ich an einer Hacienda vorbei. Die aus Luftziegeln gebauten Häuser waren mit einer großen Mauer gegen Indianerangriffe umgeben.

Nun folgte eine kahle Ebene, aber mit ziemlich vielen Wasserstellen. Halbwilde Pferde und einzelne Antilopen zehrten an den kümmerlichen Gräsern, die in der Nähe der Tümpel sprossen. Ich wandte die alte List an, mich hinter einem Haufen Kakteen der Länge nach hinzulegen, auf einen weißen Stock ein rotes Läppchen aufzuhängen und unbe-

Bürger und Marktleute

weglich liegen zu bleiben, während meine Wagen weiterzogen. Kaum war eine halbe Stunde verflossen, so kam ein junger Bock vorsichtig herangezogen, dem bald mehrere folgten, und es wurde mir leicht, eines der Tiere zu erlegen. Obwohl die Gegend eine wahre Wüste ist, so leben doch viele Pferde in der Gegend.

Nach einem Marsch von acht Leguas, auf dem ich keine menschliche Wohnung zu Gesicht bekam, blieb ich in dem Pueblito de la Saita, dessen Häuser sehr fest gebaut sind und wie kleine Burgen aus dem Mittelalter aussehen, mit einem turmartigen Vorgebäude, das durch Schießscharten die Nachbarschaft bestreichen kann. Des Nachts wird alles Vieh in einen fest umzäunten Corral eingetrieben. Da bei der großen Hacienda, dem Hauptgebäude des Ortes, Wasser vorhanden ist, das nie ausgeht, so ist für Tränke gesorgt.

Über trostlose Steppen erhoben sich im Hintergrund die östlichen Ausläufer der Kordilleren. Bald war Sancillo erreicht. Kurz vorher zerbrach das eine Rad des größeren Wagens, und nun war es ein Glück, daß ich es beim Schmied in Sancillo reparieren lassen konnte. Ein guter Schmied ist ein selten Ding in einem Lande, wo man oft zwanzig Leguas zurücklegen muß, um einen zu finden. Wäre das Unglück anderweits geschehen, so hätte ich vielleicht acht Tage in der Steppe kampieren müssen. Sancillo ist einer der hübscheren Pueblos auf der Straße nach Durango. Eine niedliche, glänzend weiß getünchte Kirche und kleine, aber reinlich gehaltene Häuser ziehen sich längs der Straße hin. Der Ort liegt achttausend Fuß über dem Meeresspiegel. Eine große Hacienda mit ummauertem Hof war in der Nähe meines Lagers, das ich bei Sancillo aufschlug.

Kaum war ich am nächsten Morgen unterwegs und an eine mit Pappeln beschattete Quelle mit gutem Wasser gekommen, sah ich einen Trupp bewaffneter Reiter mir nachjagen. Der Führer dieser Kavalkade war ein alter Mann mit eisgrauem Bart. Er gab sich für den Majordomo der Hacienda aus, entschuldigte sich, daß er erst spät abends von einer Inspektion zurückgekehrt und meine Ankunft zu spät erfahren habe, um mir die Gastfreundschaft des Hauses anzubieten. Sein Herr, der reiche Besitzer der Hacienda und großer Ländereien in der Umgegend, habe ihm den strengsten Befehl gegeben, alle Fremden aufzunehmen und zu bewirten. In Ermangelung erwiesener Gastfreundschaft bringe er mir Reiseproviant, bestehend aus Hühnern, Eiern, einem halben Hammel etc. Auch halte er es für seine Pflicht, mich mehrere Leguas weit durch den Wald hindurch zu begleiten, wo eine Räuberbande seit kurzem ihr Unwesen treibe. Der Alte war eine noble, ehrwürdige Erscheinung und erinnerte mich in seiner echt mexikanischen Tracht und Bewaffnung an die besseren alten spanischen Zeiten.

Ja, bessere Zeiten! Wenn ich auch keineswegs das Abschließungssystem des früheren Mutterlandes und den unheimlichen religiösen Zwang der früheren Zeit billigen kann, so ist es doch gewiß, daß unter den Vizekönigen Sicherheit des Eigentums und Reichtum in Mexiko herrschten, daß die Regierung mit kräftiger Hand das Volk, namentlich in Nordmexiko, schützte und daß keine Parteien und ihre Häuptlinge das Land zerfleischten. Seit Einführung der Republik durch Anarchie zerrissen, mußten die Bewohner des schönsten und reichsten Teiles unserer Erde sich in die Launen von Männern fügen, die, nur sich und ihrem Anhang dienend und oft mit tyrannischem Übermut den Wohlstand ihrer Mitbürger zerstörend, ihr Leben nur ehrgeizigen Zwecken opferten. Die Mexikaner sind ein edler Menschenschlag, gemütlich und gastfrei bis zur Übertreibung, eines besseren Loses würdig, in der größeren Majorität emanzipiert vom Joch ehrgeiziger Priester und reif für freiere Institutionen sowie für kulturelle Freiheit. Da ich dieses Tagebuch ausarbeite (1857), sind sieben Jahre seit meiner Reise in Mexiko verflossen. Inzwischen hat eine Revolution, die im Staat Guerrero, in Acapulco sowie in mehreren Staaten Nordmexikos ausbrach, die herrschsüchtige Regierung Santa Ana gestürzt. Der Mann, der den zusammengestürzten Thron Iturbides wieder errichten und eine Krone auf sein Haupt setzen wollte, ist ein Verbannter. Wenn europäische Fürsten den eitlen Häuptling mit Orden schmückten, so geschah es, weil sie den Mann nicht kannten. Den Fremden hat er nie etwas genützt. Im größeren Wirkungskreis hat er sich stets feig und unschlüssig benommen. Ein edler Charakter war der Vizepräsident Anastasio Bustamente, dessen enger Bekanntschaft ich mich freue und von dem ich überzeugt bin, daß er nur das Beste wollte. Der jetzige Präsident Comonfort ist ebenfalls ein Mann vom rechten Schlag, wie ihn Mexiko braucht, und fest genug, um furchtlos den nötigen Reformen Bahn zu brechen, denn ohne diese muß Mexiko nach und nach in den Vereinigten Staaten aufgehen. Wenn dies nun gewiß nicht im Interesse der größeren europäischen Kabinette liegt und auch die Politik meines Vaterlandes nicht in dieser Richtung liegt, so erlaube ich mir doch die Bemerkung, daß der Anschluß Mexikos an die USA für das Land selbst und die gesittete Welt kein Unglück wäre.

Der Weg führte wieder über Chaparral bis zum Pueblito del Porfio, wo es genug Stroh und Mais für meine Tiere gab. Die Leute waren sehr freundlich und neugierig, besonders die jungen Mädchen mit ihrem blendendweißen Teint, der sich mit den kohlschwarzen, üppigen Haaren und den dunklen feurigen Augen lieblich vereinigt und so die Anmut dieser Jugend von rein kastilischer Rasse erhöht. Die Frauengestalt ist in der Regel nicht groß, eher fleischig als mager. Hände und Füße sind ungemein zierlich, ihre Fußbekleidung gleicht Kinderschuhen. Die Einwohner brachten alles herbei, was in ihren Kräften lag. Sachen, die man sonst mit Mühe sozusagen erbetteln oder unsinnig teuer zahlen muß, wurden hier freiwillig gebracht, so ein ganzer Sack voll Erdmandeln, die meine Diener leidenschaftlich liebten und für deren Genuß sie sich jedwede Entbehrung gefallen ließen. Mais war sehr billig, und meine Tiere konnten fressen, soviel sie wollten. Sie sahen auch rund und fett aus, dank der Pflege der drei Diener, die sie wie Kinder versorgten. Nichts geht über die Zärtlichkeit dieser Leute gegen ihre Tiere, was auch ein Hauptgrund sein mag, daß man so selten böse Pferde in Mexiko trifft. Arrieros, Mozos, Rancheros und Vaqueros haben viele Eigentümlichkeiten mit den Mauren und Arabern gemein, woraus man die vielfache Berührung der christlichen und der mohammedanischen Völker sieht. Von einem alten Mann, Senõr Pamfilio, erfuhr ich viel über die Gegend, namentlich über die Raubzüge der Indianer. Sechs Leguas von Porfio sind Lagunen in einem sumpfigen, von den wildesten vulkanischen Gebilden umsäumten Kesseltal, dessen Ränder von der Natur mit gigantischen Schlacken und Schorfmauern umgürtet sind. Überall schwimmen Bimssteine von allen Dimensionen in diesen gelben Wasserfluten, doch ist das Wasser weniger salzig, als ich glaubte. Auch sind keine Spuren von Asphalt darin, weshalb die Lagunen von vielen Wasservögeln bevölkert sind, von Gänsen, Enten, Kranichen etc. Wilder könnte die Natur nicht hausen als hier, der Weg führte meilenweit über Schlackenlagen und Berge von Bimsgeröll. Mitten in diesem plutonischen Chaos mußte ich lagern. Das ziemlich störrische Maultier an meinem Buggy wollte mit Gewalt an einer tiefen Gumpe saufen, fiel hinein und riß den Wagen mit sich. Zum Glück konnte man die Anhalter noch schnell lösen, um das Fuhrwerk vor dem Versinken zu sichern; das Maultier mußte aber mit dem Lasso gefaßt werden und wurde halbtot herausgezogen.

Seit dem Unfall waren mir zwei verdächtige Reiter gefolgt. Nun bemerkte ich, daß vor mir an einer Stelle, wo die Lagunen links und rechts bis dicht an die Straße reichten, die daher einen förmlichen Paß bildete, fünf oder sechs Reiter hielten. Da der Maulesel leicht scheu werden konnte, wollte ich selbst den Buggy lenken. Meine drei Gewehre lagen neben mir, dazu zwei sechsschüssige Revolver. Alle meine Leute waren ebenfalls wohlbewaffnet. So fürchtete ich die acht Kerle nicht, sondern fuhr voran, dicht an sie hin. Der eine näherte sich mir mit einer alten Flinte in der Hand und fragte mich, ob ich Tabak und Mezcal hätte. Ich bejahte dies ruhig, bemerkte aber zu dem Burschen, ich hätte keine Zeit, mit ihm zu plaudern, denn ein Zug wilder Gänse flog gerade über mich hinweg. Ich riß schnell meine Doppelflinte in die Höhe und schoß eine Gans, die gerade vor meinem Maulesel herunterfiel. Der Bursche erschrak darüber, und als ich die Flinte nach ihm richtete mit der Bemerkung, daß nur die Räuber es zur Gewohnheit hätten, den Weg zu verstellen, und er der Gans folgen würde, so ergriffen die übrigen Kumpane die Flucht. Dem Reiter befahl ich, seine Flinte abzulegen und bei den Wagen zu bleiben, und machte ihm klar, daß eine einzige zweideutige Bewegung seiner Kumpane ihn das Leben kosten würde.

Bis zum Pueblo del Charro, an den eine große Hacienda angrenzt, nahm ich den Kerl mit und übergab ihn einer Art Alcalde, der sich aus diesem Fund aber wenig machte. Der Mayoral aber, der von der Hacienda kam, um zu sehen, was los sei, machte mir Vorwürfe, den Kerl nicht totgeschossen zu haben. Er gehöre zur Bande des Miguelito, eines Schurken, der die Gegend unsicher mache, Pferde und Maulesel stehle, schlimmer als ein Indio bravo sei und die Garrotte hundertmal verdient habe. Unter tausend Flüchen und Drohungen wurde der Kerl abgeführt. Dieses Gesindel hatte kürzlich einen Engländer, der sich überlisten ließ, ausgeplündert und seine Tiere in die Wildnis gejagt, um der Verfolgung zu entgehen.

Es folgte auf Chaparral wieder Ebene, dann vulkanisches Gelände, zuletzt ein hochstämmiger Wald, in dem ich allerlei Vögel schoß. Am Ende des Waldes lag der Pueblito de la Chalera. Nach mehreren Leguas durch Chaparral wurde die Gegend lebhafter. Herden und einzelne Reiter zogen des

Weges, auch der drollige Zug eines reisenden Engländers. Der furchtsame Mann hatte eine Abteilung Guardia civil bei sich, Reiter mit Lanzen, an denen rote Fähnchen flatterten, und mit alten Dragonersäbeln an der Seite. Der Englishman sah äußerst komisch aus, eine wahrhaftige Karikatur für den Punch.

Nun hatte ich die Ebene vor mir, in der das große, schöne Durango thront, die hohen Kordilleren im Hintergrund. Bis zur Stadt dehnen sich große Weideplätze aus, worauf die Arrieros ihre Tiere bringen. Infolge der großen Trockenheit war das Gras sehr karg gewachsen, und zu diesem Unglück kamen noch die fortwährenden Raubzüge der Comanchen, die viel Vieh hinweggetrieben haben. Die Ebene, auf der Durango liegt, ist etwa sechstausend Fuß über dem Meeresspiegel und daher auch milder als die Steppen, von denen ich kam. Agaven und Yuccas blühten das ganze Jahr über, Pfirsiche und Judenkirschen waren mit roten und weißen Blüten ganz überzogen. Außer den europäischen Gemüsen werden auch einige Gewächse der Tropen gezogen, selbst Orangen und Zitronen gedeihen in geschützten Lagen. Feigen und Wein geben die schönsten Früchte. Je mehr ich mich der Stadt näherte, desto malerischer entwickelte sie sich. Die vielen Klöster und Kirchen mit ihren hohen Türmen, die schönen, hohen Gebäude traten hervor. Majestätisch auf einem Berg lag die Capilla de los Remedios und gegen Norden die schwarze, kahle ungeheure Masse des Magneteisensteinfelsens, der Cerro de Mercado, dem Stifter Durangos zu Ehren so genannt. Die Vorstädte zogen sich weit hinaus, ebenso die meist an der Landstraße vor den Städten angelegten kleinen Gehöfte, deren Bewohner die Stadt mit Gemüse, Geflügel und Eiern versorgen. Ich machte vor dem Torzoll in einer Herberge vorläufig Halt und schickte Ries voraus in die Stadt, um meine Empfehlungsbriefe abzugeben und um Unterkunft für meine Begleitung und den Troß zu suchen. Nach kurzer Zeit kam er mit der Einladung der Herren Stahlknecht und Lehmann zurück, meine Wohnung bei ihnen zu nehmen. Für meine Leute und Pferde war Platz in einer großen Posada.

IN DURANGO

Die Herren empfingen mich in ihrem großen und schönen Haus auf das liebenswürdigste. Herr Stahlknecht war Chef des Hauses und wohnte in der Hacienda del Ismal, wo er die große, der Firma gehörige Mantafabrik leitet. Herr Lehmann residierte in der Stadt in einem großen Haus unweit der Plaza mayor, das auch mein Absteigequartier wurde und wo ich namentlich in der Gesellschaft der Madame Lehmann, einer in jeder Hinsicht achtenswerten und liebenswürdigen Dame, sehr angenehme Stunden verlebte. Sie war eine Kreolin aus Venezuela und mit Simon Bolivar nahe verwandt. Der Schwager von Herrn Stahlknecht, Don José F. Ramirez, einer der gelehrtesten Männer in Mexiko – nicht nur als Rechtsgelehrter und späterer Minister der Justiz bekannt, sondern auch als Historiker –, war nicht nur so gütig, mich auf das freundlichste in seinem Hause aufzunehmen, sondern mich auch in seine treffliche Bibliothek Einsicht nehmen zu lassen. Abgesehen davon, daß diese reiche Büchersammlung einen Schatz spanischer Literatur, vor allem in bezug auf Mexiko und die Eroberung der Neuen Welt, in sich birgt, enthält sie auch beinahe alle trefflichen Reisewerke und Atlanten, die in neuerer Zeit in Europa erschienen sind. Es erforderte gewaltige Geldopfer, diese kostbaren Werke nach Durango zu bringen. Ich verdanke Herrn Ramirez eine Menge wichtiger Notizen, und ich glaube, daß es wenige Männer gibt, die in der Geschichte Mexikos bewanderter sind als er. Er besitzt in seiner Sammlung mehrere Mumienfragmente von Indianerleichen, die in den Höhlen des Bolsón de Mapimi aufgeschichtet gefunden wurden. Den Schädeln zufolge gehören sie keiner älteren Zeit an, sondern zweifellos denselben Völkern, die noch jetzt Nord- und Neumexiko durchstreifen, wie den Comanchen, Apachen und Navajo, wahrscheinlich sogar nur ersteren. Die Comanchen hofften, hier in diesem undurchdringlichen Winkel der Erde, einem von hohem unwegsamem Gebirge eingeengten, vom dichtesten Chaparral umwucherten sackartigen Tal, ihre Toten sicher niederlegen zu können, ohne daß die den Indianern so teuren Reste der Ihrigen durch profane Hände entweiht würden. Auffallend bleibt es jedenfalls, daß diese Mumien soviel Analogie mit peruanischen Mumien aus der Inka-Zeit darbieten, die ich später im Museum von Lima gesehen habe.

Eine weitere, für mich höchst interessante Bekanntschaft war die mit unserem deutschen Landsmann und gelehrten Arzt Dr. Kegel, der mich während meines Aufenthaltes auf das liebenswürdigste mit den Örtlichkeiten und Sehenswürdigkeiten von Durango bekannt machte. Dr. Kegel hat sich bei allen Deutschen, die das so weit entfernte und selten besuchte Durango betreten haben, ein warmes Andenken erhalten. Wenn er nicht ohnedies als Arzt einen gesicherten Ruf besäße, so würde er durch seinen kühnen Mut, mit dem er den fürchterlichsten Gefahren Trotz geboten hat, als allgemein geachteter Mann dastehen. Unter den vielen Vorfällen, in denen Dr. Kegels Geistesgegenwart und sein tollkühner Mut ihm und seiner Familie das Leben retteten, führe ich nur folgenden notarisch nachgewiesenen Fall an.

Der Doktor bewohnte in einer der entlegensten Straßen von Durango, unweit des Cerro de los Remedios, ein Haus mit großem Garten. Es trieb sich damals eine Räuberbande in und um Durango herum, die durch die kühnsten Angriffe der Schrecken der Stadt und der Gegend war. Der Doktor, auf alle Vorfälle in einem so unsicheren Land gefaßt, hatte immer mehrere geladene Gewehre in Bereitschaft. Eines Abends aber, als er mit seiner Frau und seinen Kindern in seinem Zimmer beim Essen saß, hörte er ein verdächtiges

Geräusch. Kaum daß er und sein etwa zwölfjähriger Sohn zu den Gewehren gesprungen waren, stürzten zwei bis an die Zähne bewaffnete Räuber in das Zimmer. Beide aber lagen sogleich leblos am Boden. Der Doktor, der sich inzwischen schon mit einem anderen Doppelgewehr bewaffnet hatte und sofort die Lichter auslöschte, sprang an die Tür, wo der dritte Räuber gerade einbrechen wollte, der schwer verwundet das Schicksal seiner Kameraden teilen mußte. Der Doktor postierte sich nun vor der Tür, von seinem Knaben unterstützt, während Frau Kegel ihre kleineren Kinder in Sicherheit brachte. Die Knechte und Mägde von Herrn Kegel waren von den Banditen im Hinterhaus eingesperrt worden. Letztere stiegen nun über die Gartenmauer und suchten sich, nachdem sich die Knechte aus dem Hinterhaus befreit hatten, nach mehreren vergeblichen Schüssen zu retten, wobei noch zwei verwundet wurden und einer mit zerschossenem Fuß von der Mauer in den Garten zurückfiel. Inzwischen erschien die Guardia, die die drei verwundeten Banditen fortschleppte und in das Spital brachte.

Bei einem Angriff der Indianer auf Durango leistete der Doktor ebenfalls die wesentlichsten Dienste. Einer der mutigsten Häuptlinge der Comanchen hatte gegen vierhundert Krieger vereinigt, mit denen er von dem nördlichsten Teil des Bolsón aus südwestlich gegen Durango über die Ebene vordrang. Unterwegs verwüstete er Rancherías und Haciendas, schleppte das Vieh und die Pferde weg, plünderte und mordete. Am Fuß des Cerro de Mercado und in den Schluchten um dieses Felsgebirge lagerten die Rothäute. Ihre jungen Krieger gingen in ihrem Übermut so weit, bis in die Vorstädte und nächsten Straßen des nördlichen Stadtteils hineinzureiten und einzelne Männer, Frauen und Kinder zu töten und auf der Straße zu skalpieren. Das furchtsame Volk war so eingeschüchtert, daß niemand sich zu verteidigen versuchte und das Haus und der Garten des Herrn Kegel bald der Tummelplatz der Feiglinge und Wehrlosen wurde. Der Doktor bewaffnete sich und einige Männer. Die Indianer, dreist gemacht, wollten nun das Haus angreifen, wurden aber so heftig und nachdrücklich abgewiesen, daß sie eiligst die Flucht ergriffen.

Damals befehligte General Arlegui in Durango. Er zog alle disziplinierten Truppen und Milizen – etwa zwölfhundert Mann – zusammen, mit denen er den Indianern entgegenzog und hinter einer Mauer Aufstellung nahm. Beide Teile konnten einander hier nichts anhaben und führten ein Spiegelgefecht miteinander. Dabei waren etliche junge Krieger so verwegen, daß sie in gestrecktem Galopp in einer Entfernung von vierzig bis fünfzig Schritt an der Mauer entlangrasten. Die Mexikaner waren so gute Schützen, daß oft die halbe Linie vergeblich auf die tollkühnen Comanchen schoß. Endlich ritt der Häuptling, ein prächtiger roter Krieger, heran und hielt etwa folgende Ansprache an den mexikanischen Heerführer:

»Mein Bruder, der Häuptling der schwarzhaarigen Bleichgesichter, ist ein großer Krieger. Meine jungen Krieger möchten gerne die Gesichter ihrer Feinde sehen, doch wo sind diese, ist es nicht heller Tag, und sind meine Krieger nicht vor euch? Wenn der große Kriegsfürst der Bleichgesichter seine jungen Leute schonen will, so komme er selbst zum Vorschein und kämpfe mit dem großen Krieger der Comanchen, die weit über den Kriegspfad gekommen sind.«

General Arlegui, ein tapferer alter Soldat, aber dick und gichtbrüchig, hatte gar keine Lust, den frechen Comanchen auf ebenem Feld Rede und Antwort zu stehen. So blieb die Lage bis zum folgenden Morgen. Nun wurde von beiden Seiten parlamentiert, was zu keinem Ergebnis führte. Der Tag verstrich, und die Indianer plünderten nach wie vor in der Umgebung.

Inzwischen waren Auswanderer in Durango angelangt, etwa vierzig wohlbewaffnete Arkansas- und Texas-Ranger, die nach Kalifornien zogen. Die in Durango lebenden Ameri-

117

Ein Krieger der Comanchen

kaner, Deutschen, Franzosen, Engländer und andere Nationen stellten etwa fünfzig, meist mit guten Doppelflinten bewaffnete, auf amerikanischen Pferden vortrefflich berittene Freiwillige, zu denen sich noch fünfundzwanzig Mann Volunteers gesellten, die früher in Chihuahua vom Staat besoldet worden waren, um als Skalpjäger zu dienen.* Es war verwegenes Gesindel, das den Krieg mit den Rothäuten teils als Erwerbszweig, teils aus Passion trieb. Diese Schar nun stellte sich unter das Kommando eines sehr erfahrenen Führers, ohne den mexikanischen General zu Rate zu ziehen. Sie teilten sich in zwei Haufen. Der stärkere umging die Indianer bei Nacht und legte sich in einen Hinterhalt. Der andere Haufen, etwa fünfzig Mann stark, brach vor Tagesanbruch auf und stürzte sich auf die Indianer, die in wilder Flucht, die Zahl ihrer Feinde nicht kennend, in die Ebene jenseits des Cerro ritten. Hier gerieten die Rothäute in offenes Terrain, wo die weißen Gegner mit ihren vortrefflichen Feuergewehren im Vorteil waren. Die Indianer hielten sich mutig und zogen sich langsam zurück, wobei sie ihre Beute mit sich schleppten, bis an einen Hohlweg. Dort erwartete sie im Rücken ein mörderisches Feuer. Nun ließen die Indianer alles im Stich und flohen so schnell sie konnten. Aber die schnellen amerikanischen Pferde blieben ihnen auf den Fersen. Achtzig Indianer erlebten den Untergang der Sonne nicht, und viele starben noch auf dem Rückzug an ihren Wunden.

Dr. Kegel hat sich auch um die Naturgeschichte von Durango verdient gemacht und eifrig Pflanzen gesammelt. Unser deutscher Reisender, der um die Botanik so sehr verdiente wackere Dr. B. Seemann, war Dr. Kegels Gast gewesen und hatte gerade Durango verlassen, als ich ankam. Eine andere

---

* Der mexikanische Staat bezahlte Skalpprämien, die nach Art des Skalps – Männer-, Frauen- oder Kinderskalp – unterschiedlich hoch waren. Daß die Indianer ihrerseits keinen Pardon kannten, ist nur zu verständlich.

interessante Persönlichkeit war ein Engländer, der Besitzer einer bedeutenden Mine in der Nähe von Chihuahua war. Ich verdanke seiner Güte ausgezeichnet schöne Silberstufen von Mineral de Morilos und anderen reichen Gruben. Von Herrn Lehmann erhielt ich seltene und gute Erze von Mineral de Mapimi, an deren Gruben er Anteil hatte.

Durango hat vierundzwanzigtausend Einwohner und bedeckt eine große Fläche. Die Straßen sind breit und gepflastert, die Gehsteige aber schmal und glatt. Durango ist die schönste Stadt, die ich in Mexiko kenne, von malerischen Gebirgen, namentlich den Kordilleren im Westen, umringt. Große öffentliche Plätze zieren die Stadt, z. B. die Almada, ein der Erholung gewidmeter, von hohen Bäumen beschatteter Platz, die Plaza de los Toros, wo die Stiergefechte stattfinden, eine Lustbarkeit, die jedoch gerade ruhte. Die Kirchen und Kapellen sind wirklich zum Teil prächtige Gebäude, wie die in schönem maurisch-spanischem Geschmack gebaute, auch im Innern in edlem Stil gehaltene Kathedrale, einer der schönsten Tempel des spanischen Amerika. Die Confesa oder das Collegio de Jesús, die Jesuitenkirche und Schule, sind ohne architektonischen Wert, die Kirchen von San Miguel und San Antonio sind groß, die Ölbilder darin ohne Kunstwert. Klosterkirchen und Konvente, die ich zum Teil besuchte und von wenigen Mönchen bewohnt fand, sind: das große Franziskanerkloster von Durango, das freundliche Convento de Santa Ana mit kleiner netter Kirche, auf der Plaza de Santa Ana gelegen, das größere Kloster, El Sagrario de Nuestra Señora de Guadalupe genannt, die Capilla de San Francisco und das Convento de San Agostin, das den Augustinern gehört.

Die öffentlichen Gebäude, wie der Palacio del Gobierno und das Obispado, der Sitz des Bischofs von Durango, sind größere, in edlerem Geschmack gebaute Häuser. Auch einzelne Privathäuser sind sehr solid aus Quaderstein errichtet, in gefälligem, der guten spanischen Baukunst entsprechendem Stil. Die meisten Häuser sind im Quadrat gebaut, mit einem Hof in der Mitte, in dem Orangenbäume, Oleander und Jasmin gezogen werden. Die Dächer sind flach, die Häuser mit Veranden versehen, die Fenster sind mit großen Holzgittern geschützt.

Von der lieblichen Capilla de los Remedios, die auf einem Berg thronend ganz Durango beherrscht, genießt man eine unvergleichliche Aussicht über die Stadt. Mein freundlicher Doktor führte mich dann zu der ungeheuren Magneteisensteinmasse, die den Cerro de Mercado bildet. Dieses dunkelgefärbte, mächtige, ganz vegetationslose Gestein, aus beinahe reinem Magneteisen bestehend, zieht sich im Norden der Stadt eine Strecke von einer Viertel Legua von West nach Ost hin, ist kaum eine halbe Legua von ihr entfernt und von ihr durch eine bebaute, mittels Steinwällen in viereckige Felder zerteilte Ebene getrennt. Das Magneteisen ist so mächtig und hart, daß es kaum möglich ist, mit dem mineralogischen Hammer Stücke davon abzulösen. Die Hauptspitze des Berges erhebt sich wohl vierhundert Fuß über die Ebene.

Meine Pferde ließ ich auf die eine halbe Legua südlich der Stadt gelegene Hacienda de Tapia auf die Weide treiben, doch war das Futter mager und das Gras dürr. Auch meine Leute fanden dort Unterkunft. In der Nähe waren einige Lagunen, in denen es von Enten und Wasservögeln wimmelte. Von Durango aus machte ich einige Exkursionen, zunächst zu Herrn Stahlknechts Haus und Mantafabrik. In der Fabrik, einer der größten in Mexiko, sind einige hundert mexikanische Mädchen beschäftigt. Die Werkmeister waren zufällig jene Leute aus den Neuenglandstaaten, mit denen ich in Rio Grande City zusammenwohnte und die damals Schießübungen veranstalteten, falls sie auf ihrem Weg nach Durango von Indianern überfallen werden sollten, was denn auch auf der Strecke Parras–Durango geschehen war. Einer der Amerikaner hatte eine bildschöne Frau, auf die es die Comanchen abgesehen zu haben schienen. Die Amerikanerin kämpfte aber mit den Männern wie eine Löwin, so daß die Rothäute mit blutigen Köpfen fliehen und die geraubten Maulesel zurücklassen mußten.

Ich machte auch einen Ausflug in die Wälder am Fuß der Kordilleren, fand schöne Pinien, aber wenig Vögel. Zu der Zeit, wenn die Eicheln reifen, ziehen Bären vom Gebirge herab. Es ist eine kleine Abart des Grizzlybären der Rocky Mountains, für den Menschen aber nicht so gefährlich wie dieser. Dr. Kegel versicherte mir, oft ein halbes Dutzend und mehr an einem Tag gesehen zu haben.

In den letzten Tagen meines Aufenthaltes in Durango hatte ich Gelegenheit, halbwilde Indianer aus den nördlichen Gebirgen des Staates Durango zu sehen. Diese meist noch ungetauften Indianer sind übrigens ganz harmlos und leben stets im Gebirge, aus dem sie selten in die Ebene herabsteigen, um Körbe, Matten und sonstige Kleinigkeiten zu tauschen. Von Farbe sind sie sehr dunkel, übrigens von sehr gutem Gliederbau. Einige Mädchen, die ich sah, waren nicht häßlich. In ihren Gesichtszügen gleichen sie mehr den Küstenindianern und denen von Kalifornien als den Indianern der Steppen, die ein viel höherer Menschenschlag sind. Sie tragen die Haare lang herabhängend, die Weiber die ihrigen in Zöpfe geflochten. Die Männer trugen Corongos von schlechter Wolle, braun und schwarz gestreift, wohl von eigener Arbeit, die Weiber eine Art Hemden. Als Waffen trugen sie Keulen, Messer und Lanzen, doch sollen sie Bogen haben und ihre Pfeile mit ätzendem Saft vergiften.

Diese Indianer kennen eine Wurzel, Esparta lobos oder Esparta mulas, deren Anwendung beim Biß giftiger Schlangen und beim Stich von Skorpionen von großem Wert sein soll. Ich gebe nicht viel auf alle diese vegetabilischen Mittel gegen animalische Intoxikationen, da bisher Ammonium, Chlor und Jod die einzig sicheren Mittel in der Hand des Arztes geblieben sind. Im westlichen Teil der Vereinigten Staaten bediente man sich ebenfalls einer Wurzel gegen das

Schlangengift, nämlich der schön blühenden Rudbeckia purpurea.

Trotz der hohen Lage wird Durango von einem Skorpion heimgesucht, dessen Stich sehr gefährlich ist, bei Kindern oft tödlich wirkt. Dieser Skorpion lebt in altem Mauerwerk, nicht selten in Häusern in wollenen Teppichen, Betten und Büchern. Dr. Kegel behandelte Verwundete, die große Schmerzen hatten und von Krämpfen befallen wurden – ein Zustand, der mit großer Gefahr verbunden ist –, mit flüchtigem Ammonium. Ich würde zugleich Brechmittel und Kampfer anwenden, da vermehrte Hauttätigkeit bei diesen Vergiftungen sehr nützlich sein kann. Ich sammelte einige Exemplare dieser eineinhalb Zoll langen Skorpione. Auf dem Rücken ist ein undeutliches weißes Kreuz zu sehen, sonst ist er mattgelb bis auf den braunen Haken am Ende des Schwanzes. Man spricht auch von giftigen Spinnen in Durango, die auf steinigen Plätzen und unter dornigem Gebüsch vorkommen sollen und daher in ihrer Lebensart jenen ungemein giftigen schwarzen Spinnen mit roten Bauchflecken in San Domingo gleichen, die ich dort in den Bajahoubüschen zu beobachten Gelegenheit fand und deren Biß öfters tödlich wirkt. Eidechsen und Schlangen gibt es wenige in Durango, auch war die Jahreszeit mit den kühlen Nächten nicht günstig, sie zu jagen, da sie sich in ihre Schlupfwinkel verzogen.

VON DURANGO NACH MAZATLÁN

Es war ein Sonntag*, als ich soweit war, alle zu einer Reise nach Kalifornien nötigen Gegenstände auf Tiere laden zu können. Als Führer hatte ich einen mir von Herrn Lehmann besonders empfohlenen, des Weges vorzüglich kundigen Arriero genommen, der aber nur drei eigene Maultiere mit-

* 17. März 1850.

123

nahm, von denen das eine als eines der trefflichsten und stärksten Tiere bekannt war und die Reise nach Mazatlán schon häufig gemacht hatte. Der zweite Maulesel diente dem Arriero zum Reiten, der dritte aber, eine Mula madre (alte Maultierstute), als Führerin für meine eigenen Tiere. Dieser Leitmaulesel ist der Anführer des ganzen Zuges, wozu man die kräftigsten, klügsten alten Stuten wählt, denen alle übrigen blindlings folgen. Von der Sicherheit eines solchen Maulesels hängt auf den gefährlichsten Pfaden der Kordilleren Wohl und Wehe des ganzen Zuges ab.

Bekanntlich gehört der Übergang des Gebirges von Durango nach Mazatlán zu den gefährlichsten und schlechtesten Straßen der Welt, und es gehört viel Mut und Gelassenheit dazu, um sich zu einer solchen halsbrecherischen Unternehmung zu entschließen. Schon längst aber war es mein Wunsch, diese weniger bekannten und in wissenschaftlicher Hinsicht so merkwürdigen Pässe der nordwestlichen Kordilleren zu bereisen. Es konnten mich daher die zu erwartenden Entbehrungen nicht schrecken. Auch reute es mich nachher niemals, ihnen die Stirn geboten zu haben, denn diese Reise war so unendlich lehrreich für mich, die abwechselnde Szenerie von hohem Gebirge bis in die tiefen Schluchten der Tierra caliente so überaus großartig, die Natur so reich, daß das Andenken an sie stets wie ein Traum aus morgenländischen Sagen in meiner Seele fortlebt.

Außer meinen sechs besten Mauleseln nahm ich noch zwei gute Pferde mit, meinen trefflichen Braunen und den völlig gezähmten großen Schimmel »Mustang«, ein Pferd von Kraft, Naturell und seltener Ausdauer. Schon am Tag vorher hatte Capitán Antonio, wie man den Meister-Arriero nannte, alles geordnet, so daß das Aufpacken schnell vonstatten ging.

Meinen Train schickte ich voraus und folgte in zwei Stunden mit meinem freundlichen Wirt nach, der mich noch ein Stück Weges begleiten wollte. Ich ritt im Galopp bis zum Fuß des Gebirges. Kaum begann die Steigung, wurde der Weg entsetzlich schlecht. Die Tiere mußten über scharfe Steinblöcke und Geröll schreiten und oft den Berg fast senkrecht hinaufklimmen, denn dieser erste Vorsprung der Kordilleren ist ein ungemein steiles und wüstes, von der Natur vernachlässigtes Felsengebirge, nur höchst spärlich mit Akazien bewachsen. Auf dem ersten Absatz des Gebirgsstockes genoß man einen entzückenden Rückblick auf Durango und das breite Tal.

Ich setzte die Reise auf einem mit dürrem Gras bedeckten Plateau fort und gelangte an einige kleine Hütten, die zur Hacienda de Tapia gehörten und armen Hirten zur Wohnung dienten. Am Ende dieser öden Ebene gelangte ich an den westlichen Kamm dieses Gebirgszuges, der sich steil in ein tiefes, wildes Gebirgstal von schwindelnder Höhe hinabsenkt. Durch die Schlucht rauscht der Rio Chico, der in den Rio Timal fließt. Dieses Tal ist reizend schön und trägt das Gepräge einer von keiner Menschenhand berührten Natur. Überall bedecken mächtige Kiefernwälder die Abhänge der Sierra, und grünende Grasmatten lehnen sich an die Ufer des Flüßchens. Ich stieg von meinem Pferd, um den gefährlichen Steig doch lieber zu Fuß zu nehmen, und kam glücklich unten an. Hier schlug ich das erste Lager auf.

Das Geheul der Wölfe, die das Lager umschlichen, und das helle Geschrei der großen Nachteulen dauerte die ganze Nacht an. Der Zulauf der übrigens gefesselten Pferde und Maultiere nach der Lagerstätte bewies die Nähe von Bären oder des gefürchteten Puma (Felis concolor). Gleich über dem Bach mußten wir einen sehr steilen Berg mit großen, wild übereinandergeworfenen Steinblöcken erklimmen. Die Tiere mußten oft mit äußerster Anstrengung von einem Block zum anderen springen, was die Maulesel indes gewohnt sind und die mexikanischen Pferde, namentlich die Mustangs, die in ihren wilden Herden oft in toller Flucht die schauerlichsten Gebirgsschluchten und Steinbrüche durch ziehen, nicht beirrt. Die Höhe des Gebirges krönte eine Ebene, die mit langnadeligen Kiefern bewachsen ist. Nach Westen zog sich ein langer, steiniger Abhang hinab in ein wildes, waldiges Felstal, wo ich bei einer einsamen Hütte übernachtete. Die armen Leute darin waren recht gefällig und bemühten sich, meine Tiere auf gute Weide zu bringen.

Der nächste Tag brachte wiederum Aufstieg und Abstieg auf Felsstücken und Geröllhalden, die so glatt waren, daß die Maulesel oft ganze Strecken auf Vorder- und Hinterfüßen sich herabgleiten lassen mußten. Ein großer, durch meinen Zug aufgeschreckter Bär, setzte von Fels zu Fels, brach bei einem Absatz, den das Gebirge bildete, mitten durch meine beladenen Tiere, die scheu auf die Seite sprangen, hindurch und stürzte den Berg hinab. Ich sah dann, wie er das Tal entlanglief und auf dem jenseitigen Abhang verschwand. Leider hatte ich meine Büchse nicht zur Hand.

Auf einer Hochebene fand ich einen sehr kräftigen Graswuchs und viel weidendes Vieh. Das Hornvieh findet hier den größten Teil des Jahres treffliche Weide, leidet aber durch Bären und Wölfe, die das ungeheure Gebiet der Kordilleren bewohnen. Dieser breite Gebirgsstock, der weit von Norden her kommend sich nach Süden fortsetzt, im Osten von Hochebenen, im Westen von tropischen Urwäldern eingerahmt wird und aus einer Menge einzelner Gebirgsstöcke, die durch tiefe Täler getrennt sind, besteht, weist nur die spärlichste Bevölkerung auf, hat aber alle Klimaten unseres Planeten, von der Region des Kaffees und Kakaos bis zur kümmerlichen Flechte und den Moosen der Alpenregionen. Ich mußte schon nach halber Tagesreise kampieren, da ich wegen eines Anfalles von Dysenterie mich nicht mehr auf dem Pferde halten konnte. Essigsaures Morphium in Äther und die strengste Diät, bestehend aus etwas magerer Mehlsuppe, brachten Linderung. In der Nacht führten die Wölfe ein abscheuliches Konzert auf.

Wir waren gewiß über achttausend Fuß, und es fror des

Nachts sehr stark. Bei den Wasserstellen sind ein paar armselige Hütten von Viehhirten, die weit im Gebirge herumzie-
hen, armselige, aber kräftige Menschen, die von der übrigen
zivilisierten Welt sozusagen abgesondert geboren werden
und sterben, ohne mit anderen Leuten als Arrieros und
höchst selten mit einem Reisenden, der sich in diese Wildnis
wagt, zusammenzutreffen. Im Gegensatz zu den Menschen
der Ebene sind sie von kühnem Mut, fürchten trotz ihrer
mangelhaften Waffen weder Indianer noch wilde Tiere und
sind treffliche Reiter und Fußgänger, für die keine Berghalde
zu steil, kein Abhang zu hoch ist.

Gegen die Mesa del Madrona steigt man eine steile Anhöhe
hinan; die Kuppe bildet eine kleine Fläche. Eine höchst merkwürdige Gegend entfaltet sich hier, denn nach unbedeutender Steigung durchschneidet die Straße große Lager von
Obsidian. Die alten Mexikaner nannten den Obsidian »Iztli«.
Die spanischen Eroberer und Einwanderer nannten ihn Piedra de Navajas, von Navaja, »Messer geringerer Art«. Diese
Obsidianlager, die sich über eine größere Fläche erstrecken,
werden auch El Bajo del Porcellano genannt. Der Weg folgte
Tälern von geringer Tiefe und führte weiter über große
Lavamassen und roten Eisenstein, doch war der Boden mit
sehr hohen, gerade gewachsenen Bäumen bedeckt. Unter-
wegs kam ich zu einer Stelle, La Cruz de la Piedra genannt,
wegen eines Kreuzes auf einem Felsen, wahrscheinlich das
Zeichen eines dort begangenen Mordes.

Die gleichförmige Gegend macht einer sehr tiefen Fels-
schlucht Platz. Nach einer abermaligen Steigung auf einen
steilen Berggrat folgt eine Hochebene bis zum Salto, einer
Schlucht mit angrenzendem Wiesental mit riesigen Bäumen.
Durch das Tal schlängelt sich der Arroyo del Salto, an dem
ich mein Lager aufschlug und sogleich auf die Jagd ging, da
ich Vögel sah. Es war vor Sonnenaufgang so kalt, daß die
Ränder des Baches gefroren waren. Zwischen hohem und
dichtem Baumwuchs führt ein steiler, sehr steiniger Pfad

nach der Höhe des benachbarten Berges, des Casco del Salto. Von da aus dehnt sich eine Hochebene aus, Mesa del Salto genannt, die von dichten und hohen Bäumen bekleidet ist, eine der ausdrucksvollsten Waldszenerien jener Hochwälder der Kordillerenkette.

Fünf Leguas vom Salto trennt sich der Weg an einer Stelle, Punta del Camino genannt. Die südlichere Straße führt über Cascomate, die nördlichere über Favor nach Mazatlán. Ich wählte die erstere, die zwar interessanter, aber gefährlicher und mühsamer ist. Nach Überschreiten einer großen, steilen Anhöhe nimmt der Wald an Pracht zu, und die herrlichsten Stämme verschiedener Pinien, vermengt mit Thujen, Eichen und Scheinerlen überbieten alle früher gesehenen Forste dieses reizenden Gebirges. Ein sehr steil sich in die Tiefe senkender felsiger Abhang lehnt sich an ein dunkles Tal.

Durch eine unbekannte Ursache war bei der herrschenden Trockenheit ein Waldbrand entstanden und hatte das Gehölz an dieser Berghalde verzehrt; noch rauchten und glimmten die verbrannten Stämme. Über Glut und heiße Asche führte mich der Weg, doch die Tiere, an alles dieses längst gewöhnt, zögerten nicht, und so waren wir bald im Tal und fanden gute Weide und frisches Quellwasser.

Der nächste Tag führte mich durch eine ungemein kräftige Nadelholzvegetation eine sehr steile, rauhe, felsige Steigung hinauf und von der Höhe über Felsblöcke den anderen Bergabhang hinab. Die Pracht riesiger, langnadeliger, große Zapfen tragender hochstämmiger Pinien und einer anderen glattrindigen Kiefer mit herabhängenden, feinen, wiegenden Zweigen, dünnen, dunkelgrünen, vier bis fünf Zoll langen Nadeln und schuhlangen schmalen Zapfen läßt sich kaum beschreiben. Ein mutiger Menschenschlag bewohnt Cascomate. Dieses Pueblito liegt in einem von starren Felsen umgürteten Talkessel. Die guten Leute waren in Aufregung wegen einer unweit des eben erwähnten Cruz de la Piedra geschehenen Mordtat an einem Arzt, der nach Mazatlán reiste. Der Doktor hatte in Durango eine bedeutende Summe Geldes übernommen, in der Absicht, damit nach Kalifornien zu reisen. Er erkundigte sich, ob nicht bewaffnete Reisende die Absicht hätten, ebenfalls das Gebirge zu überschreiten, worauf sich mehrere gutgekleidete Herren meldeten. Sie reisten ab, und bei der bezeichneten Stelle erschossen sie den Doktor, den sie vor sich reiten ließen, denn die Begleiter waren Banditen der verwegensten Sorte. Den Diener des Doktors verwundeten sie gefährlich. Der Bursche entkam aber, indem er sich mit seinem Pferd den Felsabhang hinunterstürzte, und machte in Durango Anzeige. Trotz sofortiger Verfolgung entkamen die Mörder an die Küste, wo stets Fahrzeuge abgehen. Die Räuber hatten das Gepäck des Doktors untersucht und bis auf wenige Unzen Goldes nichts gefunden, denn der Doktor hatte noch am Tag seiner Abreise über sein Geld anders disponiert und es, statt es mitzunehmen, in die sicheren Hände eines Kaufmanns gelegt.

Ein ziemlich guter Talweg führte mich nach einer Umzäunung, El Corral. Von hier begann eine kurze, aber ungemein steile Steigung nach Süden, und von dieser Höhe herab, einem der höchsten Punkte des Gebirges, führte eine tiefe, langandauernde, felsige Senkung bis in die mittlere Region, die Tierra templada, hinab. Der Gebirgsfall mag dreitausend Fuß betragen und ist überaus steil. Der steinige, von Geröll und locker liegenden Felstrümmern besäte Pfad ist oft nur schuhbreit und führt an einem meist senkrechten Absturz entlang. Der mit den Gefahren solcher Bergreisen nicht vertraute Reisende muß fast verzweifeln, und nur mit den trefflichsten Saumtieren sind solche Strecken zurückzulegen. Den geübtesten Bergsteiger schwindelt, es wird ihm schwarz vor den Augen. Man muß dem vorangehenden Maultier die Zügel auf den Rücken werfen und sein Leben der Güte des scharfsinnigen Tieres überlassen. Ich konnte nicht begreifen, wie das mexikanische Pferd einen Weg zurücklegen konnte, wo ein Hirsch den Hals brechen würde. Ich übertreibe nicht, wenn ich sage, daß mir noch jetzt manchmal diese Kordillerenpfade im Traum wieder erscheinen und ich jählings darüber erwache. Nie stand ich solche Gefahren aus wie auf dieser Reise, da ich als ein schwerer Mann den gewöhnlichen Unfällen mehr als jeder andere ausgesetzt war. Nur die bis zur Leidenschaft ausgeprägte Sehnsucht, dem inneren Drang der Wissenschaft zu frönen, und der unersättliche Durst, die Geschehnisse der Oberfläche unseres Planeten kennenzulernen, lassen solche Momente freudig überstehen.

Der Lohn des Mutes und der Ausdauer ist aber auch groß, das Gefühl der befriedigten Erwartung so entzückend, daß nach kaum überstandener Gefahr bei vollkommenem Vertrauen zu des Allmächtigen allgütiger Gegenwart in allem, was dem Menschen in seinen Lebenswegen begegnet, stets der neue Drang sich regt, weiteren Forschungen entgegenzueilen und weiteren Gefahren mutig die Stirne zu bieten. Dies war stets meine Anschauungsweise als Reisender von Profession.

Im Tal glücklich angelangt, belohnte mich der Anblick von Echevarias, einem netten kleinen Pueblito, an dem sich ein reizender Bach vorbeischlängelt. Ich hatte eine Empfehlung an den Alcalde und an einen Krämer, in dessen Venta manche Lebensmittel, wie Zucker, Kaffee, Mehl, Bohnen, sogar Käse, Mezcal und schlechte Schokolade, aber auch Mais für die Tiere verhältnismäßig billig zu haben waren. Viele Einwohner beiderlei Geschlechts besuchten mein Lager gegenüber dem Dorf am Bach. Der Alcalde blieb bis zum späteren Abend. Auch hier war der Eindruck sehr groß, den die nichtswürdige Ermordung des amerikanischen Arztes gemacht hatte. Das gemütliche Landvolk ist ganz harmlos, und Verbrechen, in ihren Gebirgen verübt, können nur von professionellen Räubern herrühren, die in Mexiko leider eine eigene Kaste bilden. Sie sind hervorgegangen aus herumziehendem, wildem Kriegsvolk oder degenerierten Stadtbewohnern, aus Spielern, Lumpen und Tagedieben. Leider gesellen sich zu diesen auch nichtswürdige Ausländer, vor allem Irländer, sowie einige vom Gesetz verfemte Amerikaner, die in ihrem Vaterland mit den Ehrennamen »Rowdies« und »Bloodboys« gebrandmarkt sind. Aus der Zahl der letzteren befanden sich einige unter dem Gesindel, dem sich aus Sympathie für seine Landsleute der Doktor anvertraut hatte. Die Stelle, wo die Mordtat geschah, wird Palo Gacho genannt. Der Cerro de Echevarias, den wir überquerten, ist ungemein steil. Eine Menge Täler und Schluchten folgten der Steigung bis zu einer Talschlucht, wo wir über Nacht blieben.

Ich stieg wieder auf den Kamm, worauf abwechselnd Höhen und Senkungen folgten, um endlich eine bedeutende Höhe zu erreichen, von wo aus ich die erste Fernsicht auf den Stillen Ozean hatte. Der Arriero nannte diesen Punkt »La primera vista de la mar«. Von diesen Bergkegeln zieht sich der Weg über die allerbeschwerlichsten Bergpfade bis zum Guachapin, wo die Steigung plötzlich aufhört. Von dieser Bergkante eröffnete sich eine ungemein tiefe, beinahe senkrechte Talschlucht, in deren kaum zu ergründender Tiefe sich ein rauschender Fluß hinwälzt, dessen Bett mächtige Steinblöcke bilden. Welch ein furchtbarer Weg senkt sich in dieses herrliche Tal! Oft scheint es, als schwebe man auf nur fußbreiter, unbequemer Felsfläche Tausende von Fuß über dem Abgrund. Über die mächtigen Felsblöcke hinüber müssen die Tiere sich oft viele Fuß tief hinabrutschen lassen. Ich kletterte den Abhang so gut es gehen konnte hinab, wobei ich mir bloß durch Kriechen und Rutschen half. Je mehr man die unteren Regionen betrat, desto üppiger wurde die Vegetation: Agave, Kaktus, Bromelien und Orchideen, Eichen und Opuntien. Nach dreistündigem Herabklettern war die Talsohle erreicht.

Bei der kleinen Hacienda de la Remada beginnt die wirkliche Tierra caliente mit all ihren Merkmalen, wie dem Geschrei der Papageien und dem Hämmern der Spechte.

Der weitere Weg führte anfangs auf einem felsigen, ungeebneten Pfad über einen Bergabhang mit mäßiger Steigung. Dieser Pfad senkte sich aber plötzlich gegen Westen und übertraf dann alles, was die bisherige Reise von Durango aus an schlechten und gefährlichen Maultierpfaden aufzuweisen hatte.

Hier bleibt dem Reisenden, dem sein Leben lieb ist, nichts anderes übrig, als sein Heil seinen eigenen Beinen anzuvertrauen, denn auf dem Rücken des Saumtieres erfaßt den Mutigsten der Schwindel. Die schrecklichste Stelle ist die Cuesta de la Dismeria, übelberüchtigt durch das Herabstürzen und den durch völlige Zermalmung verursachten Tod von zahllosen Maultieren und Menschen. Die Gerippe und Knochen sieht man in der Tiefe bleichen. Diese Senkung führt vollends hinab bis zum Rio Valverde und seinem unvergleichlichen Felsental. Der Strom, der an seinen seichteren Stellen nur Pfützen mit Wasser hielt, ist in der Regenzeit ein furchtbarer Gebirgsstrom. Für alle Mühe entschädigt den Wanderer die unglaubliche Schönheit der Szenerie dieser wilden, kolossalen Bergschlucht, die ihresgleichen in den tropischen Anden nicht aufzuweisen hat. Die Vegetation war schon sehr reich vertreten. Wir lagerten in der unvergleichlichen Schlucht gegenüber einer armseligen Hütte, deren arme Bewohner mir ein paar Eier und Hühner brachten. Auch mehrere nach Kalifornien ausgewanderte Amerikaner waren an den Fluß gekommen, um dort die Nacht zuzubringen. Die Leute waren in den traurigsten Umständen, denn sie hatten beinahe alle ihre Tiere verloren, so daß sie kaum ihr notwendigstes Gepäck fortbringen konnten und den ganzen beschwerlichen Weg zu Fuß machen mußten. Eine arme Frau war am meisten zu beklagen, denn sie schien von der großen Anstrengung beinahe aufgerieben zu sein.

Mit Anstrengung durchquerten meine Tiere das steinerne Bett des Flusses. Das Wasser ging meinem Pferd bis zum halben Leib. Nur dadurch, daß die Gepäckstücke quer über

Träger durchqueren eine Barranca

die Packsättel gelegt wurden, konnten sie vor Durchnässung geschützt werden. Zum Glück stürzte keines der Tiere. Gleich am anderen Ufer beginnt eine jähe Steigung, die einige tausend Fuß über das Talniveau bis zu einer der merkwürdigsten Felsformationen des Gebirges führt, der sogenannten Ventana (Fenster).

Dies ist ein enger Felspaß auf der Spitze des Gebirges, der von zwei hohen Felsblöcken gebildet wird, durch die der enge Pfad wie durch ein Tor hindurchführt. Ein abscheulicher Weg führt zur Ventana empor und ebenso auf der anderen Seite hinunter. Wellenförmig schlängelt sich nun der Weg über kurze Ebenen, Schluchten und Berggrate fort, deren Rücken mit überaus reichen Baum- und Pflanzenformen gekrönt sind. Ich sammelte unterwegs, was ich konnte. Eine steile Steigung führte mich nach einem kleinen Rancho, eine abermalige Steigung brachte mich aus der eben genossenen Tropenpflanzenfülle wieder in den Bereich der Pinien, doch ging es bald wieder bergab. Während sich das Tal gegen Norden senkte und in die Tierra caliente führte, stieg unsere Straße wieder an. Ein neuer Berg mußte bezwungen werden, dem ein mit Steingeröll bedeckter Abhang folgte, der mit einer Schlucht endete, durch die ein munter dahinfließender Bach, Agua Fría, dahineilte. Von hier ging es auf den Paraje de los Cajones. Diese Stelle mit ihren ungemein hohen Nadelhölzern und riesigen Eichen macht einen ganz besonderen Eindruck. Es sind hier Baumformen von durchaus verschiedenen Zonen beisammen zu sehen, denn zwischen hochstämmigen Pinien, dunklen Thujen und Eichen wachsen große baumartige Leguminosen, namentlich Akazien, nebst einer Menge Gräser und blühender Farne und Moose.

Noch einmal erhebt sich der Weg auf felsigem Grund, und mitten in Wolken und vorüberziehenden Nebelstreifen erreichte ich die hoch in die Lüfte strebende Spitze eines hohen Bergrückens, die Paraje del Vatel, den interessantesten Punkt auf der ganzen Reise, denn von dort aus genießt der Reisende den entzückendsten Fernblick, nämlich den Anblick des gesamten Küstengebietes des Staates Sinaloa. Unter sehr günstigen Umständen sind in blauer Ferne die schmale Landzunge von Südkalifornien vom Cap San Lucas bis Loreto sowie des Hernán Cortez erster Landungsplatz, La Paz, zu sehen.

Wenn man auch vom Hafen von Mazatlán nur undeutliche Spuren erkennt, so treten dagegen die Bucht und die Cristones* deutlicher hervor. Die weißen Häuser der Stadt San Sebastián sind ganz deutlich zu sehen sowie eine weite Strekke des Stillen Ozeans bis zu den Islas Marías. Sichtbar dehnt sich die Küste als ein hügelig wellenförmiger Saum hin, und nichts übersteigt den unvergleichlichen Anblick der hinter der Spitze von Altkalifornien sich herabsenkenden, vom dunkelsten Purpurglanz umhüllten Sonne, die im reinen tropischen Luftäther ihre letzten scheidenden Strahlen auf die Bergspitzen der Kordilleren sendet, die Gipfel vergoldend. Bald trat das tiefe Dunkel der tropischen Nacht ein, die Abendröte verschwand, ein dichter Nebel lagerte auf den Tälern der Tierra caliente, nur die Sterne funkelten, und die Stille der Nacht trat ein, selten unterbrochen durch die Stimmen der Wölfe und der Eulen.

Unser Nachtlager hatten wir in einer verfallenen Hütte aufgeschlagen, durch die aber der Regen eingedrungen war. Durch diesen in der sonst trockenen Jahreszeit ungewöhnlichen Regenguß gingen mir viele Pflanzen verloren, da ich nicht genug Tücher zum Einwickeln mitgenommen hatte. Ein Pfad führte durch Eichenwälder auf etwa viertausend Fuß hinunter, noch ein recht steiler Absturz, und ich war im Tal des Arroyo de Santa Lucía. Nach einer kleinen Steigung befand ich mich im gleichnamigen Dorf, das, zwischen Orangen, Bananen und Feigen gelegen, einem Garten glich. Die wenigen leicht gebauten Hütten sind reinlich. In den

---

* Zwei charakteristische Felsen an der Bai von Mazatlán.

Gärten, wo außer Mais eine Menge Hülsenfrüchte gezogen werden, blühten Stachelmohn, Seidenpflanzen, hohe Baumwollstauden und Rizinus. Der Platz ist bekannt, weil man sich hier in einer Venta mit dem Nötigsten versehen kann. Bereitwillig gaben die gemütlichen Bewohner ein paar recht fette Hühner für zwei Reals ab, ein Viertel von einem Schaf für drei Reals, Gemüse kostete gar nichts. Orangen und süße Bataten konnte man genießen, soviel man wollte.

Kaum im Sattel, mußte ich auch schon einen mit Eichen und tropischen Hölzern bewachsenen steilen Berg erklimmen, und zwar auf rotem, vom gestrigen Regen schlüpfrigen Boden. Dieser Cerro Colorado ist auf der anderen Seite, die ich hinunterstieg, noch steiler. Der Weg führte wohl vier- bis fünftausend Fuß tief bis in die paradiesische Schlucht des Arroyo Charcas. Mir fielen die vielen hier vorkommenden Arten von Papageien auf. Überhaupt machte ich hier eine sehr große Ausbeute an Vögeln und großen Raubtieren, wie dem Puma und dem mexikanischen Wolf.

Die Nächte sind in den Wintermonaten feucht und kühl, oft sinkt das Thermometer auf plus 10° C, während die Mittagswärme plus 32° C erreichen kann. Nun ging es einen Berg hinan, von dessen Abhang man im Südwesten den Stillen Ozean deutlich sehen konnte, während im Süden eine kuppelförmige Höhe, Cerro de Loro, winkte. Nach mehrfachen Steigungen und Senkungen ging es einen langen Steilhang hinab auf engem Pfad, an fast senkrechten Felswänden entlang, von denen ein Sturz in schwindelnde, kaum zu ergründende Tiefen drohte, über Saumtierstufen, glatte Stellen und durch tiefe Schlammlöcher. Ich erreichte die kleine Stadt Capala, wo in deren schöner Kirche gerade ein Festgottesdienst abgehalten wurde. Mit der stillen Andacht dieses sonst so lärmenden und lustigen Völkchens vereinigte auch ich den innigen Dank gegen meinen Schöpfer für den bisher gewährten gnädigen Schutz. In meinem Vertrauen auf Gott von neuem gestärkt, verließ ich das Gotteshaus.

Ich betrat nun eine wilde Schlucht, die sich in ein üppiges Tal ausbreitete, durch das sich ein Arroyo schlängelte. Ungeheure Stämme einer mir unbekannten Ficus beschatteten das Tal. Ich fand schöne und seltene Vögel. Nach einer kurzen und steilen Steigung kam ich in westlicher Richtung in ein hoch bewaldetes Tal, dessen Bäume von Orchideen prangten. Hier gelang es mir, einen für mich wertvollen Vogel zu erlegen, nämlich ein Männchen der Pyranga ludovidiana, die beinahe allen Sammlungen des europäischen Kontinents abgeht und zu den gesuchtesten nordamerikanischen Vögeln gehört.

Durch buschreiches Waldland weiter wandernd, kam ich nach der Stadt San Sebastián de Sinaloa, wo ich an einen Herrn Alejandro Bueso empfohlen war, der mich freundlich in seinem geräumigen Hause aufnahm. Die Stadt ist gebaut wie alle spanischen Städte, wie ich sie schon mehrmals beschrieben habe: Plaza mayor, parallele Straßen, im Viereck gebaute Häuser, flache Dächer. Das Städtchen ist ziemlich belebt und versorgt die Bewohner der Umgebung mit dem Notwendigen. Herr Bueso hatte eine der besten Handlungen, einen Kramladen, wie wir ihn von unseren Dörfern und Marktflecken kennen. Da man im Städtchen bald erfuhr, daß ich Naturforscher sei, wurden mir eine Menge Gegenstände zum Verkauf angeboten. Auch viele Kranke fanden sich ein, um sich Rat zu holen; dem entsprach ich auch nach Kräften und verabfolgte auch eine Menge Medikamente. Die Leute konnten ihr Erstaunen nicht unterdrücken, daß ich dies umsonst tat, da ein Arzt, der einmal San Sebastián besucht hatte, sich von manchen Kranken für Konsultation und etwas Medizin acht bis zwölf Pesos hatte zahlen lassen und in einigen Tagen dreihundert Taler zu erpressen gewußt hatte. Meine medizinischen Kenntnisse haben mir oft großen Nutzen gewährt, und ein Arzt, der namentlich auf humane Weise seine Kunst ausübt, wird sich stets die größte Achtung der Leute zu erhalten wissen und überall Schutz und Aufnahme finden.

Ich fand in dem Städtchen eine seltene Kollektion Papageien, darunter ungewöhnlich zahme, verständige Tiere.

Da Herr Bueso Besitzer einer Kupfermine in der Gegend war, so beschloß ich, ihn dahin zu begleiten, obschon der Abstecher mich vom direkten Weg nach Mazatlán abbrachte. In einem engen Tal befinden sich die Minen von San José de Malpica, die ein sehr reiches Kupfer bergen, das mit anderen Metallen, namentlich Blei, etwas silberhaltig, mit Spuren von Gold, gemischt ist. Die Goldgewinnung würde, berggerecht betrieben, einen noch reicheren Ertrag liefern. Das hierzu nötige Kapital besitzt aber Herr Bueso nicht. Ich brachte schöne Erzstufen von dieser Mine mit nach Europa.

Ich hatte den Abend noch Gelegenheit, die Gegend zu besichtigen, und sah hier ein wahres Naturwunder. Am Rand einer tiefen, verlassenen Grube nämlich sah ich einige tausend Fledermäuse aus- und einschwärmen. Sie machten mit den Flügeln ein Geschwirre wie eine Windsbraut. Leider gingen die von mir gesammelten Exemplare, so wie alle von mir auf der Reise gesammelten, in Weingeist aufbewahrten Präparate, an Bord des Steamers »California« verloren, weil die Deckpassagiere den Branntwein wegtranken. Die Arbeiter des Herrn Bueso gaben meinem Arriero ein Dekokt, mit dem er die Tiere wusch und sie dadurch vor den Bissen der Murciélagos schützte. Einer meiner Leute, der die Nacht im Freien geschlafen hatte, war den nächsten Morgen arg zerbissen und hatte viel Blut verloren. Sonderbar ist, daß Vampire nicht an ernstlich kranke Menschen gehen, was als Symptom für eine ungünstige Prognose dienen kann.

Nach herzlichem Abschied von meinem Wirt setzte ich meine Reise fort. Zunächst ging es durch hohen Urwald, dann durch einen wirklichen Chaparral von Akazien, Agaven und Kaktus bis zur alten Stadt Presidio de Mazatlán, die ihre Gründung bis zu dem großen Konquistador Hernán Cortez hinauf datiert und deren altes, nun in Trümmern liegendes Gotteshaus noch aus der Zeit des berühmten Entdeckers von Kalifornien herrührt. Presidio war in alten Zeiten der Hauptort von Sinaloa, ist jetzt aber ein sparsam bevölkerter Ort, der beinahe ganz zerfallen ist. Die große Plaza ist mit hohem Gras bewachsen. Viele alte steinerne Häuser sieht man hier, und die breiten Gassen sind noch mit altem Pflaster bedeckt. Wen nicht wichtige Geschäfte hier zu verweilen nötigen, der verläßt diese Stätte der Verwüstung bald, um wie ich über den Rio de Mazatlán oder Rio de Presidio überzusetzen, der jetzt nur zwei bis drei Fuß tiefes Wasser führte, aber in der Regenzeit große Wassermassen mit sich führt. Sein Wasser ist fischreich und beherbergt auch viele große, gefährliche spitzschnauzige Krokodile (Crocodilus rhombifer). Das vom Hochwasser überschwemmte Land ist wohl tausend Fuß breit, und die Tiere versanken mit ihren Hufen im Sand. Das Flußbett selbst zieht sich an einem kleinen Pueblo vorbei, dem Pueblo de Uraca. Dort sah und jagte ich eine Unmenge Tiere, so auch ein bis zwei Fuß lange Gürtelschwanzechsen, die mit ihren feurigen Augen furchtbar aussehen. Man kann sich nichts Häßlicheres vorstellen. Dabei sind sie ganz harmlos und sollen sich sogar zähmen lassen. Da die Menschen garstigen Geschöpfen immer Böses nachreden, so fehlt auch diesen armen Tieren die üble Nachrede nicht. Ihr Blick wird als »böser Blick« bezeichnet. Auch sollen sie Ziegen und Kühen die Euter aussaugen.

Der Weg führte weiter, von dichtem Chaparral unterbrochen, durch sumpfige und grasige Stellen. Die Bai von Mazatlán wendet sich vom Meer, wo sie von den Cristones wie von zwei gigantischen, natürlichen Bollwerken eingerahmt wird, von Südwesten halbmondförmig nach Nordosten und dann nach Osten und Südosten, umgrenzt von Felsbergen, Niederungen, Dünen oder schlammigem Boden, dem Aufenthalt zahlloser Wasser- und Sumpfvögel. Einzelne Häuser bilden am nordöstlichen Ende der Bucht den Pueblito de Urias. Hier waren einige Ventas, wo Mezcal, Zuckerhüte, Weißbrot, Zwiebeln und Bohnen feilgeboten wurden.

Viele Maultiere standen hier, und einige Caballeros mit ungeheuren Sporen an den Füßen saßen um den Frühstückstisch. Nachdem wir höfliche Redensarten gewechselt hatten, wurde ich nach spanischer Sitte natürlich zu Gast geladen, lehnte es aber ab, da ich unverzüglich weiter wollte. Es waren Reisende, die nach Guadalajara reisen wollten. Sie hatten einen langen Weg durch unwegsames Gebirge vor sich.

Mein Weg zog sich am nördlichen Teil der Bucht durch zum Teil sandiges, zum Teil niederes, salzgetränktes, feuchtes, tonerdehaltiges Land nach einer aus Sandhügeln bestehenden Gegend hin, wo mir das Brausen anzeigte, daß ich den Boden der Meeresufer des Mar Vermejo oder »Meer des Cortez« betrat. Diese nördlich von Mazatlán gelegene Bucht, die von der sackförmigen Binnenbucht nur eine engl. Meile entfernt sein kann, gehört nämlich schon dem kalifornischen Meer an. Unweit des Strandes lagen mehrere Hütten, teils von Fischern bewohnt, teils aber auch von Leuten, die für die Tiere der Arrieros sorgen, solange sich diese an der Küste aufhalten. Wenn man noch etwas weiter geritten ist, öffnet sich ein anderes von Felsbergen begrenztes Gestade, eine große Bucht bildend. Hier zieht sich eine Art See hin, der mit Brackwasser gefüllt ist, El Estero genannt. Am Fuß des Vorgebirges, La Batería genannt, zieht sich an die Sanddünen angrenzend die bedeutende Hafenstadt Mazatlán an drei Meeresküsten hin. An das Vorgebirge La Batería lehnt sich dicht an der Stadt die Roca de Santa Cruz an, ein hoher Felsblock mit einem Kreuz auf dem Gipfel. Das Vorgebirge zieht sich nach Süden hin bis an den Eingang der Bai und endet in der Gestalt eines kegelförmigen Felsens, dem Criston Grande, dem gegenüber der kleinere Criston Chico liegt.

Die ziemlich ausgedehnte Stadt weist große, geräumige, aus Stein gebaute Häuser auf. Sie erstreckt sich von der Roca de Santa Cruz längs der im Westen liegenden Bucht von Olas Altas bis zu dem Kastell der mexikanischen Truppen an der nördlichen Bucht. Der mittlere Teil an der Plaza mayor ist in rein mexikanischer Bauart gehalten. Hier wohnen meist die eingeborenen reichen Familien, während der westliche Teil der Stadt von Fremden, meist größeren Kaufleuten, eingenommen ist. Die Kirche, ein unbedeutendes Gebäude, steht auf der Nordseite der Stadt, wo sich auch der für Stiergefechte bestimmte Zirkus befindet. Die Straßen sind breit und schlecht gepflastert, die Häuser in den Außengassen meist elende Rohrhütten, im Mittelpunkt meist viereckige Häuschen, aus Luftziegeln errichtet, mit flachen Dächern und niedrigen finsteren Zimmern. In den Vorstädten sind die Wohnungen meist von lebenden Gehegen oder Baumpflöcken eingezäunt. Ich war an die Herren Lohner, Melchers & Co. sowie an den Agenten der Herren Stahlknecht und Lehmann in Durango, Herrn Wesche, empfohlen. Bei diesem wohnte ich, während meine Leute in einem Gasthof untergebracht waren.

Da ich sechzehn Tage hier blieb, hatte ich zu Beobachtungen genügend Muße. Den Fremden ist es zu verdanken, daß ein Theater errichtet wurde. Die Schauspieler sind natürlich keine stehende Truppe, ihr Spiel ist meist mittelmäßig, doch ersetzen die schöne spanische Sprache und das lebhafte Spiel manche Mängel. Gerade ließ sich der berühmte Pianist H. Herz vom Conservatoire de Musique in Paris hören.

Von den Olas Altas hat man namentlich vor Sonnenuntergang eine wundervolle Aussicht auf die felsige Küste und das Meer. Abends ist dies ein unvergleichlicher Erholungsort nach der Hitze des Tages. Die große Bucht im Südosten der Stadt, von wo aus alle Fahrzeuge über die Barre zwischen den Cristones hindurch in das Meer und auf die Reede gelangen, ist nur für kleinere Fahrzeuge von zwanzig bis fünfzig Tonnen als Hafen brauchbar. Alles, was darüber ist, muß auf dem nur wenig geschützten Ankerplatz südöstlich von Criston Grande im Meer ankern. Die Bai ist aber groß und zieht sich weit nach Osten in das Land hinein. Die Ufer der Bucht sind felsig und wimmeln von Krabben, Schalentieren, Mollusken, Seeigeln etc. Die Hütten am Strand sind klein, von mexikanischen Peones bewohnt, deren Blut jedenfalls stark gemischt ist. Auch reine Indianer fehlen nicht, ihre Gesichtszüge sind nicht unedel und namentlich bei Frauen nicht ohne einen reizenden Ausdruck. Ihre Haut ist von sehr dunkler Farbe, ihr Haar ist glänzend schwarz. Es ist ein gutmütiger, furchtsamer, aber träger Menschenschlag, und die Weiber sind gefallsüchtig und nichts weniger als spröde. Die Menschen gemischter Rasse, vor allem die Zambos, sind lange nicht so harmlos wie die Urbewohner der Küste. Man findet viel nutzloses Gesindel unter ihnen, Gauner, Diebe und Spieler.

Auf der Reede lagen zwei Kriegsschiffe: ein englisches, »Inconstant«, Captain Shepherd, und ein amerikanisches, die Korvette »Falcon«, Commander Petijean. Der englische Commodore erwies mir jede mögliche Aufmerksamkeit und stellte mir stets seine Schaluppe zur Verfügung. Commodore Petijean bot mir die Überfahrt nach San Francisco an, deren Ausführung aber wegen anderweitiger Kommandos des Schiffes unterbleiben mußte. Bei meinen Gegenbesuchen auf den beiden Schiffen wurde ich mit militärischen Ehren empfangen.

Die Ankergründe sind von sehr wechselhafter Güte. Oft geht die See sehr hoch und ist von August bis Ende November ungemein gefährlich. Alsdann herrschen die vom Lande wehenden Chubascos und Tornados, die mit größter Wut aus östlicher Richtung kommen und deren ich Augenzeuge wurde. Während meines Aufenthaltes in Mazatlán trat an Bord der amerikanischen Korvette ein Umstand ein, der die Ursache für die beschleunigte Abreise des Schiffes war und eine Art Konflikt zwischen dem Commodore Petijean und dem mexikanischen Beamten in der Stadt abgab. Ein reicher junger Amerikaner hatte in San Francisco aus Rache eine empörende Mordtat begangen und war nach Mazatlán entflohen, wo er sich ganz ungeniert in Gegenwart des US-Konsuls und der Offiziere der Korvette sehen ließ. Commodore Petijean beriet sich mit dem Konsul und dem mexikanischen Hafenkapitän, einem geborenen Schweden. Der Amerikaner wurde auf ein Boot gelockt und an Bord der Korvette gebracht, wo er gefangengehalten wurde. Er fand aber Gelegenheit, die Justizbehörde von Mazatlán von dem Vorfall in Kenntnis zu setzen. Diese erblickte in der Gefangenhaltung des Verbrechers einen Eingriff in die Rechte des Staates und forderte seine Auslieferung. Dieser Aufforderung schenkte der Commodore natürlich kein Gehör. Er hatte überdies Nachricht erhalten, daß die Mörder des am Paraje de Palo Gacho ermordeten Arztes sich an der Küste herumtrieben, und hoffte, sie zu fangen, da von den mexikanischen Behörden nicht viel energisches Einschreiten gegen desperate und gefährliche Gesellen dieser Art zu erwarten war.

Reise nach Kalifornien
(14. April bis 13. August 1850)

═══════════

VON MAZATLÁN NACH SAN FRANCISCO

Am 14. April 1850 schiffte sich Herzog Paul auf der französischen Brigg »Jupiter«, Kapitän Solhanne, in Mazatlán ein, um nach San Francisco zu fahren. Unterwegs kam es zu einer Meuterei, doch gelang es dem Kapitän, ihrer Herr zu werden und auch in einer von einem Passagier angezettelten Gerichtsverhandlung in Los Angeles die Oberhand zu behalten, wobei ihm der Herzog als Zeuge zur Seite stand.

Am Nachmittag des 19. Juni befanden wir uns auf der Breite von San Carlos de Monterey, dem damaligen Sitz der Militärgouverneure von Amerikanisch-Kalifornien, einem längst bekannten offenen Hafenplatz, der an einem ziemlich holzreichen Vorgebirge, der Pinta de los Pinos, an einer weiten Bai gelegen ist. Wir waren nun vom Tag unserer Abfahrt von Mazatlán sechzig Tage unterwegs, eine unerhört lange Zeit für eine Reise, die bei sehr günstigem Wind in zehn bis zwölf Tagen zurückgelegt werden könnte. Trotz des langsamen Ganges des Schiffes war seit dem 21. Juni die Küste immer deutlicher zu sehen. In NNO traten das Kap San Rafael, ferner das Kap de los Reyes und im Norden in dunkler Ferne die Umrisse der sich nach NNO und NO hinziehenden Bodega-Bai hervor, die sich in das Vorgebirge Romanzoff verliert. Die an die Küste sich anlehnenden Gebirge sind nicht sehr hoch, mit einer üppigen Vegetation und riesigen Waldbäumen bedeckt. Längs der Bodega-Bai liegen die russischen Niederlassungen Kaliforniens mit der Faktorei Kostrominitoff, dem Sitz der russischen Ministerialbeamten. Diese Niederlassung war in blühendem Zustand, wurde aber von Rußland an Sutter verkauft. Sie ist eine der besten Landflächen Kaliforniens und war im Jahre 1850 noch ein weites Wald- und Jagdland, wo Bären und Hirsche in Menge lebten.

Weitleuchtende turmförmige Felsen, die Farallones genannt, dienen den Schiffern, die in die Bucht von San Francisco einlaufen wollen, als sicheres Kennzeichen. Die Farallones, auch Frailes, die Mönche, genannt, sind zugespitzte, zackige, weiße Felsmassen, deren größter, südlich von dem Kap de los Reyes gelegen, sich unter 37°41′55″ nördl. Breite befindet. Viele graubraun gezeichnete Seehunde tauchten dicht beim Schiff mit dem Kopf aufrecht aus dem Wasser. Sie sind noch sehr verbreitet, während die früher für den Handel so wichtigen Seeotter selten geworden sind. Man stellte diesem kostbaren Pelzwerk zu sehr nach. Ein Chiton von rötlicher Farbe, zwei bis drei Zoll lang, flutete hin und wieder auf dem Meer. Dies ist eine seltene Erscheinung, die mir später nicht mehr vorkam. Abends mehrten sich die Haifische und durchfurchten die spiegelglatte See. Am Morgen des 22. Juni bedeckte dichter Nebel das Meer. Hin und wieder riß er auf und gewährte dem Auge Einblick in die Bucht von San Francisco. Das Wasser war stark grau gefärbt, der Wind kam von Westen und war steif, daher sehr günstig zum Einlaufen. Wir manövrierten mit Tagesanbruch gegen die Durchfahrt, um den ersten Moment des sich zerreißenden Nebels zu benutzen. Der Nebel verdichtete sich immer mehr. Plötzlich traten hohe starre Felsmassen vor dem Bugspriet auf, ein in das Meer vortretendes, sich steil auftürmendes Vorgebirge. Eiligst wurde der Anker geworfen, er faßte zum Glück, und die Brigg stand wie eingemauert vor dem Felsen, der Punta

Boneta. Sie wird von zahllosen Vögeln, nämlich Alken, Procellarien, Seemöven, Kormoranen und Strandläufern bevölkert und ist mit Guano bedeckt. Um acht Uhr begann der Nebel sich zu verteilen, und die Einfahrt sowie das östlich gelegene, die südliche Spitze bildende Vorgebirge wurden sichtbar. Auf dieser Landzunge in der inneren Durchfahrt befindet sich das alte spanische Fort. Der Anker wurde gehoben, und eine kurze hüpfende See bezeichnete die Einfahrt. Im Südosten erhebt sich die Punta de los Lobos. Hinter der Punta Boneta trat die Punta Diablo hervor, ein ungeheurer Felsblock als Hauptausläufer des nördlichen Gebirgsstockes. Hinter dieser Spitze des Teufels, etwas weiter nordöstlich, laufen die Lime Rocks, und weiter in der Bucht liegt, die kleine, runde, einen bogenförmigen Hügel bildende Insel de los Alcatraces. Weiter im Innern an einer kleinen Bucht befindet sich die ehemalige Mission von San Francisco.

Mit günstigem Wind segelten wir nun rasch zwischen den beiden äußersten Vorgebirgen vorbei in die nicht allzu breite Meerenge ein und zwischen der Punta Diablo und dem Lobosgebirge hindurch über die kurzbewegte See in das stille Wasser der Meerenge bis zum Signalberg hin, der das südöstliche Vorgebirge von dem großen salzigen Binnensee, der eigentlichen Bai von San Francisco, trennt. Ehe man noch diesen Berg umsegelt, um in die innere Bucht hineinzufahren, und ehe man die Stadt zu Gesicht bekommt, ruht der Blick auf der großen Insel Yerba Buena im Südosten, die sich wie ein runder Berg mitten aus dem Binnensee erhebt, und auf dem dahinterliegenden Festland, wo eine ein Wäldchen bildende Gruppe von Riesenzypressen sogleich in die Augen fällt. Auch das längs der nördlichen Seite sich hinziehende Küstenland an der reizenden Sausalito-Bai zieht die Aufmerksamkeit auf sich. Nach einigen Minuten ziemlich rascher Fahrt rollte sich vor mir das Panorama des neuen, damals noch sehr unsymmetrischen San Francisco mit seinem großen Hafen oder vielmehr seiner weiten Reede auf,

die mit zahllosen Schiffen bedeckt war. Die neue Stadt nämlich liegt an der Punta de la Yerba Buena, an einer Krüm-
mung des Vorgebirges de los Lobos an der westlichen Küste
der Bucht von San Francisco an einem sandigen östlichen
Abhang, und zieht sich vom Südhang des Signalberges jetzt
schon mehrere Meilen die Bucht entlang. Zwei Jahre vor
meiner Ankunft befanden sich dort nur einige Hütten kalifornischer Viehhirten und mexikanischer oder amerikanischer Krämer.

Wir segelten in die Reede, und die »Jupiter« warf nach
langer Fahrt endlich Anker. Am Nachmittag ließ Kapitän
Solhanne sein Ruderboot aussetzen, um mit mir die erste
Exkursion an Land zu machen. Während am Morgen noch
prachtvolles Wetter herrschte, drehte sich jetzt plötzlich der
Wind. Wir wurden mitten zwischen den Schiffen tüchtig
umhergeworfen, was in diesem Labyrinth für die vier Matrosen eine harte Arbeit war.

Damals waren die Stadt und ihr Hafen noch zu neu, um
sichere, bestimmte Landungsplätze darzubieten. Jedes Boot
landete, wie und wo es konnte, und so suchten wir irgendeinen günstigen Platz, um das Boot zu befestigen.

IN SAN FRANCISCO

Wir stiegen einen glatten, lehmigen Abhang hinauf, der uns
in die bedeutendste Straße, die California Street führte. Ich
erwartete nun, nachdem ich auf einer Art Brücke von Bret-
tern, die auf einem Gerüst notdürftig befestigt waren, die
Straße erreicht hatte, etwas Großartiges. Doch welche Ent-
täuschung! Statt der geträumten regelmäßigen Stadt sah ich
ein gräßliches Nest, das mit einer polnischen Judenstadt gewiß konkurrieren konnte. Große, zum Teil aus Backsteinen
errichtete Baulichkeiten standen zwischen Bretterhäuschen,
chinesischen Baracken und Leinenzelten. In den damals un-

Feuersbrunst in San Francisco

gepflasterten Straßen der Stadt, die teils durch fetten Letten-
boden, teils auch durch Hügel aufgehäufter Sanddünen ihre
Richtung nahmen, bewegte sich die gemischteste Bevölkerung der Welt in Staub, Kot und Sand mitten zwischen den
eine halbe Meile breiten Brandstätten, denn zwei gewaltige
Feuersbrünste hatten in kurzen Zwischenräumen die neue
Stadt vollständig zerstört. Also zwischen diesen Häusern,
Baracken, Bretterbuden, Zelten und Ruinen zogen sich die
mit bedeutenden Bezeichnungen beehrten Straßen des damaligen San Francisco hin. Die noch am ehesten einer Erwäh-
nung werten Straßen, wie California und Montgomery
Street, hatten am meisten gelitten, und Chinesen hatten dies
benutzt, um ihre schon in China verfertigten und in Schiffen
nach Kalifornien gebrachten leichten hölzernen Häuser auf-
zurichten. Auch Häuser ganz aus Eisenblech sind aufgestellt
worden. Doch fand ich sie sehr unpraktisch, denn sie sind im

Sommer ganz unerträglich heiß, im Winter kalt und widerstanden beim letzten großen Brand dem Feuer auch nicht. In den oberen und unteren Stadtteilen war nun vollends ein Chaos von Wohnungen, das unbeschreiblich ist. Oft bildete eine über Stangen gehängte, zerrissene Decke das Obdach einer Familie.

Im Hafen lag eine Menge Schiffe aller Größen, vom Indienfahrer bis zur Sloop, abgetakelt, von der Mannschaft, die in die Goldwäschereien gelaufen war, verlassen. Die Schiffsbohrwürmer sind nirgends zerstörender als hier. Schiffe, die nur sechs Monate in den großen Binnenseen Kaliforniens vor Anker liegen, bedürfen einer radikalen Ausbesserung, da diese Mollusken sich sogar trotz der Kupferung in den Schiffsrumpf zu bohren wissen. Tausende von Schiffen, sogar die schönen Kriegsschiffe der Vereinigten Staaten, sind auf diese Weise zugrunde gegangen.

Ich suchte die Herren auf, an die ich empfohlen war. Zwei junge Kaufleute, Fritze und Garbe, die ein Bretterhaus in der oberen Stadt besaßen, boten mir ein kleines Zimmer, ein großer Freundschaftsdienst zu einer Zeit, wo in San Francisco für Geld und gute Worte einfach kein Unterkommen zu finden war. Damals gab es noch keinen ordentlichen Gasthof dort, und die wenigen amerikanischen Bretterbuden, die den Namen Hotel führten, ließen sich Schlafstellen, die man mit x-beliebigen Menschen teilen mußte, teuer bezahlen.

Da der Abend sehr stürmisch wurde, so eilten wir so früh wie möglich an Bord, nicht ohne große Mühe gegen den harten Wind ankämpfend. In den trockenen Sommermonaten erhebt sich regelmäßig alle Tage gegen vier Uhr nachmittags in der Bai ein sehr heftiger Wind, meist aus Süden oder SSO, der nach West abspringt. Alsdann erheben sich Wolken von Staub in der Stadt. Dieser Wind fällt in der Nacht regelmäßig ab und geht meist gegen Morgen in Windstille über. Nachher senkt sich dichter Nebel über die Bucht und hüllt die Stadt und die umgebenden Berge in einen undurchsichtigen Schleier. Die Nächte in San Francisco sind manchmal schön und heiter, doch ist es abends und nachts im Sommer immer kühl.

Sonntags machte ich mit Bekannten einen Spaziergang auf den Signalberg. Der Weg führte uns durch den mittleren, besseren Teil der Stadt nach dem verwahrlosten, aus Barakken und Zelten bestehenden, ungemein unsauberen Nordteil San Franciscos. Hier lagen Haufen von Abfall aller Art aufgetürmt, die ohnehin schmutzigen Straßen waren überdies voll alter abgetragener Kleider, Schuhe, Hüte und zerbrochenem Hausrat. Oft wußte ich gar nicht, wie ich vorsichtig genug gehen sollte, um zerbrochenem Glas und Blechwaren auszuweichen, die neben Wagen, Stühlen, Tischen, zerfetztem Linnen, altem faulem Stroh, Matratzen und Federbetten den Weg versperrten.

Am Stadtrand sah es vollends bunt aus, denn dort wohnten arme oder neu angekommene Leute aller Nationen, die alle in Schmutz, Staub und Ungeziefer, jeder nach seiner Art und Weise, zu leben versuchten. Hier sah man eine deutsche Hausfrau nachbarlich am Feuer einer chinesischen Familie Klöße kochen oder Kanaken mit Irländern disputieren, wobei die Söhne Erins eigentümliche Erfahrungen dahingehend machten, daß der Genuß des Brotfruchtbaumes die Muskelkraft ebenso stärke als der Irish Whiskey. Am abgesondertsten hielten sich aber die aus Indien übersiedelten Kulis und Hindus, denn diese fürchten jede unreine Berührung und leben nur von gewissen Vegetabilien, besonders von Reis. Sie sind jedoch nebst den Kanaken von Otaheiti und den Sandwichinseln die besten Arbeiter. Die Kanaken sind jetzt alle protestantische Christen, meist Presbyterianer, und halten streng den Sonntag. Es sind enthaltsame, dem Branntwein abholde Menschen von schöner herkulischer Gestalt und riesigen Kräften. Selbst Neuseeländer und einige schwarze Insulaner von Neuholland sowie Bewohner der Sundainseln hatten ihren Weg hierher gefunden.

150

Schlammstraßen in den Vororten

Als wir die letzten Hütten hinter uns hatten, betraten wir
den sogenannten Kirchhof. Dieser liegt am westlichen Fuß
des Signalberges auf einer öden Steppe. Einen Friedhof
konnte man eigentlich diese Stätte damals nicht nennen, denn
auf den Gräbern der Menschen lagen zugleich die Kadaver
krepierter Pferde, Maulesel und Hunde. Die wilden Grabtie-
re scharrten des Nachts, in Gemeinschaft mit den San Francisco schon in Massen bevölkernden, teilweise herrenlosen
Hunden, die Leichen der Verstorbenen aus, die durch die
Sorglosigkeit der Totengräber nur höchst oberflächlich begraben worden waren. Mit Abscheu wendete ich mich von
dem greulichen Platz ab und stieg den kahlen Berg hinauf.
Von seiner Spitze, wo damals schon einige Gebäude zum
Zweck der Signalisierung der Schiffe und als Wohnung der

Beamten aufgestellt waren, genoß ich eine ungemein lohnende Fernsicht über das ganze Binnenland und die Buchten sowie über das neu entstehende Imperium des neuen El Dorado. Auch auf dem Berg fehlte es nicht an Branntweinschenken, die an diesem Tag gute Geschäfte zu machen schienen. Die Flora war auf dem Berg äußerst karg. Der kalte Wind trieb uns wieder in die Stadt.

Bei einem deutschen Restaurateur, dessen Frau Stuttgarterin war, fanden wir ein für San Francisco gewiß ausgewähltes Mittagsmahl und guten Wein. Man hatte viel erzählt von den enormen Preisen der Lebensmittel in San Francisco. Wenn nun auch Butter, Geflügel und Eier verhältnismäßig teuer waren, so waren andere Lebensmittel wie Fleisch nicht besonders überteuert. Freilich kostete eine Flasche Milch soviel wie eine Flasche Wein. Man aß also recht gut zu dieser Zeit in San Francisco, und ich verakkordierte mein Frühstück und Mittagessen inklusive einer Flasche französischen Rotweins zu fünfzehn Dollar die Woche.

Abends besuchten wir die großen Spielhallen, die, da hier auch Musik gemacht wurde, auch als Reunion für Herren dienten und in denen man auch Getränke und Backwerk aller Art haben konnte. Diese damals sehr geräumigen Säle waren längs der Wände mit Sitzen ausgestattet, deren Polster mit Samt überzogen waren. In jedem Saal befanden sich einige Dutzend großer Tische, auf denen Hazardspiele wie Pharo, Rouge et Noir, Roulette und Monte gespielt wurden. Gemünztes Geld, Goldstaub und große Klumpen natürlichen Goldes kursierten hier, und es ging gerade so zu, wie es in Peru unter den ersten Konquistadoren zugegangen sein muß, wo Goldklumpen und indianischer Schmuck die Stelle des geprägten Goldes ersetzten. In diesen Hallen spielten zum Teil ganz gute Musiker und Sänger, um Publikum anzuziehen und gratis zu unterhalten. Da es damals noch keine Theater in San Francisco gab, so war dies eine Art Entschädigung dafür, auch traf man seine Bekannten dort abends. Die

Wände der Säle waren mit Gemälden und Kupferstichen bekleidet, darunter große Ölgemälde, die meist obszöne Nuditäten darstellten. Doch fand ich zu meinem Erstaunen auch Gemälde von künstlerischem Wert, die sich hierher verirrt hatten. Arme Künstler hatten auch ihr Glück machen wollen, und manches brave Talent wurde profaniert. So fand ich vor einem Haus ein riesiges Aushängeschild, auf dem phantasiereich die Landschaft der goldhaltigen Placers von Mariposa dargestellt war. Die Landschaft selbst war gut ausgeführt, die lebhafte Einbildungskraft des Künstlers war von der Hoffnung unmittelbar zur Wirklichkeit übergegangen, leider aber nur mit Öl und Farbe, indem er mächtige Goldpepiten darstellte, in Quarz eingesprengt und faustgroß wie Kieselsteine aufgehäuft, zugleich aber, um dem spanischen Namen Mariposa Ehre zu machen, große Schmetterlinge der Tropen im herrlichsten Farbenschmuck das edle, gelbglänzende Metall umflattern ließ. In einem Saale sah ich auch ein recht getreues Gemälde von San Francisco und der Bucht, das im Frühjahr 1850 gemalt worden war. Es ist ein großes Wandstück und von einem guten Landschaftsmaler aufgenommen. Wenn dieses Stück seitdem nicht verbrannt ist, so hätte es in einer größeren Sammlung historischen Wert, denn San Francisco wird ohne Zweifel einst eine sehr große Stadt werden, und es ist dann nicht ohne Interesse, sich sein Entstehen nach Jahren vor Augen führen zu können.

Beim späten Nachhausegehen zogen in der Montgomery Street noch mehrere öffentliche Lokale, aus denen ich Musik hörte, meine Neugierde an. In einem der Lokale wurden mit nationaler Begeisterung echt altkalifornische Tänze aufgeführt. Die Tanzenden bewegten sich nicht ohne Grazie. Die Männer trugen meist ein reiches altspanisches Kostüm, die Muchachas waren recht nette, zierliche, zum Teil blutjunge Geschöpfe. Leider sind viele dieser hübschen, kaum mannbaren Mädchen schon früh dem Laster ergeben. Die altspanische Musik mit Instrumenten, wie sie im 16. Jahrhundert im

San-Francisco-Schönheiten

Gebrauch waren, klingt zwar sehr eigentümlich, aber nicht unangenehm.

Eine andere Art musikalischen Genusses stand mir noch bevor. Wir traten in eines der bedeutendsten chinesischen Restaurants ein, ein Teehaus, in dem ein reichbesetztes chinesisches Orchester die Ohren der Bewohner des himmlischen Reiches in Entzücken versetzte. Eine große Anzahl dieser schiefäugigen, langbezopften Asiaten saß oder stand steif wie Kerzen, regungslos in den Räumen des aus feinem Fachwerk aufgeführten Hauses. Der Raum war mit Papierlaternen erleuchtet, die Wände zum Teil mit bemaltem chinesischem Papier verziert. Es scheint, daß Tee nicht das einzige Getränk ist, dem die mongolische Rasse in der neuen Welt frönt. Eine Menge Likör- und Branntweinflaschen bewies die Fortschritte, die die Chinesen in der europäischen Kultur gemacht haben. Frauen sah ich hier keine. Die teuflische Musik zerriß uns die Ohren, und wir suchten baldmöglichst wieder die Straße auf. Später hatte ich Gelegenheit, die chinesischen Schönen, deren es hier viele gibt, sattsam zu bewundern.

Auf dem Nachhauseweg durch die abscheulichen Straßen, in der Finsternis, zuletzt durch fußtiefen, lockeren Sand, konnte ich von Glück sagen, nicht den Hals gebrochen zu haben. Am nächsten Morgen wollte ich sehen, was auf den Markt gebracht wird. Da sich eine förmliche Markthalle noch nicht organisiert hatte, so mußte ich daher die einzelnen Stände aufsuchen, um etwas zu sehen. Bei Wildbrethändlern sah ich nun gleich Tatzen von großen Grizzlybären, die in großer Zahl in den waldbedeckten Gebirgen nördlich der Bai vorkommen. Auch der nordamerikanische Riesenhirsch, amerikanische Gemsen, der kalifornische Hase und das kalifornische Murmeltier oder Erdeichhorn wurden von den Jägern zu Markte gebracht. Unter den Enten und Strandläufern fand ich nichts Bemerkenswertes. An Fischen sah ich viele weiße Salme und Störe.

Öffentliche Anstalten und Staatsbauten gab es im Sommer 1850 noch keine. Das Zollamt war im Bau begriffen, und nur wenige Privatgebäude waren etwas hervortretende, mit Ziegelmauern versehene Häuser; nicht einmal eine bedeutende Kirche stand zu dieser Zeit, und ein Theater war erst im Bau begriffen. Die wichtigsten Kaufläden sind im letzten großen Feuer am Anfang des Monats abgebrannt. Die bestehenden weisen nichts Bemerkenswertes auf. Trotz des bis zur Tollheit getriebenen Spekulierens auf dem kalifornischen Markt und des täglichen Einlaufens von Schiffen mit reichen Ladungen an Lebensmitteln und Waren aller Art herrschte an einigen Artikeln Mangel, an anderen dagegen ein derartiger Überfluß, daß die Waren unter dem Einkaufspreis losgeschlagen wurden, so etwa chinesische Industriewaren, die in ungemein reicher und schöner Auswahl billig verkauft wurden. Ich konnte mich in diesen meist von Chinesen gehaltenen Läden nicht satt sehen an dem Reichtum und an der

155

Farbigkeit der Seidenstoffe und der Raffinesse der Handarbeiten in Elfenbein, Perlmutter und Ebenholz. Am meisten gefielen mir die grotesken, sorgfältig geschnitzten Schachfiguren sowie die Eleganz und Mannigfaltigkeit von Fächern und anderen bemalten Gegenständen. Die Chinesen sind bekanntlich in ihrer Art treffliche Meister, und ich sah höchst wertvolle Gemälde, namentlich in Öl, von chinesischen Künstlern ausgeführt. In den täglich stattfindenden öffentlichen Auktionen wäre es ein leichtes gewesen, eine schöne sinologische Sammlung billig zusammenzustellen.

Die Ausbeute an Gold war seit einem Jahr sehr bedeutend geworden. Es ist unglaublich, wie viel edles Metall in einem Zeitraum von zwei Jahren zutage gefördert worden war. Ungefähre Schätzungen sind öffentlich bekannt gemacht worden, aber weder das vermünzte Gold noch die Angabe der Exporte kann irgendwie einen Maßstab abgeben, da viele das gesammelte Gold ohne Angabe ausführten, andere es schon an Ort und Stelle verwerteten und verspielten, die Goldarbeiter vieles verarbeiteten, aber auch vieles verlorenging, ohne angegeben zu werden. Die Art des Goldvorkommens ist vielfach veröffentlicht worden. Ich möchte nur erwähnen, daß ich gediegenes Gold im Gewicht von dreißig Pfund bis zu einem Gramm abwärts – letzteres Pepitengold – oft in Handlungshäusern, die den Export wahrnehmen, in großen Haufen sah. Die Postdampfer nahmen manchmal den Wert von mehreren Millionen Talern auf einer Fahrt mit, außerdem befanden sich in den Händen der Passagiere noch einige hunderttausend Taler an Wert. Ich sah auch prachtvolle Gesteinsproben, so unter anderem bei Herrn Bourgoine, dem Korrespondenten der Herren Mausel & White, New Orleans, eine Quarzplatte von etwas über hundert Pfund Gewicht, die über zwanzig Pfund eingesprengtes Gold in den schönsten Formen enthielt. Wenn diese Quarzgänge sich nachhaltig so reich an Gold erwiesen hätten, so wären sie zu einer Goldquelle geworden, durch die der Wert des Metalls zweifellos hätte sinken müssen. Das schönste Vorkommen goldhaltiger Stufen in mehr oder weniger großen Stücken ist in Gestalt eines kleinen Blumenstraußes. Ich besitze ein solches natürliches Bouquet von einer Unze Gewicht, vom reinsten dunkelgefärbten, regulinischen Gold.

Ich sah viele Kalifornier sowohl spanischer Rasse als auch Indianer, die von den Presidios kamen. Es waren nämlich viele Ochsen und Pferde von den Weidegebieten eingetrieben worden. Die Begleiter dieser Herden waren kalifornische Rancheros und Hacenderos, deren Hirten und Knechte zum Teil Rothäute waren. In Sitten und Gebräuchen gleichen diese Vaqueros ganz den mexikanischen Viehtreibern. Die Kalifornier reiten zwar nicht so zierlich wie die Mexikaner, aber ungemein kühn. Es sind zum Teil gutgekleidete, wohlhabende und gutberittene Männer, es gibt aber auch viele schmutzige und zerlumpte Kerle darunter. Die Indianer gleichen denen um Los Angeles, sie haben breite Gesichter, niedere Stirnen, dunkle, in gleicher Linie laufende Augen und pechschwarze, straffe Haare. Meist sind es untersetzte Figuren von mittlerer Größe und sehr dunkel kupferfarbener Haut.

Ich besichtigte die ungeheuren Brandstätten der letzten Katastrophe.* Alles lag noch in chaotischem Durcheinander, doch wurde auch schon wieder fleißig gebaut. Eine Menge aus dem Feuer geretteter Gegenstände, die wegen Raummangels nicht untergebracht werden konnten, lagen herrenlos umher: Kisten mit Teppichen und Schnittwaren, Fässer mit Eisenwaren, Geräten, Handwerkszeug, Nägeln und Schmiedewaren wie Hufeisen, Hämmer, Zangen, Scheren usw. Mit einer Gesellschaft junger Herren unternahm ich einen Spaziergang nach dem alten Presidio, machte unterwegs eine kleine Ausbeute an Pflanzen und fing einige Schlangen. In der Nähe des alten, beinahe völlig verfallenen

* Gemeint ist die Feuersbrunst vom 14. Juni 1850.

spanischen Forts befanden sich die hölzernen Baracken der wenigen hier stationierten Soldaten der Vereinigten Staaten. Unter den Truppen herrschte zu dieser Zeit eine große Desertion, auch unter den Matrosen der Kriegsschiffe. Das Goldfieber hatte die Leute mit solcher Macht ergriffen, daß es kein Halten mehr gab und Commodore Jones von der US-Navy zu den strengsten Maßregeln greifen mußte. Zugleich beschwerten sich die Offiziere, weil ihre Bezüge nicht höher waren als in den Siedlungen in Texas und anderen Grenzgebieten, obgleich das Leben in Kalifornien dreimal so teuer war. Am 29. Juni wehte ein heftiger Sturm, der Wolken von Staub und einen feinen Sand über die Stadt und den Hafen trieb, so daß alle Gegenstände, selbst in verschlossenen Räumen, damit bedeckt wurden. Außer in Kairo* sah ich nie solche alles durchdringende Staubmassen.

Und nun noch einiges über Preise. In Marysville verkaufte man eine Kiste St. Julien Medoc für fünf Dollar und einen Cincinnati-Schinken zu achtzehn Dollar. In den Placers wurden ein Paar Schuhe, die vor dem Brand in San Francisco einen Dollar kosteten, mit acht bis zehn, ein Zuckerhut mit zehn, ein Dutzend Eier mit acht bis zehn Dollar bezahlt. Für einen Reisehut, der in New York zwei Dollar kostet, verlangte man zehn Dollar. Einige Tage später kaufte ich ihn um eineinhalb Dollar. Von einer New Yorker Firma, die mit Hüten spekulierte, war eben eine ganze Schiffsladung angekommen.

San Francisco war mit Wein, Likör, eingemachten Früchten, Feigen, Rosinen, Schokolade usw. überschwemmt, aber Mehl, Zucker, Kaffee, Rauch- und Salzfleisch, Butter und Eier fehlten. Mit Ausnahme von Mehl, das auf dem Weg um Kap Hoorn meist sauer wird, kommen Lebensmittel gut an. Die Kaufleute von New York und anderen amerikanischen und außeramerikanischen Häfen schickten jedoch ganze

* Herzog Paul besuchte Kairo im Jahre 1839.

Schiffsladungen unnützen Plunders statt Lebensmittel. Auf einen albernen Brief beispielsweise, daß in den Placers Mangel an Hacken und Schaufeln herrsche, kamen so viele Ladungen dieser Utensilien nach San Francisco, daß man fünfzigtausend Arbeiter auf zwanzig Jahre damit hätte versehen können. So war es auch mit fertigen Kleidern, Flanell- und anderen Hemden, wovon trotz des fürchterlichen Brandes der Platz noch so überfüllt war, daß unaufgebrochene Kisten herrenlos auf der Straße standen. Mit vielen Waren wäre es zwar das Klügste gewesen, sie wieder auszuführen. Dies war aber ganz unmöglich, denn von zehn Schiffen mußten damals sechs im Hafen liegen bleiben – wegen Mangels an Matrosen, die mit Gold nicht aufzuwiegen waren. Auf diese Weise verlor die Handelsmarine vieler Völker ihre besten Schiffe, und selbst Klipper, die eine unglaublich kurze Fahrt gemacht hatten, konnten keine Rückfahrt machen. Der Zustrom an Menschenwogen war unglaublich. Der letzte Panama-Steamer, die »California«, war so mit Menschen überbesetzt, daß das Deck buchstäblich wie ein lebender Knäuel aussah. Segelschiffe, die von den atlantischen Staaten oder aus Europa kamen und nach langer Seereise ganze Massen halbverhungerter, zusammengepreßter und verdursteter Passagiere ausluden, wurden wegen schändlicher Umgehung der Seegesetze und unerlaubter Überfüllung ihrer Räume mit Beschlag belegt.

INS INNERE KALIFORNIENS

Ich bestieg am 2. Juli den Steamer »Senator«, der nach Sacramento City bestimmt war, eines der schönsten Dampfboote, das die Binnengewässer Kaliforniens befährt. Weil es damals noch keine Konkurrenz gab, war die Fahrt enorm teuer. Nur für das Recht, einen Sitz in der oft überfüllten Kajüte einnehmen zu dürfen, mußte ich zwanzig Dollar entrichten. Eine enge Schlafstelle wurde noch extra mit zwei Dollar berechnet, ebenso jede Mahlzeit mit zwei Dollar. Dabei war das Essen unter jeder Kritik, die Portionen so karg, daß drei hungrige Männer die für dreißig aufgetragenen Speisen hätten aufessen können. Kaffee und Tee waren das reinste Spülwasser, von Milch keine Spur, und die Tischtücher so schmutzig, daß sie der unsaubersten Eskimowirtschaft alle Ehre gemacht hätten. Mit wenigen Ausnahmen gehörten die Passagiere den untersten Klassen der Gesellschaft an. Ein kleiner Kreis netter Leute, darunter einige Deutsche und Franzosen, schloß sich enger zusammen und zog den freien Raum dem überfüllten Salon vor. Endlich ging der Dampfer in die Bai, und vor mir entfaltete sich im purpurnen Glanz der untergehenden Sonne die liebliche Sausalito-Bai, die einen tiefen Einschnitt in das Land bildet und im Hintergrund durch einen hohen Berg geschützt wird. Das Boot erreichte noch vor Einbruch der Dunkelheit die Gruppe kleiner abgerundeter kegelförmiger Inseln, die die Pablo-Bai von der Bai von San Francisco abgrenzen. Man sah im Norden den alten Pueblo de San Pablo. Dieser aus wenigen Hütten bestehende Weiler wird meist von Hirten bewohnt, denn das Küstenland ist mit der üppigsten Grassteppe bedeckt. Acht Meilen nördlich vom Pueblo de San Pablo lag die ehemalige Mission von San Rafael. Das ganze westliche Land von der Sausalito-Bai an sowie die Ländereien der Mission und die von San Solano und Sonoma, alles prächtiges Weideland, gehörten dem ehemaligen mexikanischen General Vallejo, dessen Besitzungen so groß wie ein Fürstentum waren. Noch vor vier Jahren, 1846, war das Land nichts wert, höchstens das darauf grasende Vieh repräsentierte einen gewissen realen Wert. Die erwähnten Inseln sind mit Guano weiß bedeckt, den Kalifornien, das sich zum Agrikulturland zu entwickeln beginnt, einmal gebrauchen kann.

Wir fuhren die ganze Nacht hindurch, brachten die Suisun-Bai hinter uns und gingen dann zwischen zum Teil

Abfahrt eines Dampfschiffes

sumpfigen, mit hohem Gras und Schilf bewachsenen Inseln
hindurch, an der Mündung des Rio San Joaquín vorbei in den
in mehrere Arme geteilten Rio Sacramento. Diese Seitenar-
me umschließen große, vielfach mit einer sehr üppigen Vegetation geschmückte Inseln. Hohes Gehölz wechselt mit zum
Teil tiefliegendem, überschwemmtem Gebiet und mit von
hohem Gras, Schilf, Rohr und Binsen bedecktem Sumpfland
ab, eine Landschaft nicht unähnlich der Mississippiniede-
rung. Der Sacramento mit seinen großen, ihm tributären
Nebenflüssen, dem Federfluß*, dem American Fork oder
American River und dem San Joaquín, dessen wichtigste
goldhaltige Nebenflüsse der Mariposa, der Tuolumne und
der Mokelumnes River sind, durchläuft vom Fuß der Kali-

---

* Feather River, span. Plumas.

fornischen Alpen an ein herrliches flaches Land. Wenn ein gut berechnetes Bewässerungssystem angelegt werden würde, könnte dieser Teil Kaliforniens zu einem der reichsten Anbaugebiete der Erde werden. Auf die nassen Wintermonate folgen die heißen Sommermonate, in denen es höchst selten regnet. Diesen Übelstand kann nur eine künstliche Bewässerung beseitigen. Wenn sich dazu der menschliche Arm vom eitlen Goldgraben abwendet und dem Mutterschoß der den Fleiß lohnenden Erde zuwenden möchte, dann würde der überschwenglichste Segen über ein Land kommen, das jetzt leider durch verruchte Untaten aller Art und Gesetzlosigkeiten ein trauriges Beispiel gewährt, wie tief der Mensch durch den Durst nach Reichtümern im Aufsuchen edler Metalle den ihm vom Schöpfer eingepflanzten göttlichen Funken verdunkeln kann. Schon der edelste und gelehrteste Mann unseres Jahrhunderts, Alexander von Humboldt, hat das El Dorado nicht im Auffinden kostbarer Metalle, sondern im Anbau des produktiven Bodens gesehen.

Schiffe von zweihundert Tonnen und darüber belebten den Sacramento und bewiesen die Tatkraft der Amerikaner, denn einige Jahre vorher bewohnten noch nackte, auf der niedersten menschlichen Stufe stehende Wilde die Stromgebiete. Sowohl dem jungen Staat als auch seinen aufblühenden Städten steht jedenfalls eine große Zukunft bevor. Kalifornien muß einst den Handel des großen westlichen Ozeans beherrschen, und San Francisco ist nun ein Vorposten der östlichen Küsten dieses Meeres.

Kalifornien wird bald durch seine Dampfschiffe den Ländern China, Japan, den Molukken und den ostindischen Inseln näher stehen als Europa. Eine durch den nordamerikanischen Kontinent gezogene Eisenbahn[*] und Schiffsverbindungen von Kalifornien aus werden der nächste Weg von Europa nach China werden.

---

[*] Diese Bahnlinie wurde 1869 eröffnet!

Sacramento City in Kalifornien

Sacramento City war schon damals eine bedeutende, freilich noch chaotische, zwischen hohen Eichen gebaute Stadt, die wenige Meilen nördlich von dem früheren Sutterville oder Neu-Helvetia angelegt worden war und sich sowohl an den Sacramento als auch an den American River anlehnte. Sie liegt auf tonigem, den Überschwemmungen sehr ausgesetztem Boden. Die Hochwasser haben der Stadt auch sehr zugesetzt, die Häuser waren auf »Piloten« gebaut und die Straßen an beiden Seiten mit Bretterbänken statt der Trottoires versehen. Gegenüber Sacramento City liegt eine kleine Niederlassung, Margaretha oder auch Washington genannt. Auch hier lagen Seeschiffe am Ufer. Wir hatten viele Mühe zu landen, da der Dampfer seine Brücken sehr ungeschickt ans Land setzte.

Kaum an Land, fand ich zwei Bekannte, die mich in ein französisches Restaurant führten, wo ich Gelegenheit hatte, Herrn Sutter zu treffen. Dieser Ehrenmann ist zu bekannt, um etwas weiteres hinzufügen zu können. Wir machten bald Freundschaft miteinander. Herr Sutter wäre, wenn von engherziger Natur, gewiß der reichste Mann der Welt, so aber hat er bei seiner unglaublichen Freigebigkeit sein Vermögen nicht so fest begründet, wie man annehmen sollte. Ich denke nur daran, daß das ganze Land, auf dem jetzt die zweitgrößte Stadt Kaliforniens liegt, sein Eigentum war und daß seine Familie dieses Land nicht für den hundertsten Teil des Wertes, den es 1850 hatte, im Jahre 1849 verkauft hat. Ein gewöhnlicher Bauplatz kostete 1850 schon tausend Dollar und darüber.

In Sacramento City hatten sich viele Handels- und Gewerbeleute etabliert. Ein Theater, mehrere große Hallen und mehrere Kaffeehäuser waren errichtet worden, wo man die Abende bei Musik und Unterhaltung zubringen konnte. Die Stadt sah unter ihren Eichen recht ländlich aus, und der schnell fließende American River, dessen klare Fluten sich an einer bewaldeten Landzunge mit dem wohl hundertfünfzig

Klafter breiten Sacramento verbinden, gewährte der damals noch wilden Gegend besonderen Reiz. In der Nähe des Zusammenflusses liegt im Talgrund der Sutter Lake.

Herrliche Eichen, Platanen, Ahorne, Pappeln konnte ich hier bewundern. Zum ersten Mal sah ich auch die in Kalifornien so gefürchtete Yedra, eine Efeuart, die mit dem Rhus toxicodendron nahe verwandt. Die Yedra darf in mancher Hinsicht auch mit der Manzanilla der Antillen verglichen werden. Ich werde auf diese fürchterliche Plage des Waldlandes zurückkommen.

Noch am selben Tage erhielt ich von dem in der Stadt anwesenden Gouverneur von Kalifornien eine freundliche Einladung, die Festlichkeiten des 4. Juli, des Unabhängigkeitstages der Union, in Brightown mitzumachen. Schon am frühen Morgen verkündeten Böllerschüsse das Fest, und eine Menge Menschen bewegte sich auf dem Weg längs des Flusses. Das Fährboot, das die Stadt mit dem gegenüberliegenden Margaretha verbindet, fuhr ständig hin und her. Die Dampfboote und Kauffahrer zogen die Flagge auf, und einige ungeheure Sternenbanner wehten von Gast- und Kaffeehäusern. Um halb neun Uhr vormittags sammelte man sich in dem Hotel, wo ich abgestiegen war und wo ich den Gouverneur und den Vizegouverneur des Staates begrüßte. Eine Menge Herren ließen sich mir vorstellen, darunter der Senator von Washington und der heutige Festredner Mr. Walker sowie einige Land- und Marine-Offiziere der USA, aber auch Fremde, darunter mehrere Deutsche, Franzosen und ungarische Offiziere, so etwa die Herren Dufour, Jokusch und Rhombauer, alles frühere Hüttenbeamte in Oberungarn und Siebenbürgen. Herrn Rhombauers Gattin war eine Landsmännin von mir.

Um neun Uhr fuhren mehrere vierspännige Equipagen vor, die die geladenen Gäste aufnehmen sollten. Ich nahm mit dem Gouverneur, dem Vizegouverneur und Herrn Sutter im ersten, mit vier schönen, lebhaften Schimmeln bespannten Wagen Platz, während die anderen Gefährte, meist Postwagen, Omnibusse und Buggys aller Art, nachfolgten. Etliche Herren ritten voran, bildeten eine Eskorte oder schlossen den Zug. Im Galopp ging es, was die Pferde laufen konnten, durch die lehmigen, zum Teil tieflöcherigen Straßen der Stadt in die Ebene hinaus, wo die Eichen immer lichter wurden und zuletzt der Steppe Platz machten. Diese Jagd ging weiter bis zum Sutter Fort, der frühesten Residenz von Herrn Sutter, wo nun allerlei Leute in dem aus Luftziegeln erbauten viereckigen Gebäude wohnen und wo ein kurzer Halt gemacht wurde, um den ehrwürdigen Begründer, einen Mann, dem Kalifornien so vieles verdankt, mit einem donnernden Hoch zu ehren. Darauf wurde die Fahrt fortgesetzt, bis wir in Brightown ankamen. Dort befand sich dicht am linken Ufer des American River ein sehr geräumiges zweistöckiges Gebäude mit einem großen Saal, das als Vergnügungsort für das vier engl. Meilen entfernte Sacramento City erbaut worden war.

Sehr viele Gäste waren versammelt, sogar einige hübsche Damen, damals noch eine Seltenheit in Kalifornien. Der Anfang wurde mit wechselseitigem Vorstellen und Begrüßen gemacht, wobei die amerikanischen Händedrücke eine Hauptrolle spielten. Dann wurden von den Herren einige Gläser Wein getrunken, worauf die Festreden folgten. Dazu war für die Sprecher eine Art Tribüne gebaut worden. Unter den Rednern zeichnete sich ein noch junger Rechtsgelehrter aus, der in trefflichem Englisch mit ausgezeichneter Würde die Verhältnisse des neuen Staates beleuchtete und in einem sehr gemäßigten Stil, dem es nicht an lebhaften und blühenden Wendungen fehlte, die Vorteile und Gebrechen der jetzigen Staatsorganisation beleuchtete. Seine Rede schloß er mit den besten Wünschen für Zukunft und ferneres Gedeihen Kaliforniens und einem Cheer auf die Versammlung.

Der Inhalt dieser durchaus nicht sanguinischen, sondern gemäßigten Rede zerfiel in drei Hauptteile. Im ersten entwik-

Sutter Fort

kelte er mit kurzen Hinweisen auf die fortschreitende Bildung der Vereinigten Staaten die Wichtigkeit des Besitzes
von Kalifornien und legte dar, daß der Krieg mit Mexiko
hierzu eine treffliche Gelegenheit geboten habe. Im zweiten
Teil beschäftigte sich der Redner mit den Schwierigkeiten,
die die Organisation des neuen Landes mit sich gebracht
habe. Am Anfang habe der Besitz nur die Vorteile trefflicher
Häfen an der Nordwestküste als Quelle eines neuen Handels,
des Ackerbaus und der Industrie in sich geschlossen. Im
dritten Teil kam er aber auf die wichtige Goldentdeckung zu
sprechen und die Folgen, die diese auf die Stellung Kaliforniens und der Vereinigten Staaten habe. Kalifornien habe sich
aus einer entlegenen Provinz plötzlich zu einem der wichtigsten Staaten der Union heraufgearbeitet, der auf die sozialen

und politischen Verhältnisse einen kaum zu berechnenden Einfluß ausüben werde, weshalb sich die ganze Tatkraft der Nation auf die Gestaltung dieser Zukunft konzentrieren müßte. Ich habe nicht oft in englischer Sprache eine bessere Rede gehört. Die folgenden Reden, an denen sich schwächere Kapazitäten beteiligten, nahmen noch volle drei Stunden in Anspruch, worauf der Saal geräumt wurde.

Die Damen fuhren in die Stadt zurück. Um zwei Uhr setzte man sich zu Tisch, wo ein für Kalifornien trefflich zu nennendes Mahl serviert und eine Menge Toaste mit bestem Wein ausgebracht wurden. Selbst meiner Anwesenheit wurde gedacht und auf meine Gesundheit getrunken. Unser fröhliches Zusammensein wurde aber leider durch einen Unglücksfall gestört. Einem der Männer, die die Geschütze bedienten, wurde beim Losgehen des Schusses der Arm abgerissen. Sogleich wurde eine reiche Kollekte für den Unglücklichen veranstaltet. Alle Anwesenden zeigten viel Teilnahme, auch wurden alle Toaste sogleich abgebrochen. Nachdem der Tisch aufgehoben war, brachten uns die mutigen Rosse wieder nach Sacramento zurück. Abends besuchte ich mit Herrn Sutter das Theater, wo eine elende, kleine Truppe alberne Stücke spielte. Am nächsten Morgen wurde ich zu dem Sekretär des Herrn Sutter gerufen, der an einem Synochalfieber schwer erkrankt war, das nachher einen sehr gefährlichen, nervösen Charakter annahm. Ich fand, daß die Ärzte – die wenigsten Individuen, die in Kalifornien praktizierten, waren solche – die im Laufe des Monats Juli mit aller Heftigkeit ausbrechenden typhösen oder remittierenden Fieber nicht zu behandeln wußten und es daher auch viele Kranke gab. Im allgemeinen war das Chinin-Sulfat das einzige Mittel der Ärzte. Die Unze Chinin war bis zu dem enormen Preis von zwanzig Dollar gestiegen, und die Heilkünstler in Kalifornien hatten sich so weit verstiegen, sich für ihre Besuche bis zu sechzehn Dollar bezahlen zu lassen. Wenn ich dies nicht durch eine Menge Zeugnisse bewahrheiten könnte, würde ich es nicht zu sagen wagen. Wenn man aber bedenkt, daß diese Doktoren, was tatsächlich feststeht, keine Ärzte, sondern verkrachte Studenten, Rasierer, ungeratene Apothekerlehrlinge oder Handwerker waren, die nur durch die Leichtgläubigkeit der Glücksjäger und Kalifornienspekulanten hochgekommen waren, so muß man staunen. Doch in diesem El Dorado war ja alles möglich. So wurde ich auf ein Subjekt aufmerksam gemacht, das sich in kurzem als Arzt einige tausend Dollar gemacht hatte. In San Francisco war der Mann mit seinem Kleiderladen zugrunde gegangen, in einer kleinen Stadt in der Nähe der Goldgruben verdiente er sich das Sümmchen durch Praktizieren, indem er durch Zufall von einem deutschen Schiffskapitän wohlfeil ein kleines Kistchen mit Chininflaschen erstanden hatte. Er ließ sich zwar Besuche nicht bezahlen, verlangte aber für das Gramm Chinin einen Dollar. Dieser improvisierte Arzt war ein ungarischer Jude und hatte früher als Bedienter bei einer englischen Notabilität mosaischen Glaubens gedient.

Am 6. Juli bestieg ich ein kleines schlechtes Boot, die »General Dean«, um den Feather River (Plumas River) hinauf nach der neuen Niederlassung Elisa zu fahren, dann die Reise den Yubafluß hinauf fortzusetzen und über Sutters Hacienda, die Hokfarm, zurückzukehren.

Wir erreichten bald die klaren Gewässer des Federflusses. Unterhalb der Mündung des Arroyo Oso prangt das Land abwechselnd mit üppigem Wald von Eichen und Platanen, mit Steppengründen und mit hohem sandigen oder tonhaltigem Uferland. San Nicolás, ein kleiner Ort, liegt an der Mündung des Flüßchens. Er bezeichnet sich als Town oder Stadt, wie es für jeden Ort üblich ist, wo ein Kramladen, eine Mehl- oder Sägemühle oder ein kleiner Ausschankladen steht und wo die Möglichkeit einer Vergrößerung denkbar ist. Von hier bis zu Sutters Wohnung, der Hokfarm, sind es nur wenige Meilen; noch weiter flußaufwärts liegen am linken Ufer die neuen Ansiedlungen Plumas und Elisa. Selbst bis hierher gehen die größeren Seeschiffe. Es gab einen kleinen Gasthof und mehrere kleine Kaufläden.

Gegenüber ragten die runden Erdhütten eines Indianerdorfes aus dem Gebüsch hervor, und nackte Männer, Weiber und Kinder liefen am Ufer oder schwammen im Wasser umher. Diese Indianer gehören zum Stamm der Hok, eines mit Sutter sehr befreundeten Völkchens, die in ihrer Heimat ganz nackt einhergehen, dagegen aber, wenn sie die weißen Ansiedlungen besuchen, die drolligste Bekleidung anlegen. Ihre Weiber zeichnen sich durch die tollste Putzsucht aus. Ich ging in Elisa an Land, einer kleinen Stadt, deren Grund und Boden Herrn Sutter gehört. Der Ort, der am Ufer des Federflusses im Schatten hoher Bäume liegt, war erst im Entstehen begriffen. Er bestand aus Fram- und chinesischen Häusern, die noch weit auseinanderlagen. Ein gewisser Señor Guttierrez, der sich dort ansiedeln wollte, bot mir ein kleines chinesisches Haus zum Aufenthalt an, das ich gerne bezog, obgleich es unausstehlich heiß darin war und die Schnaken mich nachts nicht ruhen ließen. Meine Kost fand ich in einer Art Garküche, die von einem Basken betrieben wurde. Die oben erwähnten, mir von Brightown her bekannten Ungarn traf ich hier wieder.

Die Sonne ging am Abend prachtvoll unter und vergoldete die sich aus der nordwestlichen Ebene erhebenden Gipfel der Dry Buttes, eines aus drei isoliert geformten Bergen bestehenden Gebirges, die sich wie Monolithen aus der Steppe erheben und aus großer Ferne sichtbar sind. Sie liegen zwischen dem Buttles Creek und dem Sacramento unter 39°2′ und 39° 50′ nördl. Breite und 121° 35′ westl. Länge, werden von dem wilden Stamm der Eske-Indianer bewohnt und sind ein treffliches Jagdgebiet.

Ich machte nun in Begleitung der ungarischen Bergoffiziere und eines deutschen Barons eine Exkursion nördlich von Elisa, botanisierte mit vielem Erfolg und kam an diesem Tag mit den Herren bis fünf Meilen an den Zufluß des Yuba. Wir lagerten im Schatten der Bäume und verzehrten einen sehr bescheidenen Imbiß. Plötzlich fuhr einer der Herren sehr erschrocken auf und rief, daß sich die Copperhead-snake vor ihm aufrichte. Obgleich nun zwar die Gegenwart dieser so ungemein giftigen und gefährlichen Schlange in Kalifornien nicht bekannt ist, verführten mich anfangs Gestalt und Farbe der Schlange, bis ich mich überzeugte, daß ich es mit der schönen und seltenen Coluber catenifer, einer völlig harmlosen Schlange zu tun hatte. Ich fand an diesem Tage noch zwei Schlangen, war aber besonders glücklich im Erlegen seltener, für mich höchst wertvoller Vögel.

Ich fuhr mit dem Dampfer weiterhin flußabwärts. Die Gegend an der Einmündung des Yuba oder besser Yubaflusses ist ein niederer, mit hohem Baumwuchs bedeckter Waldgrund am linken Federflußufer; das gegenüberliegende Ufer ist sandiges Hügelland. Hier liegt die kleine Niederlassung Yuba City und etwas südlicher davon das Dorf der Yuba-Indianer. Diese haben sich noch wenig verändert, leben in ihren runden, ziemlich großen Erdhütten, die denen der Arikara, Mandan und Minetari des oberen Missouri gleichen, und sind friedlicher Natur, obgleich ungemein roh und auf der niedrigsten Stufe menschlicher Bildung stehend. Beide Geschlechter gehen in ihren Dörfern ganz nackt einher, selbst in Gegenwart von Fremden, ohne sich im mindesten zu schämen. Ihre Sitten gleichen sonst denen der Hok, die ich weiter unten beschreibe. Beinahe alle Bewohner des Dorfes badeten sich auf eine nicht sehr dezente Weise im Strom, als wir dicht bei ihnen vorbeifuhren.

Die Mündung des Yuba ist sehr eng und tief. Die Ufer sind mit hochstämmigen, dicht stehenden Bäumen bewachsen. An diesen konnte man die Spuren des Hochstandes des Flusses erkennen, der im Herbst, wenn die heftigen Regen beginnen, und im März bei der Schneeschmelze zu einer gewaltigen Höhe ansteigt. Der Sacramento und seine Nebenflüsse führen dann furchtbare, das Flachland überschwemmende

Wassermassen mit sich. Marysville, das wir nun erreichten, war am Abhang eines Hügels gelegen und vor dem Hochwasser geschützt. Es hatte sich im Verlauf von zwei Jahren zu einem recht hübschen handeltreibenden Städtchen entwickkelt. Ich bekam eine leidliche Wohnung bei einem Restaurateur und fand hier einige Bekannte aus San Francisco und Sacramento City. Auch ein deutscher Schiffskapitän mit einer Brigg lag hier und suchte aus Deutschland importierte Waren zu verkaufen.

Da am nächsten Morgen keine Postkutsche nach den Placers am Cañon ging, in der Postkutsche, die an den Fuß der Sierra Nevada fährt, aber noch ein Platz frei war, entschloß ich mich, diese Tour zu machen. Hier erhebt die Nevada ihre höchsten Schneegipfel in den ewig blauen Sommerhimmel Kaliforniens. Die Passagiere drängten sich in den engen, mit acht Sitzen eingerichteten Wagen, eine alte amerikanische Mail-stage, wie sie jetzt auf dem flachen Land oft zu sehen ist. Die ganze Gesellschaft bestand aus Minenleuten und ein paar Zuträgern. Der Kutscher war ein Irländer, neben ihm saß ein stämmiger Kanake von Owa-hu, ein fürchterlicher brauner Kerl. In vollem Galopp ging es fort über Löcher, Stock und Stein in die dürre Steppe hinaus. Mit dem Ferry-Boot setzten wir über den Yuba. Bald blieb der Fluß zur Linken, die majestätische Nevada lag vor uns. Auf einem Platz, auf dem die Goldgräber zu schürfen begonnen hatten und den sie dann wieder verlassen hatten, wurden die Pferde gewechselt. Man sah am Ufer des Yuba, dessen Bett hier schon voll Kiesgeröll ist, Dämme und Einschnitte sowie Haufen ausgewaschenen Sandes.

In demselben Tempo ging es über die Steppe nach Golden City, etwa unter 39°5′ nördl. Breite, wo ein Frühstück von etwas gebratenem Schinken und einer undefinierbaren Brühe von Kaffee für eineinhalb Dollar angeboten wurde. Von hier an wird der Boden uneben, wir passierten Forsters Lower Bar, Barlows Bar, Roses und Reynolds Bar und kamen in das

Fahrzeug kalifornischer Eingeborener

rege Getriebe der Goldwäschen, die sich in dem Maß vermehrten, in dem die Ufer felsiger und der Weg schlechter wurden. Die Laubhölzer wichen der Strauchform. Der Yuba schwand zu einem sich über die Felsen und Kiesgerölle windenden, rauschenden Bergwasser; immer kolossaler türmte sich das Gebirge in hohen schneeglänzenden Kuppen auf.

Wir befanden uns im Bereich der wilden Tanku-Indianer. Der Kanake und drei Amerikaner verließen uns in einer Schlucht, an die sich ein bedeutendes Placer anlehnte, in dem außer Amerikanern wohl noch an die fünfzig Sandwich-Indianer wuschen. Nach einer Stunde war der Halteplatz erreicht, etwa unter 39°13′ nördl. Breite und 120°50′ westl. Länge. Elende, von Holzstangen und Reisern bedeckte Hütten und ein paar Zelte bildeten die Unterkünfte der Goldsucher. Zwischen den Bergen befindet sich die unter dem Namen El Cañon bekannte Bergschlucht, in deren Nähe das goldhaltige Gestein gefunden wurde. Die Gebirge bestehen aus Gneis, Granit, Quarz und Kieselgeröll und sind mehr oder weniger mit Nadelhölzern bewachsen. Ich sah prachtvolle Exemplare der California-Kiefer und der majestätischen Riesenzypresse. Mehrere Stämme hatten die fabelhafte Höhe von dreihundert Fuß mit dreißig bis vierzig Fuß über dem Boden weit ausladenden Ästen. Sie stehen einzeln oder in Gruppen von drei oder vier Stämmen. Die Pferde wurden ausgespannt, und ein Kneipenwirt, der Whisky ausschenkte, legte ein paar Bretter auf zwei Böcke, bedeckte diese mit einem schmutzigen Laken und servierte das Dinner, bestehend aus gebratenem und gebackenem Schinken und einer Art Hasenpfeffer mit Mehlklößen. Das recht ländliche Mahl schmeckte gar nicht so übel, und etwas Brandy mit Zucker samt dem herrlichen kalten Gebirgswasser erfrischte mich vollkommen.

Den Nachmittag benützte ich, die Goldgräber und Goldwäscher zu beobachten. Das goldhaltige Erdreich wurde sowohl aus dem Fluß als auch an einigen Stellen aus dem Ufer

174

Goldgräber

gegraben und mit Hilfe eines rinnenförmigen Kastens, über den ein Wasserstrahl geleitet wurde, gewaschen. Aus dem Schlick wurden dann die Goldkörner mühsam extrahiert. Dieses rohe Verfahren glich den Versuchen, die ich in Dar Bertat und in Kamamil in Zentralafrika unternahm, um für den Vizekönig Mehemed Ali goldhaltige Gründe zu ermitteln, doch mit dem Unterschied, daß man am Yuba bessere Fundorte ermittelt hatte; namentlich an diesem Tage wurde eine reiche Beute an größeren Pepiten und einigen schönen Stücken Bouquet-Gold gemacht. Natürlich kaufte ich die in meiner Gegenwart gesammelten besseren Echantillons für meine Sammlung und gab so nahezu hundert Dollar aus. Im ganzen ist das Goldgraben hier reiner Raubbau und würde bei umsichtigem montanistisch-technischem Verfahren viel mehr Ertrag bringen. Die Leute führen dabei ein elendes Leben. Nach genauer Berechnung der Durchschnittsverhältnisse entfielen täglich nur fünf Dollar Gewinn auf den einzelnen Kopf, bei mindestens zweieinhalb Dollar Ausgaben pro Tag, selbst bei den härtesten Entbehrungen und Gefahren und einer ungemein harten Arbeit, bei der viele in der ärgsten Sonnenhitze mit dem halben Körper im kalten Wasser des Flusses waten mußten.

Am Abend kamen mehrere Indianer, wahrscheinlich vom Tanku-Stamm, zum Lager der Goldgräber. Entwürdigtere Geschöpfe sah ich, außer in Feuerland, nicht. Obgleich es schön gewachsene Menschen waren, starrten diese Wilden vor Schmutz, wozu eine Lage auf den Körper geschmierten Fettes und eine ekelhafte Bemalung von Ockerfarben das übrige beitrugen. Die Haare trugen beide Geschlechter in einem Knoten über dem Kopf zusammengeflochten. Die Männer trugen kurze Bogen und Pfeile, die mit den Federn von Bussarden befiedert waren. Die Pfeilspitzen bestanden aus Feuerstein, einige aus Obsidian. Einer der Männer trug eine etwa sechs Fuß lange Lanze, auf der sich eine Spitze von Elkknochen befand, darunter waren ein Bündel Federn und ein Stückchen Scharlachtuch befestigt. Ein anderer trug einige Bärenkrallen vorn am Hals. Sie hatten schlechte, abgenutzte Tauschwaren, Messer und eine Art Streitaxt, die mit einem Stück Granit oder Serpentin beschwert war. Die eine dieser Keulen, die nicht die Form der Tomahawks östlicher Indianer hatten, bestand aus dem Rohrknochen eines Hirsches; diesen sowie Bogen und Pfeile erstand ich.

Ein ziemlich hübsches, ganz nacktes junges Weib trug eine Art Korb aus Flechtwerk bei sich, der Wasser hielt und nicht geschmack- und kunstlos gearbeitet war. Sie trugen die Früchte der Pinus lambertiana bei sich, die diese Indianer ebenso essen wie die Araukaner die Früchte des Pehuen. Außerdem ernähren sie sich von den Wurzeln der Psoralea esculenta, die Digger root genannt wird. Obgleich sie Polyphagen sind, so sind doch keine Beispiele von Menschenfresserei bei ihnen bekannt. Das Gefühl der Scham ist bei beiderlei Geschlechtern unbekannt. Sie sterben so, wie sie geboren sind, und verwenden höchstens die Haut eines wilden Tieres als Decke. Später sind diese Indianer sehr bösartig geworden und wurden um 1858 beinahe ganz ausgerottet. Der Rest hat sich wohl in die Gebirge von Utah verzogen. Sie gehören jedenfalls zu dem Stamm der Utah-Indianer, der unter dem Namen Wurzelgräber (Digger Indians) bekannt ist. Diese Digger Indians werden von anderen kriegerischen Indianern des Ostens als Parias mißachtet und stehen mit ihnen in einem offenen Kampf. Von ihren politischen und gesellschaftlichen Verhältnissen ist wohl nichts bekannt.

Ich hatte einige Teppiche mitgenommen und kampierte mit dem Stage-driver an einem guten Feuer, bis es zu tagen begann und wir uns wieder auf den Rückweg machten. Um elf Uhr war ich schon beim Frühstück in Marysville. Ich fand, daß die Warenpreise allgemein gesunken waren. Die goldene Zeit für den Handelsstand war im Sommer 1850 bereits vorüber. Ich fand ein Boot, das mich zu der Hokfarm zu Herrn Sutter brachte. Der gute Sutter empfing mich mit der liebevollsten Gastfreundschaft und stellte mich seiner aus der Schweiz erst angekommenen Familie vor, die übrigens, wie die meisten weißen Bewohner, am intermittierenden Fieber erkrankt war.

Diese Farm ist eine der ersten Kulturwirtschaften des Landes. Da Herr Sutter durch humane Behandlung sich die benachbarten Hok-Indianer zu Freunden gemacht hatte, so fehlt es ihm nie an Arbeitskräften. Bekanntlich wurde, nahe dem Sutter gehörigen Sägewerk am American River, das erste Gold gefunden und damit der erste Impuls zur raschen Besiedlung des Landes gegeben. Sutter hatte einen Versuch gemacht, seine Indianer zum Goldwaschen zu benützen, kehrte aber bald zum Weizenbau zurück, dessen Produkt nun in den Hokfarmen die Hauptsache geworden ist. Die Weizenernte war längst vorüber; der Weizen wurde auf einer harten Tenne, so wie in Südamerika, Italien und Algerien, durch darauf von den Indianern herumgetriebenen Pferde ausgetreten. Die amerikanischen Dreschmaschinen hatte man damals in Kalifornien noch nicht eingeführt.

Der Garten, in dem Mais, Melonen und Gemüse wuchsen und auch Versuche mit Wein und anderen Produkten angestellt wurden, war eine bedeutende Fläche urbar gemachten Landes, in dem noch manch uralte Bäume ihre stolzen Kronen wiegten. Herr Sutter bewohnte ein von Nebengebäuden umgebenes, geräumiges Haus. Ich ergötzte mich den ganzen Abend an dem wilden Getriebe der die Pferde auf der Tenne herumjagenden Indianer, die in ihrer nationalen Tracht ihre halbwilden Pferde ritten.

Nicht Hok-Indianer allein dienen als Knechte bei Herrn Sutter, sondern auch fremde Rothäute, wie Kosume, Yuba, Willi, Kulus, ja sogar einige Schoschonen oder Schlangen-Indianer, die vom Gebirge gekommen waren. Der eine Schlangen-Indianer war ein ganz intelligenter Bursche und erinnerte mich an den Baptiste Charbonneau, der mir 1823 nach Europa gefolgt war und dessen Mutter eine Schoschone-Indianerin war*. Ich folgte meinem Wirt in das nahe gelegene Indianerdorf, dessen runde, mit getrocknetem Lehmboden überwölbte Hütten etwa vier Fuß tief in den Boden eingegraben sind.

Der Form nach sind sie denen der Mandan nicht unähnlich. Ich fand die beiden Geschlechter völlig unbekleidet. Die Männer waren meist mit einem ganz originellen Spiel beschäftigt, womit sich diese Wilden oft ganze Tage unterhalten und dabei in große Aufregung geraten können. Es besteht

* Die berühmte Sacajawea (vgl. Einleitung).

darin, daß die Spielenden einander gegenübersitzen und kleine Holzstäbe und Heubündel, die sie in Händen halten, abwechselnd in die Höhe werfen und wieder fangen, wobei sie unaufhörlich gestikulieren und schreien. Die Weiber sind viel arbeitsamer und spinnen entweder die zu Hanf gereinigten und geklopften, vorher gewässerten Stücke der Munmut, einer Artemisia-Art, oder der Sek-Ka, Urtica utilis, den beiden fadenerzeugenden Nutzpflanzen Kaliforniens. Diese Pflanzen, besonders die Nessel, geben ein ungemein feines, seidenartiges Gespinst. Aus diesem Zwirn nun wissen sie Zeuge zu weben, die sehr fest und haltbar sind. Ferner benützen sie die Halme eines Grases, um daraus schöne Körbe zu flechten.

Junge Mädchen und Weiber gehen in paradiesischer Unschuld einher. Hin und wieder sah ich einige weibliche Wesen, die um die Hüften eine Art Schürze von herabhängenden Grashalmen trugen, die dem Schurz der Nubierinnen oder der Weiber von Sennar in Zentralafrika nicht unähnlich waren. Männer und Weiber sind oft sorgsam tätowiert, letztere tragen oft dicke Holzpflöcke durch die Ohrlappen, wie die Botokuden. Da sie die Kunst besitzen, Fäden von verschiedener Stärke zu drehen, so haben sie grobes und feines Flechtwerk und gewirkte Zeuge, aus denen sie Mäntel und Hemden verfertigen. Diese tragen sie aber ebenso wie europäische Tücher und Kaliko, Kattun usw. nur bei besonderen Festlichkeiten oder wenn sie die Wohnungen der Weißen besuchen. Dann sind sie aber auch behangen und geschmückt mit allem, was sie haben. Ihre Eitelkeit läßt sie ihr Gesicht mit allerlei Farben auf das groteskeste bemalen.

Ihre Bewaffnung besteht aus Lanzen mit eisernen oder knöchernen Spitzen, aus Streitäxten, Messern, Bogen und Pfeilen. Die Bogen sind so wie die der Gebirgsindianer meist mit Fell überspannt. Die Sehne ist ein festgedrehter Darm. Die Pfeile gleichen denen der nordamerikanischen Indianer, sind mit Federn von Bussarden befiedert und haben Spitzen

Die Zivilisierung der Yuba-Indianer

von Eisen. Manchmal führen sie auch Jagd- und Kriegspfeile
mit Feuersteinspitzen oder hin und wieder sogar mit Spitzen
aus Obsidian, den sie nur durch Tausch von den Gebirgsin-
dianern bekommen können.

Außer der tierischen Nahrung, die ihnen Jagd und Fischfang oder Heuschrecken und Käferlarven gewähren, genießen sie die Wurzeln eßbarer Pflanzen, wie die Knollen des
California-Lauches, und die Körner eines mir unbekannten
Grases und einer wilden Linse. Die Hauptnahrung aber besteht aus den Eicheln der Fremont-Eiche (Quercus edulis
oder Fremontii) und den Samenkörnern der großen California-Kiefer, Pinus lambertiana. Erstere heißt Otok oder Uti,
letztere Haï. Diese Eicheln oder Kiefernkerne werden fein

180

gepulvert und mit Wasser angerührt, in einen wasserdichten Korb getan, bis die Masse kocht, wobei sie mit etwas Fett oder Marktalg und manchmal mit dem Pulver getrockneter, gestampfter Heuschrecken gemengt wird. Ich konnte dem Gericht keinen besonders guten Geschmack abgewinnen.

Dicht bei den Hütten der Indianer hatte auf den sandigen Dünen, auf denen das Dorf lag, eine große Kolonie von Erdeichhörnchen ihre Erdhöhlen angelegt. Diese Tierchen standen mit den Indianern auf ganz vertrautem Fuß, durchaus aber nicht mit uns Fremden. Sie verschwanden gleich bei unserem Anblick in ihre Löcher. Die Hok-Indianer sind ein ganz gemütlicher Menschenschlag. Dem Besitzer der Farm sind sie sehr nützlich und werden auch von Herrn Sutter gehegt und gepflegt. Sie sind keine Christen, könnten aber durch zweckmäßigen Unterricht, namentlich durch Herrnhuter Missionare, leicht seßhaft werden.

Die von den Squattern und Vagabunden, an denen Kalifornien leider so reich ist, verübten Nichtswürdigkeiten und Mordtaten haben diese harmlosen Menschen gegen die anglo-amerikanische Rasse natürlich sehr erbittert, obgleich die große Mehrzahl der Amerikaner es ebensowenig als irgendeine andere Nation verdient hat, der Untaten einiger Schurken wegen verdammt zu werden. In neuerer Zeit hat auch der achtbare Teil des Volkes die strengsten Maßnahmen ergriffen, um die Rothaut vor der Barbarei herumziehender Rowdies zu schützen.

Ich sammelte aus der Sprache der Hok und Kosume einige Worte, die ich so getreu, wie sie mein Ohr fassen konnte, wiedergeben will.

	Hok	Kosume
Vater	Té	Op-pā
Mutter	Ná, Tú-tú	Ut-ka, A-ûn-ká
Sohn		A-ūn-kā
Tochter	Hú	A-û-kā

Lehmhütte		Koo-zà
Pferd	Páká	Cāvall (spanisch)
Ochse		Paa-gā
Bison		Ku-schū
Bär	Kāp-pá	Orsché motté
Antilope	Rôo	Hâ-lo
Biber	Rok-nó	Hénit
Haar	Sumú	Mun, Mon
Hirsch	Szum	U-já
Schlange	So-lá	Ua-jalé
Nase	Sù-mú	Huk
Auge	Quô-lan	Hin
Hand	Maa	E-kó
Fuß	Paī	Lu-ko-mé
Zahn	Za-üád	Cot
Ohr	Borno	A-lók
Zunge	Dènn	Nebet
essen	Pép	Zamaï
schwimmen	Piéd	Alne
Feuer	Huggum	Zó-kó-sé
Wasser	Mom	Kik
Sonne	Ok-kó	Hik
Mond	Pók	Rômé
Sterne	Pūt-schā-schā	Hollo-ké
Lasso	U-koï	Lūk-ták
Fisch	Ma-goï	Pû
Fluß	Sé-oüdit	Ua-chá-zé
Eiche	Tschá	Ala-û-á
Fichte	Nuc	Satké
Samenkern	Haï	–
der Kiefer		
Frauenschürze	Malá	Hétà
Halsband	Hâ-ūât	Hoot
Mokassin	Paï-tú	Solomé
Decke	Tshü	Lek-ká

Speer	Jum-schâ	Hŏt-schü
Bogen	Pandá	Tun-úkâ
Pfeile	Ojá	Hau-lô
Faden	Jurschá	Sist-zé
Korb	O-uâ-tár	Lutschi
Sumachgift	Tschi-dók	–
Clematis	Toim-schwâ	–
Utah-Eiche	Otok	–
Eichel	Uti	–
Weinstock	Tor-lósch	–
Wicke	Quâ-zák	–
Artemisia	Mun-mut	–
Nessel	Sek-ká	–

Ich will hier noch die Namen der Indianerstämme beifügen, die mir während meines jetzigen Aufenthaltes 1850 bekannt geworden sind. Es sind die Stämme, die damals noch die Zuflüsse des Joaquin und Sacramento bewohnten, allerdings nicht im Umkreis der alten spanischen Missionen, sondern, soviel mir bekannt, unabhängig von der spanischen Herrschaft. Die Mariposa, Toleme, Mekoleme und Kosume oder Wallagomne lebten an den Zuflüssen des Rio San Joaquín von 37°30' bis zu 38°40' nördl. Breite. Zwischen den Quellen des Rio Americano*, Yuba, Plumas und dem Sacramentofluß, also von 38°50' bis 39°50' nördl. Breite zwischen Sierra Nevada und dem Sacramento eingerechnet, wohnten die Tanku, Tomp-scha, Bubu, Boga, Deitschera, Kui-Kui, Loclama und O-lala-bai, zwischen Plumas und Sacramento in den Ebenen und Gebirgen, die diesen Fluß vom Rio Trinidad trennen, die wilden, noch ganz ungezähmten Willi und die Kulustämme. Über diese Indianer konnte ich nichts erfahren, außer daß es räuberische und kriegerische Stämme sind, die die Niederlassungen von Trinidad anfeinden und durch

---

* American River.

ihre häufigen Überfälle ganz besonders die neuen Ansiedlungen gefährden. Die sonst in der Nähe der Bodega-Bai sehr freundlichen Indianer haben sich seit dem Abzug der Russen in das Innere zurückgezogen und scheinen mit den dort angesiedelten Amerikanern auf keinem besonders vertrauten Fuß zu stehen.

Um den hohen Schneeberg Schasse, dessen Vorgebirge von dichten Waldungen umgeben sind, leben ebenfalls wenig bekannte Indianer. Dieser hohe, von ewigem Schnee und Eis starrende, nahe an sechzehntausend Fuß hohe Bergkegel steht als isoliertes Gebirge in der Ebene und ist von weitem sichtbar. Er bildet mit dem Mount Rayner und Mount Hood die höchsten Bergspitzen des Küstengebietes von Kalifornien und Oregon. Den nächsten Tag hatte ich zu einer Exkursion in die Ebene bestimmt, die den Plumas von den Dry Buttes trennt. Da es am vorhergehenden Tag sehr heiß geworden war, nämlich 31° C, rückten wir schon um fünf Uhr aus. In meiner Begleitung waren ein in der Farm als Handwerker arbeitender Deutscher und drei Indianer, darunter ein Schoschone. Wir waren alle gut beritten, ich hatte einen Sobrepaso-Gänger von rein mexikanischer Rasse. Auch mit Waffen hatten wir uns reichlich versehen, da man den Eske-Indianern nicht trauen durfte.

Der Weg führte teils über Steppe, teils über sandiges hügeliges Land, wobei wir die drei Bergkuppen in NNW vor uns hatten. Der Boden ist zum Teil mit Strauchwerk, Nesseln, Artemisien, kleinen Leguminosen und Gräsern bedeckt. Antilopen sprangen flüchtig auf. Je mehr man sich dem Berg näherte, desto buschiger wurde der Weg. Wir ritten bis etwa zwei Meilen an die Buttes. Die Hitze war unerträglich, und meine Begleiter waren einer Wasserstelle unkundig. Die Steppe muß sich im Frühjahr mit einer sehr lebhaften Vegetation schmücken und bringt manche schön blühende Pflanze hervor. Den Beweis erhielt ich durch ein ziemlich reiches, sauber getrocknetes Herbarium, das mir der junge Sutter übergab und das von ihm im Lauf der Monate März, April und Mai gesammelt worden war.

Abends kehrte ich sehr ermüdet zurück. Sehr viele Kranke befanden sich seit meiner Anwesenheit in der Hokfarm; die meisten litten an entzündlichen und remittierenden Fiebern mit gastrischer Prädisposition, so daß einige typhösen Charakter anzunehmen drohten. Frisch aufgerissenes Neuland ist besonders gefährlich und erzeugt jedenfalls eine Malaria. Ich behandelte die Patienten mit Kampfer und Äther sowie Mineralsäuren und fand diese Medikamente besser als Chinin. Jedenfalls ist bei belegter Zunge und bitterem Geschmack die Ipecacuauha, in erster Zeit angewendet, von großem Wert; sie ließ mich in Kalifornien nicht im Stich.

Mit besonderem Dank für die viele Güte und die zuvorkommende Freundschaft verabschiedete ich mich vom Vater Sutter, seiner liebenswürdigen Gemahlin und Tochter – der Sohn lag krank – und fuhr mit dem Steamer »General Dean« den Fluß hinab nach Sacramento City.

Am nächsten Morgen nahm ich ein Boot nach San Francisco. In Benicia sah ich die hier ankernde amerikanische Flotte der Vereinigten Staaten unter Commodore Jones. Der Ort ist das Hauptdepot der Marine und eines Teils der Landmacht der Zentralgewalt. Er liegt eine halbe Meile nördlich von der Landenge, die die Suisun-Bai von der San-Pablo-Bai trennt. Das Land bildet treffliche Jagdgründe für Hirsche, Antilopen und Bären. Ein großes Rudel Riesenhirsche mit hohen, beinahe ausgestreckten Kolbengeweihen jagte über einen Bergrücken hinab. Am meisten interessierte mich ein Pärchen der Cathartes californianis, des größten Vogels des nordamerikanischen Kontinents, der an der Westküste die Stelle des südamerikanischen Kondors ersetzt. In der Nähe besehen, enttäuscht er als schmutziger Aasgeier, der stets stinkt und aus dessen Nasenlöchern eine faule Jauche sickert.

IN DER UMGEBUNG VON SAN FRANCISCO

Es war Nacht, als wir San Francisco erreichten. Ich erhielt den Besuch eines Herrn Koch aus St. Petersburg, der mich nach einer neu angelegten Farm holen wollte, dem Rancho Roble, unfern der ehemaligen Mission Santa Clara am südlichen Ende der San-Francisco-Bai, und zwar zu seiner ganz jungen Gattin, die an Rheumatismus litt. Das Fuhrwerk, dessen sich Herr Koch bediente, war ein großer, mit vier halbwilden Ochsen bespannter Karren, den ein ebenso wild aussehender Knecht, ein kalifornischer Mestize, lenkte und der mit einer Menge Hausrat und Lebensmitteln bepackt war. Ich bestieg das Vehikel, während Herr Koch auf einem kleinen Klepper von mexikanischer Rasse ritt, der nicht viel größer als ein schottisches Pony war. Mit Mühe brachte man die Ochsen zum Ziehen, sie stießen und schlugen; das kümmerte aber die Vaqueros nicht; diese Leute werden mit allen solchen Bestien fertig. Wir überfuhren mit namenloser Anstrengung die Sandberge, die San Francisco von der ehemaligen Mission Dolores trennen. Es ist dies ein aus vier Flügeln mit einer Kirche und innerem Hofraum bestehendes System zusammenhängender Baulichkeiten. In der Vorderfront sind das Bethaus und die Wohnungen mit Ausgängen nach dem inneren Hof, die Räumlichkeiten für die Indianer und im Hintergrund die Vorratsräume und Magazine. Die Priester sind längst ausgezogen, die Indianer haben sich verlaufen.

An einem steilen Abhang gingen die Zugtiere durch; ich verlor das Gleichgewicht und stürzte zwischen den Ochsen und Rädern herab, wunderbarerweise ohne größeren Schaden zu nehmen. Dichter Nebel bedeckte die Küste, was sich in einer bedeutend niedrigeren Temperatur auswirkte. Ein hoher Lupinus trug blaue und auch weiße Blüten. Diese Lupinen bilden eine der ausgezeichnetsten Pflanzenformen Kaliforniens. Auffallend ist der völlige Mangel an Kakteen. Wir schlugen unser Nachtlager unter freiem Himmel auf.

Die Tiere wurden in ihren Jochen auf den Pasto getrieben; wir sammelten einige dürre Sträucher zu einem ärmlichen Feuer, gerade ausreichend, um einen Kaffee zu kochen. Morgens war ich vom Tau ganz durchnäßt. Ich half mit, im hohen Gras und Gebüsch die Ochsen zu suchen. Nachdem das Vieh wieder eingefangen war, wurde eingespannt. Anfangs führte der Weg noch über Dünen mit karger Vegetation, die den großen Herden, die damals noch Kalifornien belebten, zur mageren Nahrung diente. Der Überschuß an Stieren gegenüber der Zahl der Kühe und Kälber ist auch hier wie in Texas ein Übelstand.

Unfern des Rancho Sanchez, der in einer tiefen, eine Bucht bildenden Niederung liegt und nur aus einigen Häusern besteht, erheben sich Berge, die mit hohem Baumwuchs bekleidet sind. Hier stehen auf einem Hügel die Ruinen einer Mission, die früher eine bedeutende Viehzucht betrieben haben muß. Über der Bucht, fünf Leguas landeinwärts, liegt im hohen Steppenland die Mission San José, die noch bedeutender gewesen sein muß. Die Eichen- und Lorbeerbäume ziehen sich von hier an in die Ebene hinab und bilden zusammenhängende Wälder, in denen die giftige Yedra dichte Gebüsche als Unterholz bildet. An einem tiefen, sumpfigen Arroyo machten wir einige Stunden Rast. Hier erblickte ich eine Riesenzypresse (Wellingtonia gigantea, Taxodium giganteum, auch Sequoia gigantea), deren niedrigste Äste fünfunddreißig Fuß über dem Boden aus dem Stamm wuchsen, deren Umfang in einer Höhe von zwei Fuß über dem Boden zweiundzwanzig Fuß betrug und deren Höhe zweihundert Fuß maß. Die höchsten sollen dreihundert Fuß messen.

Vor meinen Augen entfaltete sich nun eine freie Ebene, die mit großen Rinder- und Pferdeherden bevölkert war und sich längs der Bucht bis zum Pueblo San José hinzieht. Die Gegend, die wir jetzt durchschritten, heißt nach einer kleinen Ranchería El San Francisquito.

Von hier aus gelangten wir zur Hacienda de Santa Risa,

deren Besitzer, Señor Secondino Robles, Herrn Koch das Land zu seiner Wirtschaft abgetreten hatte. Wir stiegen bei dem Besitzer ab, einem schönen spanischen Kalifornier, der nun reich geworden ist. Seine Frau und seine Schwester bewirteten uns mit Milch, und ich wurde hier sehr freundlich empfangen, da die Señora Robles meine ärztliche Hilfe wünschte. Nach einer Stunde erreichten wir Kochs Farm, La Providence. Herr Koch hatte sich mit Herrn Teissiere verbunden, der früher in Georgien für Rechnung des Kaisers von Rußland Seidenfabriken geleitet hatte. Seine Frau war Russin. Beide beabsichtigten, das wilde Vieh einzufangen, Kühe zu zähmen, einen Milch- und Butterhandel anzufangen und Schlachtvieh nach der Stadt zu treiben. Ich wurde recht freundlich aufgenommen und in einem Zelt untergebracht, da alle Bewohner der Farm ebenfalls noch in Zelten lagerten.

Ich blieb bis zum 29. Juli in der Gegend, veranlaßt durch den Umstand, daß ich mich gleich in den ersten Tagen mit Yedra vergiftet hatte. Zu der narkotischen Wirkung gesellte sich noch ein heftiges Fieber, das, verbunden mit Dysenterie, meine Gesundheit so untergrub, daß ich noch über ein halbes Jahr nachsiechte. Bei Madame Koch, einer hübschen Dame von etwa siebzehn Jahren, die als Tochter eines angesehenen preußischen Offiziers Ansprüche an die höheren Genüsse des geselligen Lebens machen durfte, mußte eine Reise über die entfernten Weltmeere nach einem noch so unkultivierten Land bei körperlichen Leiden auch die Seele mißstimmen. Ihre Krankheit bestand in einem chronisch gewordenen Rheumatismus, der als Folge des feuchten und heißen Klimas und des Lebens in einem Zelt bei keineswegs sehr gewählten Nahrungsmitteln wohl erklärlich war. Sie war auch kaum aus dem Wochenbett erstanden. Ihre Krankheit, obgleich schmerzhaft, wich aromatischen Bädern und einer genügenden Diät. Ich sah sie einige Jahre später völlig hergestellt in New York wieder.

In der jungen Ansiedlung fand ich aber andere, viel gefährlicher Erkrankte. Es waren französische Arbeiter, die sich beim Arbeiten oder Jagen im Wald gleichfalls mit Yedra vergiftet hatten. Die Yedra rankt nicht wie Rhus toxicodendron, gleicht aber sonst dem Giftsumach vollkommen, nur daß dieser kalifornische Giftefeu viel gefährlicher ist und sein Kontakt oft tödlich wirkt. Ich fand die mit Giftstoff getränkten Tautropfen als das gefährlichste, die Intoxikation befördernde Element. Die Berührung oder das Anstreifen entblößter Glieder, wie etwa des Kopfes und der Hände, in den Morgenstunden oder nach Regengüssen genügt, um in kürzester Zeit die Symptome der Vergiftung eintreten zu lassen. Die Kennzeichen – oft schon nach Verlauf weniger Stunden zu sehen – sind allgemeine Übelkeit nebst Hang zum Erbrechen, Spannen der Gelenke, schweres Gefühl im Genick, brennende Kopfschmerzen, Flimmern vor den Augen und Halluzinationen, Ohrensausen, Meteorismus und allgemeine Erschlaffung der Glieder. Heftige Fieberanfälle und gewöhnlich sehr erschwerendes ruhrartiges Erbrechen folgen den ersten Erscheinungen bald nach. Im weiteren Verlauf schwellen die Integamente ödematös an, besonders an Füßen und Scrotum. Ich sah heftige Fälle von Epididymitis und Glottitis damit verbunden, so daß im letzten Stadium die Kranken am Ersticken waren. Ein fürchterlicher Durst sowie Brechreiz quält sie unaufhörlich, und der Stuhlgang ist ebenso schmerzhaft wie auch ein ewiger Reiz im Darmkanal. Die Schleimhaut der Eingeweide ist im Verlauf des Übels jedenfalls auf das äußerste angegriffen. Zuletzt überzieht ein herpetischer Ausschlag die Haut, oder petechienartige Flekken mit gangränöser Neigung zeigen sich stellenweise.* Der

---

* Dies heißt in einer für den medizinischen Laien verständlichen Form: »Im weiteren Verlauf schwillt die Haut durch Flüssigkeitsansammlungen an, besonders an Füßen und Hodensack. Ich sah heftige Fälle von Nebenhodenentzündung und Stimmbandentzündung... Zuletzt überzieht ein bläschenartiger Ausschlag die Haut, oder punktartig gerötete Flecken mit Neigung zum Brand zeigen sich stellenweise.«

Verlauf der Vergiftung ist oft sehr tragisch. Der Tod tritt primär durch Zerstörung aller Gewebe durch unheilbare Wassersucht und durch Entzündung edler Organe wie des Gehirns ein oder sekundär durch Durchfall und totale Zerstörung der Schleimhäute der Eingeweide.

Oft wirken kritische Umstände entscheidend; nach und nach tritt der normale Zustand der Lebensfunktionen wieder ein. Diese kritischen Erscheinungen sind durch das Hautsystem, die Harnabsonderung oder durch Blutungen angezeigt. Ich machte Versuche, die Kranken innerlich mit Ammonium, Kampfer und Äther zu behandeln, versuchte Alkohol muriat. innerlich und äußerlich. Linderung fühlten die Kranken, wenn man die ödematös angeschwollenen Glieder mit saurer Milch wusch. Die Mexikaner gaben das Dekokt der California-Weide mit den Blättern der Yerba buena, einer Mentha-Art. Die salicylhaltige Weidenrinde ist jedenfalls ein gutes Fiebermittel.

Solange es meine Zeit erlaubte, streifte ich jagend die Gegend ab. Mit Mr. Robles und seinen Mozos unternahm ich mehrere Ritte in die Wälder. Eines Tages fingen diese einen zweijährigen Grizzlybären. Es war ein braungelbes Weibchen. Das Fleisch des Grizzly, von denen ich die größten, durch ihre grauenerregende Stärke und Wildheit berühmten Exemplare am oberen Missouri antraf, ist nicht gut zu essen und mäuselt. Auch ist sein Fett nicht dem des schwarzen oder nordamerikanischen gleich zu stellen. Der Grizzlybär gräbt Wurzeln, frißt Insektenlarven und Heuschrecken, reißt jegliches lebende Tier zu seiner Nahrung nieder und geht auf Fischfang oft tief in das Wasser, da er ein vortrefflicher Schwimmer ist. Im Notfall geht er aber auch auf das Aas und ludert, wie ich einmal einen gesehen habe, der sich mit Wölfen und Aasgeiern um den Körper eines ganz in Fäulnis übergegangenen Bisonstieres stritt.

Am 29. Juli verließ ich mit Herrn Koch in einem zweispännigen Wagen die Farm und begab mich über die Mission

Kalifornisches Quecksilberbergwerk

Santa Clara nach dem Pueblo de San José, das durch eine
Akte zur Haupt- und Residenzstadt Kaliforniens erhoben
worden ist. Es ist ein kleines, ziemlich niedliches, gut geglie-
dertes Städtchen, in dem die öffentlichen Gebäude erst aufge-
baut werden sollen. Herr Sutter hatte hier auch noch Grund-
besitz, der auf mehr als zweihunderttausend Dollar geschätzt
wurde. Kaufläden und Kaffeehäuser waren schon entstanden, auch der Kirchenbau der protestantischen Sekten hatte
schon begonnen. Ein Franzose bot mir ein Zimmer an.

Die Lage von San José gefiel mir gut und wird wegen der
so wichtigen Quecksilberbergwerke in der Nähe immer ein
wichtiger Platz bleiben. Die New-Almadén-Quecksilber-
bergwerke oder die Minas de Azogue, wie sie vulgo genannt
werden, liegen zehn Meilen von San José entfernt, rechts

vom Guadalupefluß in einem Tal, wo zuerst die Quecksilber-
hütte der Herren von Borrow, Forbes & Co. erbaut wurde.
Unter der Leitung des jetzigen Direktors Dr. Tobyn schreitet
dieses Werk rasch seiner Vollendung zu. Bis jetzt sind sechzehn gußeiserne Retorten mit einer vollkommenen Konden-
sation der Dämpfe in Betrieb. Ein Idrianer Kammerofen,
allerdings mit einem neuen System von Kanälen, ist im Bau.
Der frühere Direktor des Werkes war Herr Alexander Forbes, bekannt durch sein Werk über Kalifornien. Etwa neun-
hundert Fuß über dem Werk ist die Mine New Almadén
gelegen. Das enorme Lager hat ein Verflächen von achtzig bis
neunzig und flächt von Osten nach Westen, sein Streichen ist
ganz nördlich. Das Gebirge im Liegenden ist eine Grauwacke
mit kalkiger Bindemasse, übergehend in Grauwackenschie-
fer und Chloritschiefer. Darauf ist in großen Massen Serpentin aufgelagert. Das Lager beißt in Toneisenstein von sehr
geringem Eisengehalt aus; in diesem Lager sind Adern von
Kalk und bedeutende Schichtungen von Letten. Das Lager ist
ca. vierzig Fuß dem Streichen und ca. achtzig Fuß dem
Verflächen nach verfolgt und ungefähr vierundzwanzig Fuß
verquert worden. Bis jetzt entdeckte man in dem Lager vier
etwas divergierende Gefährte von reinem Zinnobererz von
einem Durchschnittsgehalt von vierzig bis fünfundvierzig
Prozent. Der Bergbau wurde raubbaumäßig betrieben. An
Stollen, wozu das Gebirge ganz geeignet ist, wurde noch
nicht gedacht. Es ist auch noch keine Verquerung da, die die
Mächtigkeit des Lagers ermittelt hätte. Wir verfolgten das
Lager bis an die Spitze des Berges und fanden auch dort
denselben Eisenstein und dieselben Einlagerungen.

Durch Fieber, Yedravergiftung und einen dazugekomme-
nen Ruhranfall befand ich mich augenblicklich so schlecht,
daß meine Hoffnung nicht weiter ging, als noch lebendig
nach San Francisco zu kommen. Ich konnte nur am Stock
umherkriechen. Am 30. Juli bestieg ich die sogenannte Mail-
stage, einen Postwagen. Bis Santa Clara war dies eine wirkli-

che Kutsche, die aber schon hier mit einem einfachen amerikanischen Bauernwagen vertauscht wurde, an dessen Seite
zwei Bretter als Lehne der Länge nach angebracht waren. Die
Driver trieben mit Härte ihre Pferde, und ich kann nicht
beschreiben, was ich kranker Mann litt. Die halbwilden Rosse gingen alle Augenblicke durch, der Kutscher warf zwei-
mal um, dabei die fürchterliche Hitze, der Staub, unebener
Weg, Bäche, Sumpfstrecken und zuletzt bodenloser Sand.
Über die Sandhügel ging es diesmal schnell. Im Mail-
depot angelangt, suchte ich lange einen Mann, der meine
Sachen nach dem Hause brachte. Dasselbe fand ich ver-
schlossen, und ich mußte zwei Stunden warten, bis ich Ein-
laß erlangte.

Die nächsten vierzehn Tage hütete ich fast immer das Bett.
Ich war die ganze Zeit sehr leidend und von remittierendem
Fieber nebst Intestinalleiden gequält. In dieser traurigen Zeit
machte ich glücklicherweise die Bekanntschaft des als Botaniker und Reisenden in Australien und den Philippinen bekannten Dr. A. von Baer, der sich meiner auch sonst sehr
annahm, wie es auch der französische Kapitän Pague tat, der
sein Schiff »Georges« demnächst nach Mazatlan führen sollte. Das Leben in San Francisco war viel billiger geworden.
Ich kroch aus meinem Zimmer, um einer chinesischen Prozession aus Anlaß eines Buddhafestes beizuwohnen. Voran
gingen Männer mit Stäben und Fähnchen, Papierlaternen
usw. Diesen folgte ein Mandarin mit einer Pfauenfeder auf
dem Hut, begleitet von niederen Beamten mit langen Bam-
busstäben. Von jungen, langbezopften Leuten wurden Göt-
zenbilder, Pagoden und Kisten mit allegorischen Gegenständen getragen, dann folgte die Masse, erst die Männer, dann
die Weiber und Mädchen, im ganzen wohl sechs- bis achthundert Personen. Die zum Teil recht hübschen und weißen
Chinesinnen sind in Kalifornien nicht wegen ihrer Pudizität
berühmt. Das Fest verlief trotz des großen Andranges von
Menschen aller Völkerschaften der Erde ohne Störung.

Dies will aber nicht sagen, daß San Francisco ein stiller, sicherer Platz war, denn vielleicht nirgends in der Welt wurden so viele Verbrechen begangen wie dort. Sittenlosigkeit und Laster aller Art hatten hier den höchsten Gipfel erreicht, der Arm der weltlichen Gerechtigkeit war völlig unzureichend geworden, und schon damals war die Idee, einen Sicherheitsausschuß zu bilden, populär geworden.

Am Morgen des 14. August 1850 bestieg Herzog Paul in San Francisco den Dreimaster »Georges«, Kapitän Pague, um nach Panama zu segeln. Allerdings mußte der Herzog in Mazatlán eine Zwangspause einlegen, um sein Californiafieber einigermaßen auszukurieren. Am 10. September schiffte er sich auf dem US-Postdampfer »California«, Kapitän Budd, nach Panama ein. Nach der Durchquerung des Isthmus bestieg er in Chagres den US-Postdampfer »Pacific«, Kapitän Jarris, und kehrte über Havanna, wo er einen kurzen Aufenthalt einlegte, am 21. November nach New Orleans zurück.

Nach einem langen Winteraufenthalt in seinem »Hauptquartier« New Orleans, den Herzog Paul dazu benutzte, seine aus Kalifornien mitgebrachte Krankheit auszukurieren, schritt er zu neuen Taten. Vom 8. bis 16. März 1851 unternahm er einen Ausflug an den Red River.

Am 18. März brach er zu einer längeren Reise auf, die ihn bis zu den Niagarafällen führen sollte. Auf dem Mississippi fuhr er nach Arkansas, wo er sich kurze Zeit aufhielt; dann reiste er nach St. Louis weiter. Dort traf er am 1. April 1851 ein. Er hielt sich nur kurz im »Tor zum Wilden Westen« auf. Seine nächste Station war Chicago. Diese Stadt verließ er am 11. Juni 1851 und traf am 20. Juni in New York ein. Von New York aus fuhr Paul nach Albany, Buffalo, Detroit, zu den Niagarafällen und kehrte dann nach St. Louis zurück. Bereits einen Tag nach seiner Ankunft in dieser Stadt, am 17. Juli 1851, begann der Herzog eine neue Reise, deren Ziel das Gebiet des oberen Mississippi und der Itaska-See waren. Die wichtigsten Stationen dieses Unternehmens waren Ma-

dison in Iowa, Dubuque, Fort Crawfort, Lac Pepin und St. Paul in Minnesota. Herzog Paul brach die Reise jedoch ab aus Gründen, die er in den folgenden Aufzeichnungen nennt.

In den Wilden Westen
(21. August 1851 bis 10. Januar 1852)

===

REISE NACH FORT LARAMIE

Etwa Mitte August 1851 wollte ich von St. Louis nach Kansastown aufbrechen, einer noch jungen Ansiedlung an der Mündung des Kansas in den Missouri. Erst kürzlich war ich von einer langen Reise zu den oberen Flußläufen des Mississippi zurückgekehrt, die mich in die Nähe des Itaska-Sees geführt hatte, der am Oberlauf dieses mächtigen Stromes liegt.

Wegen Hochwassers und wegen der Malaria unter meinen Leuten erreichte ich den Itaska-See nicht ganz. Ich kannte jedoch den See von einer Reise, die ich einundzwanzig Jahre vorher mit Frankokanadiern und Indianern unternommen hatte. Diesmal wollte ich vor allem die riesige Wüste zwischen dem Missouri und der Wasserscheide, die die nach Westen und Osten fließenden Ströme voneinander trennt, bereisen. Außerdem interessierte mich das Gebiet, in das Brigham Young wie ein neuer Moses seine Leute geführt hatte, um ein »eigenes Königreich« zu errichten.

Ich hatte Angst, daß widrige Umstände meine Rückkehr nach St. Louis verzögern könnten und daß mein doch umfangreicheres Unternehmen nicht rechtzeitig abgeschlossen werden könnte. Daher gab ich das Itaska-Vorhaben auf, ohne das eigentliche Ziel erreicht zu haben.

Aus demselben Grund nahm ich auch die vielen Einladungen von Freunden in St. Louis nicht an, die meinten, ich solle sie für längere Zeit besuchen. Diese Freunde kannte ich von meinen früheren Aufenthalten in St. Louis in den Jahren 1823 und 1829–1831. Nur durch mein festes Versprechen, daß mich nach meiner Rückkehr vom Westen im Spätherbst nichts von einem Besuch abhalten werde, konnte ich sie vertrösten.

Mit mir zusammen verließen auch zwei Reisebegleiter St. Louis. Einer von ihnen war ein Herr Möllhausen, ein gebürtiger Berliner*, der sich freiwillig zu diesem Unternehmen gemeldet hatte. Ich hatte ihn schon vor meiner Abreise aus New Orleans kennengelernt. Er wollte mich aus reiner Abenteuerlust begleiten. Obwohl ich schwerste Bedenken hinsichtlich seiner Ausdauer und Widerstandskraft bei einem derartig ausgedehnten Unternehmen hatte, war ich andererseits so beeindruckt von seiner Erscheinung, daß ich es nicht übers Herz brachte, sein Ansinnen abzulehnen.

Herr Möllhausen stammte aus einer sehr guten Familie. Er hatte ein feines und liebenswertes Wesen und nahm mich vom ersten Augenblick an für sich ein. Ich fand, daß er ein Mensch von Ehre und Loyalität war; und Mut hatte er, wie ich es bei niemandem auf meinen über Tausende von Meilen führenden Reisen durch den Westen Nordamerikas je erlebt hatte. Er war ein äußerst gebildeter und feiner Herr und trotz seiner Jugend – er war kaum fünfundzwanzig Jahre alt – als Reisegefährte von unschätzbarem Wert. Außerdem war er ein Experte im Skizzen-Zeichnen, eine Eigenschaft, die dem Zweck meiner Reise sehr entgegenkam.

Der andere junge Mann, Herr Zielinsky, kam aus Dresden. Ich hatte ihn ebenfalls in New Orleans getroffen. Auch er war erfüllt von Abenteuerlust, aber in allen praktischen

---

* Hier irrt Herzog Paul: Möllhausen lebte zwar seit 1853 in Berlin, war aber am 27. Januar 1825 in Bonn am Rhein zur Welt gekommen.

St. Louis

Dingen gänzlich »grün«. Gegen besseres Wissen gab ich seinen Bitten nach, mich auf dieser langen Reise begleiten zu dürfen.

Bevor wir St. Louis verließen, diese große Hauptstadt der jungen Staaten des Westens, hatte ich alles besorgt, was wir für dieses lange, risikoreiche Unternehmen brauchten. Ich hatte nämlich erfahren, daß man in Kansastown, wo wir unsere eigentliche Reise auf dem Landweg beginnen wollten, viele notwendige Ausrüstungsgegenstände nicht bekam.

Ich mußte mich entscheiden, ob ich einen leichten oder einen schweren Wagen nehmen wollte, da es keine Wagengröße dazwischen zu kaufen gab. Mir war von Anfang an klar, daß der leichte Wagen, für den ich mich schließlich entschied, zu wenig aushalten würde. Andererseits war es natürlich so, daß der schwere Wagen für ein schnelles Fortkommen völlig ungeeignet war. Ich mußte mich mit allem eindecken, was wir auf der Reise brauchen würden. Da wir auf dieser Reise mindestens dreitausend Meilen zurücklegen würden, war es schwierig zu entscheiden, was mitzunehmen war, zumal die Tragfähigkeit von etwa fünfhundert Kilogramm nicht überschritten werden durfte.

Zuerst kaufte ich Bettzeug für drei einzelne Schlafstätten ein, und zwar Wolldecken mit Segeltuchüberzügen. Außerdem rüstete ich uns drei mit widerstandsfähigen Hosen, Leggings und wasserfesten Lederstiefeln, Flanellhemden sowie leichten und warmen Kopfbedeckungen aus.

Dann kam der Proviant. Dieser mußte aus unverderblichen Lebensmitteln bestehen: Kaffee, Tee, Zucker, Salz, Pfeffer, Mehl, Reis und Speck. Ich besorgte einen kleinen, aber festen Behälter für Medikamente, wie sie auf einer langen Reise unentbehrlich sind. St. Louis war damals das Zentrum für die Versorgung eines riesigen Gebietes mit Pharmazeutika. Als nächstes mußte ich zwei flinke, aber ausdauernde Pferde für den Wagen kaufen sowie ein starkes Pferd für Herrn Möllhausen, der als Leutnant der preußischen Kavallerie gedient hatte und dessen Aufgabe es sein sollte, während der Reise als Scout zu fungieren.

St. Louis war noch immer der Haupthandelsplatz des Westens für alle Ausrüstungsgegenstände, die die Trapper und Jäger, aber auch die Pioniere brauchten, die nach den Goldfeldern Kaliforniens und nach Oregon aufbrachen. Es war auch das führende Handelszentrum für Feuerwaffen und Munition. Hier wurde auch Blei von höchster Qualität gewonnen, das dann nach Osten bis Pittsburgh und Chicago und überall im Süden, Südwesten, Westen und Norden verkauft wurde. Kein geringer Teil unserer Fracht bestand daher aus Blei und Schießpulver.

Unsere gesamte Ausrüstung und unsere persönlichen Gegenstände wurden am Abend vor der Abreise in das kleine Frachtboot gebracht.

Am 21. August schiffte ich mich in St. Louis mit Wagen und Pferden nach Kansas ein, um von dort aus in die westlichen Gebiete zu reisen und einen Teil der südlichen Rocky Mountains zu besuchen.

Viele Landsleute begleiteten mich zum Landesteg. Sie wollten das Abschiednehmen so lange verschieben, bis der Schiffskapitän für alle Nicht-Passagiere das Signal zum Verlassen des Schiffes gegeben hatte. Unter diesen Freunden war auch der preußische Konsul, Herr Angerodt, ein sehr ehrenhafter, kultivierter und liebenswürdiger Mann, den ich von Berlin her kannte.

Erst in tiefer Nacht erreichte die »Pocahontas« die Missouri-Mündung. Die Fahrt auf dem Fluß zeigte abwechselnd hügeliges und flaches Land und nur hin und wieder einzelne blühende Siedlungen. Allmählich erhob sich das rechte Ufer zu hohen, mit üppigem Laubholz bedeckten Bergkuppen; Eichen, Eschen und Linden waren vorherrschend.

Das linke Ufer zeigte schöne Felsbildungen des Kalksteins. Wir erreichten bald die wegen Sandbänken, Untiefen und Snaggers gefürchtete Stelle, fünf bis sechs Meilen unterhalb

Hermann, wo zwei Boote bereits festsaßen; auch unser Schiff hatte Mühe, durch die Untiefen zu kommen. Hermann ist ein freundliches deutsches Städtchen, dessen Einwohner sich hauptsächlich mit Weinbau abgeben, der allerdings nur ein den unverwöhnten Geschmack befriedigendes Produkt liefert. Ich ließ mir in einer Grocery, die angeblich das beste Gewächs haben sollte, eine Flasche für fünfzig Cent holen. Der Inhalt war völlig ungenießbar und schmeckte einem ganz in Säure übergegangenen Apfelcider nicht unähnlich. Dieser aus einer Wildrebe gezogene Wein kann jedenfalls nie mit dem viel billigeren französischen konkurrieren, und so halte ich den Weinbau der Hermanner für ein aussichtsloses Unternehmen.

Die prächtige untergehende Sonne beleuchtete eine reizende Landschaft; das Boot fuhr nach Überwindung mehrerer Hindernisse noch eine gute Strecke, ehe es die eintretende Dunkelheit zum Halten für die Nacht zwang. Die Missouri-Ufer mit ihren schönen Fels- und Berggruppen und den an Mannigfaltigkeit der Holz- und Straucharten so überaus reichen Urwäldern haben durch Zunahme des Anbaues und der Anlage von Städten und Farmen nichts verloren, denn wenngleich solche Ansiedlungen an den Ufern des Riesenstromes noch selten und teilweise ärmlich erscheinen, so zieren sie doch die Szenerie. Da es diesen Sommer mehr als gewöhnlich geregnet hatte, so war die Vegetation noch ungemein lebhaft; und das lieblichste Grün belebte nicht nur den mit Kräutern und Gräsern bedeckten Boden, sondern färbte auch die Zweige und Kronen der Bäume mit dem zartesten Schmuck der Laubfülle in einer kaum glaublichen Nuancierung des Kolorits, die bei der vorrückenden Jahreszeit des Sommers immer aus dem Zart- und Tiefgrünen ins Blaue, Gelbe, Rote und Braune übergeht und der Landschaft ein Gewand anlegt, wie es selbst die Tropenzone nicht aufzuweisen hat.

Wir näherten uns Jefferson, einem bergigen Städtchen mit

ziemlich gesundem Klima, einem Vorzug an dem fieberverseuchten Missouri, dessen Gestade so einladend von weitem, so todbringend aber in der Nähe sind. Obst, namentlich Pfirsiche, gedeiht hier ganz vorzüglich.

Jefferson hat sich seit meinem ersten Besuch, wo es ein elendes Nest von Trunkenbolden war, sehr verändert und ist jetzt Sitz des Gouvernements. Vom Städtchen Nashville war ein Teil durch Einsturz der Uferwand zerstört. Der Missouri hat hier noch überall seinen früheren Charakter, so daß mein Itinerar von 1823 mir 1851 noch als Wegweiser dienen konnte. Der mächtige Wuchs der Laubhölzer und das dunkle Grün der Zedern mit ihren sonderbaren Formen, die sie im Alter annehmen, sowie die weiße abstechende Färbung der Kalkwände erhöhten den pittoresken Reiz der Landschaft.

Eine Menge Schlingpflanzen umranken mit ihrem dichten Gewinde die säulenhaften Stämme der kleinblättrigen Pappel, und schon röteten sich die Blätter des Sumachs und der Ampelopsis, des wilden Weins. Die schönsten Formen bildet die groteske lange Hügelkette, die die herrlichsten Felspartien, Wände und Höhlen aufweist, deren Höhen mit prächtigem Wald gekrönt sind und die der Landschaft einen unaussprechlich schönen Reiz verleiht.

Bei Rocheport ist der Missouri voll von Untiefen. In der Nacht plagte sich das Boot mehrere Stunden mit diesen Hindernissen. Bei Boonville hielten wir kurz an. Dieser Ort ist auf Kosten des fast gegenüberliegenden Franklin gewachsen. Glasgow ist im Aufblühen, besteht aus ziemlich guten Häusern und dient einer reichen Landschaft zum Stapelplatz. Gegenüber ist reiches Waldland. Die Prärie des rechten Ufers nähert sich dem Missouri und dehnt sich dann in unermeßlicher Fläche als Grasflur bis zum Fuß der hohen Gebirgskette, die im Westen Amerika in zwei Hälften teilt.

Brunswick liegt auf einer kahlen Stelle unterhalb des großen Flusses vor uns. Es ist ein kleiner regsamer Ort von etwa tausend Einwohnern, mit vielen Warenhäusern, da es Stapelplatz mehrerer Counties ist und zudem das Hinterland bebaut ist. Sonst hausen die Iowa an dessen Ufern. Die Besiedlung war vor Jahren noch sehr dünn. Unterhalb Miami, einem kleinen Städtchen, bedeckten ungeheure Rafts die Niederungen oder hatten im Strombett selbst sich gelagert und große Holzstöße gebildet, deren phantastische Formen das Auge überraschten. Große Teile des Ufergrundes hatten sich, durch die gewaltigen Fluten unterwühlt, vom Festland losgelöst und waren ins Strombett gesunken, nachdem ihre Waldtrophäen entweder den Weg der Strömung talabwärts geflutet oder untergegangen waren und nunmehr bloß die Wipfel über das Stromniveau streckten, wobei sie sich in gewaltige Sawyer verwandelten. Diese Erdsenkungen bilden die gefährlichsten Stellen des Stromes. Die weitere Fahrt ging meist durch waldige Niederung.

Wahrer Urwald deckt die Missouri-Ufer. Alle Lebensperioden der Bäume vom Keim bis zur Verwesung waren darin zu finden. Lange Jahre werden noch verstreichen, und eine große Masse Volkes muß noch einwandern, bis der Landschaft dieser Urcharakter genommen ist.

Wir passierten Lexington, wo vor zwanzig Jahren nur wenige Häuser standen. Die Gegend wurde wieder flach, der Strom breit und gefährlich, die Luft heiß und windstill, wobei zugleich eine Art Höhenrauch die Atmosphäre verdüsterte. Die Berge um Camden, von hohem Laubwald gekrönt, waren sehr wildreich, vor allem gab es dort zahllose Welschhühner. Die Gegend um Fort Osage ist noch wilder Wald und als Jagdgrund gut. Fort Osage, wo wir auf einige Zeit an Land gingen und das jetzt Sibley heißt, ist auch schon von einigen Kaufleuten bewohnt und hat einige Backsteinhäuser und Dampfmühlen. Der Hügel, auf dem vor langen Jahren das Fort lag, ist ein kahler Platz und ruht auf Kalkstein, der am Ufer zutage tritt. In der Nacht brach ein furchtbares Gewitter mit gewaltigem Regen los, so daß wir liegen bleiben mußten.

Am nächsten Morgen lag die erste Bluff Landing, Blue Mill genannt, vor uns am rechten Ufer. Die wenigen Häuser lehnen sich an die parallelen Felswände, die der Berg in mehreren Abteilungen bildet. Am 26. August, nach sechs Tagen Fahrt, kamen wir nach Independence Landing, einige Meilen von Independence gelegen. Hier war wieder Aufenthalt, da Güter ausgeschifft wurden. Das rechte Ufer ist flach, hoher Wald mit einigen Hütten, deren Bewohner Holz fällen. Von Independence brachen die meisten Oregon- und Santa-Fé-Karawanen auf. In neuerer Zeit aber gewann Kansas, ein neu angelegter Platz, den Vorzug. Es wandern jetzt nach Oregon und Kalifornien jährlich im Durchschnitt mehr als tausend Wagen, und in den verflossenen Jahren war der Zug noch stärker, ja während des ärgsten California-Fiebers ganz außerordentlich groß. Die nach New Mexiko bestimmten Expeditionen nehmen mehrere Tagereisen lang denselben Weg wie die nach Nordwesten, trennen sich dann aber und wenden sich nach Südwest. Diese Reise, wie auch die nach Fort Laramie, sind beide noch sehr gefährlich wegen der Indianer, denen nicht zu trauen ist.

Wir näherten uns nun der Höhe, auf deren bewaldetem Abhang ziemlich malerisch das Städtchen Kansas liegt. In unmittelbarer Nähe ist die Mündung des gleichnamigen Flusses. Das Städtchen hat mehrere Brickhouses und hölzerne Gebäude und zeigt einen lebhaften Verkehr, da die Reisenden nach dem Westen hier ihren Proviant einzunehmen pflegen. Auch beziehen die benachbarten zivilisierten Indianer ihren Bedarf von hier: die Delawaren, Shawnee, Wyandotte. Die roheren Iowa, Potawatomi und Kansas sind weiter entfernt. Nichts wirkt possierlicher als die Kostüme dieser Indianer – die übrigens sehr gemischten Blutes sind –, da sie ihre alten Kleider zusammen mit europäischen in einer possenhaften Zusammenstellung tragen. Sehr hübsche Mädchen sah ich übrigens in unserer Damenmode einherstolzieren. Die lieblichen Indianergesichtchen mit dem prachtvollen schwarzen Haar nahmen sich auch recht elegant in unserer Kleidung aus, weit besser als Neger und Farbige, deren krauses Haar nicht dazu paßt. Zugleich haben diese letzteren häßliche Füße, die Indianer nicht.

Beim Heben einer Kiste kam ich zu Schaden und litt einige Tage entsetzliche Schmerzen. Dieser Umstand und der Ankauf eines zweiten Fuhrwerks verzögerten meine Weiterreise um einige Tage.

Am 30. August wurde die Landreise angetreten. Der Weg nach dem fünf Meilen entfernten Westport ist schlecht, führt durch den Wald und mehrere tiefe Creeks und Wasserlöcher. Das Städtchen liegt an der Grenze des Indianer-Landes. Eine Meile von Westport entfernt liegt die Methodistenmission, bestehend aus schönen stattlichen Backsteinhäusern, und zwei Meilen weiter am Anfang der Prärie steht eine kleine, der Baptistenmission gehörende Kirche. Die Indianer bewirtschaften hier viele gut gepflegte Farmen.

Viele Indianer, vor allem Shawnee – meist protestantische Christen –, zogen mit Ochsenwagen oder zu Pferd vorbei. Der weite Weg war teilweise gut, zum Teil aber auch steinig und bergig. Ich passierte den Mill Creek, der tief ist und dessen Ufer sehr steil sind, so daß es schwer war, den Bach hinaufzuklimmen.

Abwechselnd ging es über nackte Prärien, Hügelland, durch Creeks, durch Landschaften mit paradiesischer Vegetation, vorbei an vereinzelten Indianerhütten, unter sehr großer Hitze und bei unbeschreiblich frechem Ungeziefer, das sich in dichten Schwärmen vor allem auf die Pferde stürzte. Unterwegs fuhr einer meiner Begleiter, Herr von Zielinsky, aus Versehen an einen Baumstrunk und zerriß sein Geschirr, so daß ich wegen der Ausbesserung des Schadens ungewollt die Nacht bei einigen Indianerhäusern, aus denen ich auch Mais bezog, zubringen mußte. Unter mancherlei Schwierigkeiten, die zum Teil durch die infolge der Regenfälle überschwemmten Wege verursacht waren, gelangte ich, vom beabsichtigten Weg auf Anraten eines Indianers abweichend, schließlich nach Uniontown, um dort den Kansas zu überschreiten.

Unterwegs erlebte ich ein äußerst merkwürdiges Phänomen eines Sonnenaufganges. Als die Sonne anfing mit ihrem oberen Rand über den Horizont hinaufzutreten, legte sich eine, diesen oberen Rand berührende, mit ihrer oberen Hälfte im Lichtdunst verschwimmende Halbkugel an, die immer mehr abnahm und verschwand, bis die Sonnenscheibe ganz über den Horizont getreten war. Hierauf legte sich eine ähnliche, den unteren Rand berührende Halbkugel von unten, also zwischen dem unteren Sonnenrand und dem Horizont, an, die mit zunehmendem Steigen der Sonne nach und nach verschwand.

Ein Achsenbruch führte mich zu einem freundlichen Amerikaner, der die Reparatur vornahm und mich mit Mais, Kartoffeln und Fleisch versorgte. Er hatte von den Potawatomi, denen das Land gehörte, die Erlaubnis erhalten, sich hier anzusiedeln. Dieser Mann, mit Namen J. F. Liffins, war ein liebenswürdiger, gebildeter Mensch, früher in Illinois ansässig, der mich auf einige sehr seltene Pflanzen aufmerksam machte.

Uniontown, am Rande der Prärie, ist ein indianisches Dörfchen, von Potawatomi und einigen Franzosen bewohnt. Der Anfang der Kultur unter barbarischen Völkern, wie hier, berührt immer eigenartig. Die Häuser sind Log-Häuser, doch gut bewohnbar. Hier ist ein Postamt, dessen Posthalter zugleich Kaufmann und ein so zuvorkommender Mann war, daß er mich zu billigsten Preisen mit vielem versorgte. Die Potawatomi hatten am hohen Kansas Buffalos erlegt; ich erhielt getrocknetes Fleisch von bestem Geschmack, das trefflich roh zu essen ist.

Zwei Meilen weiter setzte ich über den Kansas, wobei mein Buggy nur mit solchem Schwung das sehr steile rechte Ufer nehmen konnte, daß ich vom Wagen geschleudert wurde und in einen zwanzig Fuß tiefen Abgrund fiel, ohne jedoch erheblichen Schaden zu nehmen. California-Leute kamen auf Mauleseln geritten; sie hatten die Tour von den Minen bis zum Kansas in siebenundfünfzig Tagen zurückgelegt. Auch begegnete ich an den folgenden Tagen wilden Indianern mit Bogen und Pfeil. Nach einer Reise von etwa hundertfünfzehn Meilen gelangte ich zur katholischen Mission der Potawatomi, die durch Jesuiten mit großer Sorgfalt gehalten wird. Ohne mich auf deren religiösen Wert einlassen zu wollen, so entfaltet die Anstalt, in der Knaben und Mädchen erzogen und geschult werden, viel Gutes mit dem Ziel, den rohen Indianer dahin zu bringen, eine geordnete Lebensweise zu führen, was ohne dergleichen Anstalten nicht zu erreichen wäre. Die katholischen Missionen stehen denen der Mährischen Brüder zwar nach, sind aber jedenfalls nützlicher und praktischer als die Mission der in religiöser Hinsicht ganz verdrehten Methodisten, die nur eine unpraktische Betbrüder-Scholastik treiben.

Weiter ging der Weg durch Sumpfwiesen, über Hügel, durch Creeks und wasserlose Steppen, um endlich das schöne Tal des Vermillion zu erreichen, dessen waldige Ufer die monotone Prärie höchst lieblich unterbrechen. Doch war die Böschung des niedlichen Flüßchens so entsetzlich steil, daß ich ingeniöse Vorrichtungen treffen mußte, um an diesem Hang die Wagen hinabzulassen. Die Ochsenwagen müssen dabei große Holzstücke durch die Räder stecken. Auf der Prärie unweit vom Fluß lagerte Herr Dripps, ein alter Bekannter von mir, mit dem ich zum Big Blue River, einem reißenden Arm des Kansas, zog und in dessen Gesellschaft ich die Nacht verbrachte.

Die Witterung war an all diesen Tagen meist heiß, die Moskitos plagten uns entsetzlich. Es gibt keine Beschreibung für diese Qual. Ich habe innerhalb zwölf Tagen keine acht Stunden geschlafen. Präriehühner versorgten uns mit reichlichem Mittagsbrot. Vereinzelt ließen sich Wölfe sehen, aber noch keine Antilopen oder Elke, wohl aber Schädel und Geweihe der letzteren.

Der Weg zum Little Blue River konnte nur in kleinen Etappen zurückgelegt werden, da zwei meiner Begleiter krank waren. Die Hitze war unerträglich, zudem war fast kein Wasser für die Tiere zu finden. Später kamen heftige Gewitter, aber ohne Regen. Die Gegend war längs den niederen Grass Bluffs des Blue River sehr eintönig, nur von tiefen Einsenkungen und Wasserfurchen durchzogen, deren jähe Ufer große Vorsicht erfordern. Nach etwa neun Meilen hatte Zielinsky Unglück mit seinem Gefährt: Die Zügel fielen ihm aus den Händen, und sein Pferd drehte nach der Prärie. Das linke Vorderrad geriet dabei in den Wagentritt, so daß alle Speichen abbrachen, wodurch das Rad völlig unbrauchbar wurde.

Nur wenige Meilen vor mir kampierte ein Regierungstrain. Es war aber unmöglich, das Gefährt dorthin zu befördern, obgleich mir daselbst Hilfe angeboten wurde, da die Amerikaner Stellmacherarbeiten sehr gut und schnell verrichten. Ich mußte Zielinsky nun zurücklassen, der den Konvoi von Dripps abwarten sollte, nahm auch von meinem Proviant Abschied und setzte mit etwas Mehl, Salz, Reis, Kaffee und Zucker die Reise fort. Am nächsten Tag gelangte ich zur Wasserscheide der Flußgebiete des Kansas und des Platte River. In der Nähe lagerte der Regierungstrain für Fort Laramie mit zwei zerbrochenen Wagen.

Von nun an wurden die Antilopen häufiger. Auch spürte ich ein Rudel alter Bisonstiere auf und sah den ersten Mustang. Von einem großen Hügel übersah ich die große Ebene des Nebraska mit seinen waldigen Ufern.

Am 21. September erreichte ich nach einmonatiger Reise das Fort Kearny. Der Kommandant des Forts – soviel ich erfuhr, Captain Hottam – befehligte zwei Kompanien Infanterie. Der übrige Bestand an Beamten ist der gleiche wie in anderen Militäretablissements.

Das Fort bestand aus großen Framhäusern mit vielen Backsteinschornsteinen und war zur Sicherheit der Kalifornien-Auswanderer errichtet. Nach dreieinviertel Meilen Wegs fesselte ein hoher Erdaufwurf mit einem wallförmigen Zirkel von gleichem Material, wo alte Wagen, zerbrochene Räder und Utensilien lagen, meine Aufmerksamkeit. Neugierde trieb mich hin. Dabei entdeckte ich, daß es die aus Erdschollen gebaute Hütte eines Amerikaners war. Dieser hatte sich vor einigen Jahren hier niedergelassen und vierzig Acres Land urbar gemacht. Ich wurde eingeladen einzutreten und mit frischer Buttermilch bewirtet. Als er vernahm, wie hungrig wir seien, ließ er uns ein Mittagsbrot von frischer Butter, Kartoffeln, Eiern und Speck vorsetzen. Das war das erste Essen auf Stuhl und Tisch seit zwanzig Tagen.

Nach einem Siebenmeilenritt durch die niedere Prärie längs des La Platte sah ich vor mir auf zweihundert Schritt im Gras einen Bisonstier. In der Folge sah ich Bullentrupps von vier bis zu tausend in einem Haufen oder Herden von Kühen und Jungvieh mit Leitstieren. Der Talgrund des La Platte ist salz- und salpeterhaltig, was des öftern zu einer grauen Kruste führt. Merkwürdig ist der in den Niederungen des La Platte im Gras wachsende wilde Wein, dessen Ranken kaum zwei bis drei Fuß Länge einnehmen und keinen Stock bilden. Der Fluß wird immer holzärmer, bis Bäume endlich ganz fehlen. Kahl fließt der breite Fluß in seinem Sandbett, das von hohen Ufern eingefaßt ist. Am 26. begegnete ich einem großen Train, der von Westen her kam, mit Wagen voller Weiber und Kinder. Züge voller Gänse und Enten zogen vorüber, und in unseren Nachtlagern hatten wir jetzt immer das Konzert heulender Wölfe. Ein mächtiger alter Bisonstier kam bis auf zweihundertfünfzig Schritt an mein Lager. Von dem tödlichen Blei meiner deutschen Büchse getroffen, sank er nieder und verendete. Ich erreichte die Furt des Paduka oder der South Fork, die von Südwest heranströmt und in den Schneebergen des James und des Pikes Peak entsteht.

Auswanderer auf dem Weg nach Westen

Eine schöne Grasebene erstreckte sich hier. Ihr gegenüber zogen sich ziemlich hohe Hügelketten hin, über die sich der Weg nach dem nördlichen La Platte hinzieht.

Eine Menge Wagen, Buggys etc. mit Mauleseln und Pferden sowie ein Train von Ochsenwagen lagerten hier. Ein Kommando Kavallerie befand sich auch dabei, von Captain Leavenworth befehligt.

Nach etwa vierzehn Meilen erreicht man die höchste Stelle jener Hochebene, und plötzlich senken sich die Berge gegen die North Fork in tiefe Schluchten von Kalkfels, die rauh und abschüssig eine Gebirgsbildung grotesker Steinmassen darstellen, denen ähnlich, die der hohe Missouri oberhalb des Yellowstone bildet. Diese Schluchten, mit Zedern, Eschen, Celtis, wilder Präriekirsche, Rosen- und Weinranken angefüllt, ziehen sich gegen den La Platte, wo wieder das nackte baumlose Tal beginnt.

Auf der Höhe traf ich die Herren Mitchell & Campbell, auch Missionar Pater de Smet, nebst großem Train und Gefolge an Soldaten, zu Fuß und beritten, und gewaltiger Wagenburg. Es ist unglaublich, welcher Troß eine solche Expedition begleitet, und selbst Milchkühe führt eine solche Soldateska mit sich.

Kurz darauf erhielt ich durch einen Sioux die Mitteilung, daß auch mein alter Freunde Chouteau mit Indianern unter der Führung von Fitzpatrick, die nach Washington wollten, unterwegs sei. Ich fand die Karawane. Die Indianer waren Cheyenne, sehr schmutzige Leute mit charakteristischen Gesichtszügen, vortreffliche Reiter und Büffeljäger, mit Weibern und Kindern. Der Weg führte bei drückender Hitze und ganz unerträglichem Staub meist auf flacher Ebene weiter bis zum Schlotfelsen (Chimney Rock), der wie ein Pharus* sich spitz und schornsteinförmig erhebt und eine der merkwürdigsten Felsbildungen des Planeten ist. In WSW erscheint ein

* Der berühmte Leuchtturm.

höchst merkwürdig geformter Berg, im Westen eine Berg-kette und an diese anschließend die Scott Hills.

Am 1. Oktober trafen wir in Fort Johns ein, einer Niederlassung der amerikanischen Fur Company, wo ich bei Herrn Dripps gastliche Aufnahme fand. Das Fort liegt am Rand des teilweise mit Nadelhölzern bewachsenen Gebirges am Beginn einer Schlucht, die gutes Trinkwasser enthält; es ist aus Logbalken im Viereck gebaut und hat gute Weide für das Vieh und entsprechende Räumlichkeiten. Einige lederne Zelte beherbergten Sioux-Indianer vom Stamm der Oglala, hübsche Leute mit einigen beinahe schön zu nennenden Weibern. Diese sind die schmuckesten Dakota, die ich jemals sah. Sie waren zwar nur in ihre Teppiche oder Bisonroben gehüllt, hatten aber unbeschmierte Gesichter und wohlgekämmte lange Haare, waren mit Ringen und Rassadeschnüren beinahe überladen und gingen in den feinsten Mokassins. Ich besuchte die ledernen Zelte der einzelnen Familien. Im Winter ist die Jagd um Fort Johns sehr gut, Büffel und Bergschafe sowie Antilopen sind nicht selten, doch sind die Wölfe gefährlich.

Der Weitermarsch nach Fort Laramie führte zunächst den Scott Bluffs entlang und dann allmählich auf die Höhen hinauf. Auf diesen Pfaden fand ich viele Löcher von Klapperschlangen, die ich, soweit sie sich in der Nähe unseres Lagers befanden, sorgfältig zustopfte. Eines dieser recht giftigen Geschöpfe war aber nachts dicht an unsere Schlafstätten gekommen und floh, von uns zurückgescheucht, mit Gerassel. In den Morgenstunden ziehen sie gerne an trockene grasleere Plätze. Von einer Höhe genoß man einen prächtigen Fernblick auf den Pic von Laramie. Ein Wolkenschleier verdeckte noch die hohen Spitzen der Rocky Mountains.

Am 4. Oktober erreichte ich die Wohnung eines Kreolen namens Bordeau, der mich gastlich aufnahm und mich mit Vorrat für meine Pferde reichlich versorgte. Die Indianer im Hause waren Oglala und »Verbrannte Hintern«, Sit-schanscho*. Der erste Häuptling hieß Ma-to-ai-waa, ein unübersetzbares Wort. Hier sah ich einen berühmten Sioux-Krieger mit Namen Haus-ka. Der »Große Mann« war von beinahe sechseinhalb Fuß, eine echte Patagoniergestalt.**

Nachmittags kam der erste Häuptling der »Verbrannten Hintern« mit Namen »Ochsenschwanz«, Tatanka-Sinte, in das Handelshaus. Der alte Mann spielte die drolligste Figur, die man sich denken kann. Er hatte eine alte Dragoner-Offiziersuniform an, ein Käppi auf dem Kopf und über die ganze Kleidung eine alte abgetragene Büffelhaut gehängt. So kindisch können die sonst so tapferen Krieger des Westens werden.

Wie schön stachen dagegen die herrlichen Gestalten der Männer im Nationalanzug ab, denen ich auf meiner ersten Reise begegnete, prächtige Männerfiguren, an Homers riesige Helden der Ilias erinnernd. Diese Sioux tragen ihre Haare lang und vorn in zwei Zöpfen, die zu beiden Seiten an den Ohren herabhängen. Diese Zöpfe sind mit rotem, mit Rassadestickerei versehenem Tuch umwickelt. Hinzu kommen große Messingringe von vier bis fünf Zoll Durchmesser in den Ohren, eine Menge Ringe als Armspangen und Knöpfe und Spangen mit Porzellanköpfen und Stäbchen um den Hinterkopf. In der Hand tragen sie außer der einfachen Friedenspfeife gern den Flügel eines Adlers oder Kranichs. Ihre Hunde sind zum Ziehen abgerichtet, und ihre Pferde ziehen die achtzehn bis zwanzig Schuh langen Zeltstangen, auf die mehrere Zentner Gepäck, das zuckerhutförmige lederne Zelt und oft noch Kinder und selbst erwachsene Mädchen gepackt sind. Diese westlichen Sioux haben sehr viel Neigung für Tuch, das deshalb einen guten Handelsartikel bildet, ebenso wie für Zucker, Kaffee und Mais, den die Sioux nicht selbst

---

* Als »Verbrannte Hintern« (»Burnt thighs«) wurden die Brûlés, ein Stamm der Teton-Sioux, bezeichnet. Sie selbst nannten sich Si-chan-hu.
** Die patagonischen Indianer waren bekanntlich sehr groß.

Das neue Gewand des Indianers

anbauen. Von Tuch tragen sie Leggings und Schürzen, und das wollene Blanket, vorzugsweise von grüner Farbe, verdrängt, besonders bei den Squaws, die Bisonrobe.

Mein nächstes Nachtlager war an einem Fluß in der Ebene, wo kurzes Gras und viele Opuntien der silberstachligen Art wuchsen. Es wurde in der Nacht sehr kalt. Da mein Begleiter noch krank war, so ließ ich ihn ruhen und besorgte allein das Nachtfeuer. Doch das Holz, obgleich reichlich vorhanden, brannte schlecht, denn es war vom Fluß angeschwemmtes Pappelholz. Nachdem der Mond untergegangen war, kam eine Schar großer Wölfe und machte eines meiner Pferde scheu, das sich losriß. Ich mußte lange in dunkler Nacht umherlaufen, um es wieder einzufangen.

Am 5. Oktober erreichte ich Fort Laramie. Dieses Fort ist ein Viereck von Luftziegeln, nach mexikanischer Art gebaut, von Häusern und Baracken umgeben, in denen die Garnison und die Beamten untergebracht sind. Ich war Herrn Tott empfohlen, konnte aber des lieben Sabbats willen nichts unternehmen. Statt dessen besuchte ich einen alten Rocky-Mountains-Bekannten, den Franzosen Moncrevier, der mitten unter den Sioux Mais und Gartenfrüchte baut und mit einem Kompagnon namens Richard einen kleinen Pelzhandel betreibt. Ich durchforschte die Gegend um Laramie und traf mit dem englischen Reisenden Lord Fitz-William zusammen. Ein gutes Frühstück wurde hier eingenommen, meine Pferde bekamen Futter. Auch genoß man eine gute Aussicht auf das Fort, in dem gerade Parade gehalten wurde, alles in Gala war und Trommeln und Pfeifen sich rührten. Es stehen hier wie in Fort Kearny einige hundert Mann. Ich fuhr mit dem Lord vier Meilen den Laramie hinauf in sein Camp und kam an eine Stelle, wo man eine schöne Fernsicht auf den Pic genoß. Auf dem Rückweg gelangte ich an einen Platz, wo die Garnison Mais angebaut hatte und wo eine Furt zu einer trefflichen Grasstelle führt, auf der der Lord sein Vieh weiden ließ. Hier blieb ich die Nacht. Auf meinen Exkursionen um Laramie fand ich Gelegenheit, noch einige Stämme indianischer Urbevölkerung zu sehen, die mir auf früheren Reisen entgangen waren. Ich bezeichne daher diejenigen Völkerschaften, die diese Gegenden durchziehen und teils feindselig, teils freundlich gegen die Weißen sich verhalten: Am

Fort Laramie

Utah-Indianer

Platte River, nämlich an der North Fork bis zum Laramie, leben zwei Dakota-Stämme, die Oglala und die »Verbrannten Hintern«, jetzt freundlich gesinnt, früher übel berüchtigt, südlich bis zur South Fork die Cheyenne, ein armes, teilweise lumpiges und diebisches Volk, südlicher bis zum James Pic die Arapaho, eine stattliche und gute Nation, von diesen südlich die Jicarilla, nach einem Gewebe Ica-ra benannt, ein Stamm der Apachen, meist feindlich gegen Weiße, wenn sie diese einzeln treffen, die Kiowa, ein verräterisches Gesindel, ebenso feig wie mordlustig, die Crow, große, stattliche, kriegerische Leute, jetzt freundlich gesinnt, die Schlangen-Indianer oder Schoschonen, harmlos, die Utah, ein verräterischer, feiger Stamm, der viele Weiße ermordete und sehr gefürchtet wird. Diese Indianer durchziehen die von mir im Herbst besuchten Gegenden, und ich sah von allen mehr oder weniger Individuen.

Wenngleich der Kontakt mit den meisten Stämmen der Rothäute in ihren Wigwams, oder wenn sie zum Handel nach den Faktoreien der Pelzhändler kommen, ziemlich gefahrlos ist, so bleibt es immer eine gefährliche Sache, ihren Kriegsparteien zu begegnen. Bei den zweideutigen oder feindlichen Stämmen ist der einzelne Reisende beinahe immer ein Kind des Todes, wenn er unter solche Streifbanden fällt. Wenn er mit dem Leben davonkommt, so riskiert er wenigstens, völlig ausgeplündert und arg mißhandelt zu werden.

ABENTEUER MIT INDIANERN

Ich fuhr am 6. Oktober von Fort Laramie weg und erreichte nach zwei Tagen die Scott Bluffs, die über vier- bis fünftausend Fuß ü. M. ansteigen. Bei einem alten Bekannten von 1830 her, Robidoux, blieb ich einen Tag, hauptsächlich um der Reparatur meiner Reisegerätschaften willen und um mir durch die Sioux ein Lederzelt anfertigen zu lassen, was die indianischen Frauen in einigen Stunden bewerkstelligt hatten, samt den acht dazu geschnittenen Stangen. Die Scott Bluffs sind wirklich einzigartig, da sie die sonderbarsten Formen darbieten. Die oberen Schichten sind aus Ton, doch hin und wieder bricht der harte Fels hindurch. Nach einem Tagesmarsch war Fort Johns erreicht. Herr Dripps überließ mir einen indianischen Schimmel für fünfzig Dollar, für westliche Verhältnisse ein normaler Preis, in den Oststaaten hätte dieses geringe Pferd keine zwanzig Dollar gekostet. Auch sonst waren die Preise, namentlich der Lebensmittel, gegenüber denen der Union sehr hoch: eine Gallone Whisky zwanzig Dollar, ein Pfund Zucker oder Kaffee fünfzig Cent,

Mehl bis zu einen Dollar, Mais zwölf Dollar das Bushel, der neue indianische vier Dollar.

Die Nächte waren jetzt schon sehr kalt, und mein einziger Begleiter Möllhausen des öfteren krank. Ich bedauerte, keinen tüchtigen Kreolen zu dieser Reise gemietet zu haben, da diese Leute, obgleich voller Fehler, andererseits wieder sehr nützlich sein können, indem sie allen Verhältnissen aus Erfahrung die Stirne zu bieten wissen. Zu Gott flehend, mich mit gesunder Haut bis zur Grenze gelangen zu lassen, schwor ich, nie mehr allein, sondern nur mehr, wie früher, in Begleitung von Mountain-Jägern zu reisen, da Schneestürme oder die Nähe feindlicher Indianer stets erfahrene Gehilfen erfordern und auch die Wahl der Grasplätze eine eigentümliche Praxis erheischt.

Mit Recht sah ich schon damals die großen Gefahren der Schneestürme voraus, die alles in der Prärie erstarren machen und den Todesengel im Gefolge haben. Die größte Sorge aber fühlte ich für den an den fürchterlichsten Fieberparoxysmen leidenden Möllhausen, daß er sich dann, natürlich hilf- und ratlos wie alle die Fieberkranken, in seine Decken wikkeln und erfrieren könnte.

Am 10. Oktober verließ ich die Scott Bluffs, kam aber bald mit meinem Wagen, der der stattlichen Maisladung wegen sehr schwer war, an ein tiefes Wasserloch, mit einer jähen Steigung am anderen Ende. Möllhausen warnte mich mit Recht vor dieser Stelle, ich wollte es aber durchaus nicht glauben und fuhr durch den Sumpf hindurch. Aber bei der großen Anstrengung der Pferde, den Wagen den Abhang hinaufzuziehen, brach die Vorderachse in der Mitte durch. Ich ritt sogleich zu Herrn Dripps zurück, um Hilfe zu erbitten. Da ich halb erfroren war, so litt es dieser nicht, daß ich mit einer Hilfsmannschaft abging. Letztere aber verfehlte Möllhausen und fand ihn erst spät nachts. Nun schickte ich Möllhausen zu Robidoux, dessen Schmied meinen Wagen ausbessern sollte. Ich selbst wurde etwas später von Robidoux abgeholt. Meinen Buggy aber vertauschte ich bei dieser Gelegenheit mit einem schweren California-Wagen.

Die Weiterreise bis zur South Fork des Platte River verlief ohne wesentliche Störungen und war vom Wetter meist sehr begünstigt. Der Fluß war sehr gestiegen und flutete viel Wasser, so daß er wohl eine Meile breit war. Er hatte eine große Strömung bei nur zwei Fuß Tiefe, führte aber viel dichten Treibsand. Es regnete und stürmte heftig aus Nordwesten. Unvorsichtigerweise wartete ich nicht den nächsten Morgen zur Überfahrt ab, weil sich an unserem Ufer kein Gras für die Tiere befand. Ich fuhr in meinem mit zwei Pferden bespannten Wagen, während Möllhausen auf einem kräftigen Pferd vor dem Wagen ritt, um die Furt zu halten. Alles ging gut bis in die Mitte des Flusses. Da kam Möllhausen zu weit nach rechts ab, ich geriet in den Treibsand und blieb stecken, da zwei Pferde nicht die Kraft hatten, den Wagen weiterzuziehen.

Die nun folgenden Abenteuer schildert Möllhausen in seinen »Reisen in die Felsengebirge Nordamerikas« ausführlicher, als dies Herzog Paul in seinen Tagebuchaufzeichnungen tat. Ihm sei deshalb das Wort erteilt, zumal es von größtem Reiz ist, das Verhalten des Herzogs gleichsam von neutraler Seite beschreiben zu lassen.

Ich mußte also vor dem Wagen hinab in den Fluß reiten, um die Richtung der Furt zu halten, was bei der sich schnell einstellenden Dunkelheit keine geringe Mühe kostete. Alles ging gut, bis wir in die Mitte des Stromes gelangten; verfehlte ich nun die Richtung oder standen die Pferde einen Augenblick still, ich weiß es nicht, kurz, ich sah nur, daß die Räder so tief in den losen Treibsand sanken, daß nur der Kasten des Wagens noch über der Oberfläche des Wassers blieb und die Pferde mit Aufbietung ihrer ganzen Kräfte ihre Last nicht mehr zu bewegen vermochten. Wir steckten in einer schlimmen Lage, denn zu der Finsternis gesellte sich noch ein feiner

Regen, der gewiß nicht dazu diente, das Unglück erträglicher zu machen. Wir verloren indessen keine Zeit mit nutzlosen Versuchen; von meinem Pferde herab spannte ich die Wagenpferde aus, der Herzog reichte mir aus dem Wagen das Leder eines indianischen Zeltes und ein Beil, worauf ich mit den Tieren meinen Weg ans Ufer suchte. Er selbst beabsichtigte, trotz der Gefahr, vollständig zu versinken oder fortgewaschen zu werden, die Nacht im Wagen zuzubringen. Ich erreichte ohne weiteren Unfall das Ufer, entledigte die Pferde sogleich ihrer Geschirre und schaute dann zurück nach dem Herzog und seinem Wagen. Pechschwarze Nacht lagerte auf dem Fluß, der Regen fiel in feinen Tropfen, aber sehr dicht, die Verbindung zwischen uns war abgeschnitten, ja, wir konnten einander nicht einmal zurufen. Die durch die Nässe verursachte Kälte weckte mich aus meinem Sinnen. Ich wickelte mich in das Zeltleder und warf mich auf den nassen Boden, umklammerte mit der rechten Hand den Griff des Beils und schlief ungeachtet des Regens, der Kälte und des Hungers bald ein.

Es begann schon zu tagen, als ich erwachte. Meinen ersten Blick sandte ich hinüber zum Fluß. Zu meiner größten Freude stand der Wagen noch so da, wie ich ihn am Abend verlassen hatte. Mein zweiter Blick galt den Pferden, auch diese waren noch vorhanden, sie weideten ruhig in einer Entfernung von einer halben Meile. Ich faßte dann meinen eigenen Zustand ins Auge und fand, daß ich furchtbar fror. Es regnete zwar nicht mehr, dafür aber sauste ein kalter Nordwind über die Ebene, der mich bis ins Mark erbeben machte. Um mich zu erwärmen, zog ich die Lederhülle dicht um mich zusammen, ließ nur eine kleine Öffnung für die Augen und versuchte weiterzuschlafen. Als ich so lag und meine Blicke in die Ferne richtete, und zwar stromaufwärts, glaubte ich auf der Ebene eine Bewegung wahrzunehmen. Ich täuschte mich nicht, denn nach einiger Zeit bemerkte ich deutlich mehrere Punkte, die sich mir augenscheinlich näherten. Lange blieb ich im unklaren, ob es Wölfe, Büffel oder Indianer seien, bis ich endlich berittene Männer erkannte. Daß es Indianer waren, bezweifelte ich keinen Augenblick und sah ebensowohl ein, daß wir in unserer hilflosen Lage uns gänzlich in ihrer Gewalt befanden. Wir konnten nur ruhig zusehen, wenn sie sich mit unseren Pferden entfernten, und mußten noch von Glück sprechen, wenn sie überhaupt unser Leben schonten oder uns nicht vollständig ausplünderten und dann dem Elend überließen.

Über alles dies dachte ich nach, als ich, ohne meine Stellung zu verändern, die zehn oder zwölf Cheyenne-Krieger beobachtete, die auf mich zusprengten. In einer Entfernung von etwa dreißig Schritt hielten sie plötzlich an und schauten aufmerksam zu mir herüber, wobei sie laut miteinander sprachen und nach dem Wagen im Fluß hinüberdeuteten. Ich kann es nicht leugnen, daß mir das Blut etwas schneller in den Adern kreiste, doch nahm ich meinerseits Zuflucht zu einer Art Kriegslist und stellte mich, um nicht aus der Ferne totgeschossen zu werden, schlafend, während ich mit der rechten Hand das Beil und mit der linken mein langes Schlachtmesser fest umklammerte. Die scharfen indianischen Augen entdeckten indessen bald, daß mein Schlaf nur vorgetäuscht war, denn als ich kaum merklich mit dem einen Auge nach ihnen blinzelte, fing der eine wilde Krieger laut zu lachen an, wies mit der Hand nach mir hin und sprang nachlässig vom Pferd. Ich richtete mich schnell auf und schritt auf die wilden Gestalten zu, wobei ich ihnen als Zeichen des Friedens die Hand reichte. Jeder einzelne von ihnen erwiderte meinen Händedruck und schien meine Absicht zu verstehen, als ich sie durch Zeichen dazu aufforderte, uns beim Herausschaffen des Wagens aus dem Wasser behilflich zu sein. Sie sagten mir ihren Beistand zu, drückten aber dabei den Wunsch aus, noch vor dem Beginn der Arbeit durch eine »Tasse warmen Kaffee mit sehr viel Zucker« gestärkt zu werden.

Ich war gezwungen, die Forderung zu bewilligen. Ich

bestieg daher mein Pferd und ritt zu dem Herzog in den Fluß, um zu beraten, welches Verhalten unter solchen Umständen am besten an den Tag zu legen sei. Den Herzog fand ich ganz wohlbehalten in seinem Wagen sitzen, den er förmlich in eine kleine Festung umgewandelt hatte. Um ihn herum lagen Büchsen, Doppelflinten und Pistolen, und er selbst schien ganz und gar nicht geneigt, sein Eigentum ohne Kampf aufgeben zu wollen oder auch nur jemanden außer mir bis in seine Nähe gelangen zu lassen.

Ich erzählte mein Übereinkommen mit den Wilden, und er fand es den Umständen angemessen; er reichte mir Kaffee, Zucker und den Kessel. Als ich wieder bei den Wilden anlangte, brannte schon ein Feuer von Büffeldung bei ihnen, und wenige Minuten nachher waren alle Vorbereitungen zu einem wärmenden Kaffee getroffen. Es gibt überhaupt keine dienstfertigeren und gefälligeren Menschen als die Indianer, wenn es ihrem eigenen Interesse gilt.

So hatten sie auch bald den Mangel eines schützenden Zeltes empfunden, und als sie das alte Zeltleder da liegen sahen und erfuhren, daß auch Stützen dazu im Wagen vorhanden seien, ritt einer von ihnen in den Fluß und forderte diese in meinem Namen von dem Herzog, der dann auch so freundlich war, die Bitte zu gewähren. Mit geübter Hand schlugen die unverschämten Wilden das Zelt über dem Feuer auf, bald darauf saß ich mit einem halben Dutzend der braunen Krieger in dem engen Raum zusammengedrängt und fühlte mich sehr wohl vor der wärmenden Glut und dem duftenden Kaffee. Die Friedenspfeife kreiste, fand ihren Weg aus dem Zelt, wo diejenigen zusammengekauert saßen, die innerhalb des Obdachs keinen Raum mehr fanden. Dann kehrte sie zurück und machte wieder die Runde, bis der Kaffee endlich fertig war. Alle fanden Geschmack an dem schwarzen Getränk. Eine neue Auflage wurde gewünscht und verabreicht, worauf ich mit der Verhandlung über die in Aussicht stehende Arbeit begann. Auf ganz verbindliche

Balduin Möllhausen als Trapper

Weise gaben mir die Indianer indessen zu verstehen, daß es noch viel zu früh sei, an dergleichen zu denken, und daß ich nur vorher jedem von ihnen eine Handvoll Kaffee und zwei Hände voll Zucker geben möge, eine Forderung, die zu erfüllen unser ganzer Vorrat nicht ausreichend gewesen wäre. Ich versprach indessen, mein möglichstes zu tun, wenn der Wagen erst auf dem Ufer stehe, doch fand das wenig Anklang bei meinen Gästen. Mit unerschütterlicher Ruhe blieben alle in der gemächlichen Lage, und als sie meinen wachsenden Unmut bemerkten, hielten sie mir, um mich zu trösten, einige Male außer der Reihe die Pfeife hin. So schmeichelhaft diese Ehrenbezeugung auch war, so beruhigte sie mich doch nicht im geringsten, und immerfort klangen mir des Herzogs Worte in den Ohren: »Trauen Sie keinem Indianer!« Wären wir nicht so viele hundert Meilen von der ersten Ansiedlung entfernt gewesen, so hätte ich die komische Seite unserer Lage vielleicht mehr ins Auge gefaßt, denn da saß ich gleichsam als Gast im eigenen Zelt bei der wilden Rotte, trank Kaffee und wärmte meine Glieder, während der Herzog mitten im Fluß hielt und seine Geduld über die lange Verzögerung langsam zu Ende ging.

Allerdings machte ich einmal den Versuch, einen Indianer mit einem Gefäß voll des wärmenden Getränks zu ihm hinüberzusenden. Der Auftrag wurde auch mit der größten Bereitwilligkeit entgegengenommen, jedoch nur insoweit ausgeführt, als der Bote aufstand, mit dem Zeichen des größten Wohlbehagens den Kaffee austrank und mir mit freundlicher Miene die leere Schale zurückgab. Ich muß gestehen, daß soviel Unverschämtheit und grobe Rücksichtslosigkeit meinen Unmut in eine Art Verzweiflung verwandelte, denn nirgends sah ich einen Ausweg aus der peinigenden Lage. Ich stieß die mir dargebotene Pfeife zurück, zu welcher Beleidigung man nur lachte, begab mich aus dem Zelt und stellte abermals mit den ernstesten Gebärden meine Forderung an die Wilden. Infolgedessen entstand eine kleine Bewegung unter ihnen, die jedoch nur den Zweck hatte, daß einer der außerhalb kauernden Burschen ins Zelt kroch, dort meinen Platz einnahm und es mir überließ, mich im Freien einzurichten, so gut es mir beliebe. Jetzt war ich aufs höchste erbittert, ich schmähte die ganze Gesellschaft in deutscher, englischer und französischer Sprache, doch auch dadurch entlockte ich ihnen nur ein beifälliges Kopfnicken, der beste Beweis, daß ich nicht verstanden wurde. Einmal glaubte ich schon zu meiner größten Genugtuung, daß es mir gelungen sei, mich in gutem Deutsch verständlich zu machen, denn einer der Wilden bemühte sich mit dem lächerlichsten Ausdruck den ihm beigelegten Titel »Flegel« zu wiederholen, jedoch bemerkte ich zu meinem Leidwesen, daß ihm nur der fremdartige Laut des Wortes besonders gefallen hatte und er diesen seinem Gedächtnis einzuprägen versuchte. Ich verwünschte den Fluß, die Prärie und alle Indianer und blickte in meiner Ratlosigkeit zu dem Wagen hinüber.

Plötzlich fesselte ein Reiter, der sich auf den Hügelkuppen des jenseitigen Ufers zeigte, meine Aufmerksamkeit. Bald tauchten noch mehrere hinter den Hügeln auf und endlich zu meiner unaussprechlichen Freude auch ein mit sechs Maultieren bespannter Wagen, den ich sogleich als die von Fort Laramie zurückkehrende Vereinigte-Staaten-Post erkannte. Wie durch einen elektrischen Schlag verschwand jetzt meine Niedergeschlagenheit, und nie sah ich einen mutigeren Menschen als mich selbst, da ich die Hilfe der Weißen so nahe wußte. Ich sprang zu dem Zelt, riß den Vorhang auf und gab den Wilden durch unzweideutige Zeichen zu verstehen, daß sie jetzt mein Haus räumen sollten. Als sie nicht sogleich Folge leisteten, hielt ich ihnen mit lauter und gewiß recht kriegerischer Stimme eine Rede in deutscher Sprache, deren Inhalt etwa folgender war:

»Wenn ihr rotes Gesindel nicht augenblicklich an die freie Luft kommt, so haue ich die Stützen des Zeltes um und begrabe euch unter seinen brennenden Trümmern!«

Wenn die Wilden auch meine Worte nicht verstanden, so errieten sie doch den Sinn meines geschwungenen Beils, mehr aber noch, daß irgend etwas Ungewöhnliches im Anzug sein müsse, was mich plötzlich so mutig gemacht habe, denn die ungebetenen Gäste wühlten sich einer nach dem anderen aus dem räucherigen Raum hervor. Das war meine erste Heldentat unter den Indianern. Stolz blickte ich auf die wilde Bande, die sich gehorsam meinem Willen beugte, im geheimen wünschte ich mich aber von ganzem Herzen zurück zu den Fleischtöpfen östlich des Missouri.

Als die Indianer die kleine Karawane der Weißen erblickten, eilten sie zu ihren Pferden, um durch Herausschaffen des versandeten Wagens den versprochenen Lohn zu verdienen. Ich schlug indessen ihre Hilfe aus, dieselbe Antwort wurde ihnen vom Herzog zuteil, als sie zu ihm hinritten und ihre Dienste anboten. Die Post nebst den Reitern gelangte unterdessen mit geringer Mühe durch den Fluß, der Fuhrmann, die ihm von dem Herzog zugesagte Belohnung★ im Auge, ritt mit vieren von seinen Mauleseln zurück, spannte dieselben vor unseren Wagen, und bald darauf lagerten wir uns mit den neuen Ankömmlingen zum gemeinschaftlichen Frühstück um ein tüchtiges Feuer. Die Indianer waren durch die Ankunft der Fremden um vieles bescheidener geworden und hielten sich etwas entfernt von uns.

So weit der Bericht von Möllhausen. Der Herzog fährt fort:

Die Indianer schienen ganz ausgehungert und bedauernswert, denn inmitten der Bisonherden hungern sie. Die Cheyenne sind wie die Schlangen-Indianer (Schoschonen) trotz ihrer stattlichen Figur eigentlich nicht besonders zu fürchten. Auf vier von ihnen entfielen nur drei Pferde und zwei Bögen,

★ Aus den Aufzeichnungen des Herzogs geht hervor, daß sie zehn Dollar betrug.

der Häuptling aber hatte ein so elendes Messer, daß er mich dauerte. Ich gab ihm ein Castor-Messer, wodurch ich seine Freundschaft gewann.

Ich brach mit der Post auf, die drei Passagiere, etwa zehn Beipferde und Maulesel und einige Treiber mitführte, verlor sie bald darauf aus den Augen, da sie um vieles schneller reiste als wir. Die folgenden zwei Tage vergingen größtenteils bei Sonnenschein, aber empfindlicher Kälte und teilweisem Schneegestöber. Das Wasser gefror in einer Fünfgallonen-flasche.

Ein halb erfrorener Mann, der zu Fuß von Salt Lake kam, suchte Schutz an meinem Feuer. Eine meiner Stuten, ein amerikanisches Rassepferd, warf ein totes, halb ausgetragenes Füllen. Die Bisonherden waren immer noch zahlreich. Wir folgten auf dem südlichen Ufer des Nebraska der breiten und ebenen Emigrantenstraße. Wenn die Nächte auch schon empfindlich kalt waren, so begünstigte uns doch immer trockenes, gutes Wetter, so daß wir noch gar nicht bezweifelten, daß wir vor dem Beginn der Schneestürme die Ansiedlungen am Missouri erreichen würden.

Nun schreibt Möllhausen:

Zwei Tagereisen mochten wir von der Furt des Nebraska entfernt sein, als gutes Gras uns veranlaßte, schon um die Mittagszeit unseren Marsch für beendigt zu erklären. Wir überließen die Pferde der Freiheit und befanden uns bei dem schönen warmen Herbstwetter recht glücklich und zufrieden in der stillen Einsamkeit der endlosen Prärie. Als wir gegen Abend auf dem trockenen Rasen lagen und uns über das Eigentümliche unserer Lage, über die Vergangenheit und über die nächste Zukunft unterhielten, dabei eine Büffelherde beobachteten, die auf uns zuschritt und von der wir ein Mitglied zu erlegen hofften, näherte sich uns von Westen her ein kleiner Trupp Reiter, die wir sogleich für Weiße erkannten, die aber auch leider unsere Büffel verjagten. Als sie uns sahen, lenkten sie auf uns zu, begrüßten uns freundlich und teilten uns mit, daß sie Mormonen seien und sich auf der Reise vom großen Salzsee nach dem Missouri befänden. Sie ritten an demselben Abend noch einige Meilen weiter und schlugen ihr Lager so auf, daß wir während der Nacht den Schein ihres Feuers im Auge hatten. Fast zu gleicher Zeit brachen wir am folgenden Morgen auf, die Mormonen behielten also einen Vorsprung vor uns, der sich durch ihre besseren Pferde von Stunde zu Stunde vergrößerte. Wellenförmiges Land entzog sie bald unseren Blicken. Plötzlich erschallten einige Schüsse in der Richtung, wo die Mormonen verschwunden waren. Wir wurden dadurch nicht weiter beunruhigt, sondern lebten in der Meinung, daß die vor uns Reisenden Jagd auf Büffel gemacht hätten, und freuten uns darauf, unseren schwachen Fleischvorrat wieder durch einige frische Büffelrippen vermehren zu können. Es ist nämlich ein alter Präriebrauch, daß jeder Vorüberziehende sich von einem frisch erlegten Büffel soviel abschneidet, wie es ihm beliebt, ohne sich weiter mit dem Jäger um einen Preis zu verständigen. Wir näherten uns allmählich der Stelle, wo die Schüsse gefallen waren, und ich erblickte endlich von der Höhe einer Schwellung des Bodens in der Niederung eine Gruppe von Menschen, die anscheinend einen Gegenstand betrachteten, der auf dem Boden lag. Wir beide wurden dadurch noch in unserem Glauben bestärkt, und der Herzog gab mir infolgedessen den Auftrag, hinüberzureiten, von dem Büffel ein tüchtiges Stück abzuschneiden und dann mit ihm weiter vorne an der Straße wieder zusammenzutreffen. Ich spornte meinen armen Schimmel an, und nach einigen Minuten befand ich mich auf der nächsten Höhe, von der ich die Szene vor mir überblicken konnte. Wider alles Erwarten erblickte ich keinen einzigen weißen Menschen, wohl aber zwanzig bis dreißig Indianer, die, nach ihrem wilden Schmuck zu urteilen, sich auf dem Kriegspfad befanden.

Welcher Art meine Überraschung war, wird man leicht erraten können, denn das Zusammentreffen mit einer indianischen Kriegsabteilung wird für nicht ganz ungefährlich gehalten. Man geht daher einer solchen, wenn man ihr nicht an Stärke überlegen ist, gern aus dem Weg. Aus diesem Grund wendete ich mein Pferd und eilte dem Herzog nach, um ihn von der unwillkommenen Neuigkeit in Kenntnis zu setzen.

»Wenn es eine Kriegsabteilung ist«, antwortete der Herzog, indem er mir meine Doppelbüchse aus dem Wagen reichte, »so werden wir sie bald genug zu sehen bekommen. Halten Sie sich bereit, für Ihr Leben zu kämpfen, schießen Sie aber nicht ohne Not, und wenn Sie schießen, so fehlen Sie nicht Ihren Mann.«

Das war gewiß ein sehr schöner und wohlgemeinter Rat, doch leugne ich nicht, daß es mir etwas mehr Freude gemacht hätte, wenn die Veranlassung dazu gar nicht vorhanden gewesen wäre.

Ich untersuchte meine Pistolen und legte das Gewehr vor mir quer auf den Sattel, während der Herzog sich mit einem ganzen Arsenal scharf geladener Büchsen, Flinten und Pistolen umgab. Nach diesen Vorkehrungen setzten wir unseren Weg fort, waren aber kaum zweihundert Schritt weitergezogen, als zu Pferde und zu Fuß ein ganzer Trupp der wilden Steppenbewohner auf dem nahen Hügel erschien und vor uns in die Straße eilte. Es waren Oglala* und so schöne Krieger, wie man sie sonst nur auf der anderen Seite der Rocky Mountains finden kann. Alle waren mehr oder weniger mit den buntfarbigen Stoffen bekleidet. Gesicht, Brust und Arme hatten sie sich auf eine wahrhaft teuflische Weise bemalt und ihr Haar an den Schläfen in lange Zöpfe gedreht, während die eigentliche Skalp- oder Wirbellocke auf den Rücken herunterfiel. An Waffen fehlte es ihnen auch nicht,

---

* Einer der sieben Stämme der Teton-Sioux.

Oglala-Indianer auf der Bisonjagd
(Zeichnung von Möllhausen)

denn außer Bogen, Pfeil, Tomahawk und Messer führten sie
auch Karabiner und Lanzen.

Als sie sich bis auf fünfzig Schritt genähert hatten, hielten
wir still und legten unsere Gewehre auf die vordersten der
ungebetenen Gäste an, wobei der Herzog ihnen zu verstehen
gab, daß wir bei der geringsten Bewegung schießen würden.
Auf unsere Vorsichtsmaßregeln antworteten die Indianer mit
den gewöhnlichen Friedenszeichen, worauf wir ihnen gestatteten, zu uns heranzukommen.

Es ist eigentümlich, wie diese Wilden ein bestimmtes Auftreten und den Beweis des persönlichen Mutes achten, denn
obwohl wir uns vollständig in der Gewalt dieser Oglala
befanden, rührten sie unser Eigentum nicht an. Sie fragten
wohl nach Whisky, doch nahmen sie nichts, auch wenn sie es
ungestraft hätten tun können. Hinsichtlich des Feuerwassers
gaben sie sich auch sehr bald zufrieden, als der Herzog einem

232

von ihnen die Essigflasche reichte und dieser nach einem kräftigen Zug mit dem Zeichen des größten Abscheus die genossene Flüssigkeit wieder ausspie. Wir warteten nur so lange, bis ein Indianer, der auf des Herzogs Geheiß nach Fleisch ins Lager geeilt war, mit einem tüchtigen Braten zurückkehrte und denselben in den Wagen warf. Der Herzog bot als Gegengeschenk ein Tischmesser. Dieses wurde aber ausgeschlagen, die Indianer entfernten sich, und wir zogen unsere Straße weiter. Kaum hatten wir uns voneinander getrennt, als ich bemerkte, daß ein Oglala dicht hinter mir ritt. Ich lenkte zur Seite, doch folgte er allen meinen Bewegungen in einer so auffallenden Weise, daß ich mich mit fragender Miene an ihn wendete. Es war ein großer, schön gewachsener Mann, der sein starkes mutiges Pferd mittels eines einfachen Lederlassos so mühelos regierte und dabei so fest in dem hohen indianischen Sattel saß, als wenn Roß und Reiter aus einem einzigen Stück bestanden hätten. Die Züge seines Gesichtes waren unter der dicken Lage roter und gelber Farbe kaum zu erkennen, und unter der vorstehenden Stirn blitzen ein Paar Augen so schrecklich wild und ernst, daß ich diese nie wieder habe vergessen können. Er war bekleidet mit einem Jagdhemd von hellblauem Baumwollzeug und langen hirschledernen Gamaschen, die ebenso wie seine Mokassins dicht mit Perlenstickerei, feinen Riemen und schön geordneten Skalplocken seiner erschlagenen Feinde geschmückt waren. Um den Hals trug er außer weißen und blauen Perlenschnüren einen Kragen von Bärenkrallen, die mittels Streifen von weichem Otterfell dicht aneinandergefügt waren. Eine Anzahl großer messingener Ringe hing an den durchstochenen Ohren.

Solchergestalt war also das Äußere des wilden Dakota, der mich alsbald aufforderte, ihm einen Zaum zu geben, den er anstelle seines Lassos verwenden könne. Er gab mir zu verstehen, daß er im Begriff sei, die Pawnee-Indianer zu bekämpfen, und daß er zu diesem Zweck eines besseren Lenkmittels für sein Pferd bedürfe. Ich machte natürlich ein verneinendes Zeichen, worauf er sich wieder hinter mich verfügte und mir überall hin nachfolgte. Ich muß gestehen, daß mir der Mensch, mehr aber noch seine Bewegungen, recht unbequem wurden, so daß ich des Herzogs Aufmerksamkeit darauf lenkte.

»Reiten Sie nur vor mir«, rief mir der Herzog zu, »damit ich, wenn er seine Waffe gegen Sie aufhebt, ihn vom Pferd schießen kann.« Der Trost war wiederum sehr kaltblütig gegeben worden, doch unterlag es keinem Zweifel, daß ein solcher Schritt unser beider Ende herbeiführen mußte. Ich nahm indessen die gewünschte Stellung ein und brachte also den Indianer zwischen des Herzogs Büchse und mich. Wir waren in dieser Ordnung noch nicht weit fortgezogen, als der Wilde plötzlich an meine Seite sprengte, seine unbewaffnete Hand nach mir ausstreckte, und, ehe ich seine Absicht erraten konnte, mir mein langes Bowiemesser, das ich auf dem Rücken im Gürtel trug, aus der Scheide riß. Obwohl ich augenblicklich mein Pferd herumriß, hätte er mich ganz bequem niederstoßen können, doch lag das nicht in seiner Absicht. Das Messer allein schien seine Raublust rege gemacht zu haben, denn nachdem er dieses in seinen Besitz gebracht hatte, eilte er zurück nach seinem Lager.

»Ihr schönes Messer«, rief der Herzog aus, »womit sollen wir jetzt unsere Büffel zerlegen? Reiten Sie doch dem Menschen nach und lassen Sie es sich wieder geben!«

»Wenn er es mir aber nicht wiedergeben will?« fragte ich zurück.

»Nun, dann nehmen Sie es ihm ab!« lautete die Antwort.

»Wenn ich aber skalpiert werde?«

»Dann räche ich Sie!«

»Wenn Sie dann auch skalpiert werden?«

»Dann brauchen wir nicht mehr an den Missouri zu reisen.«

Das ist alles sehr schön, dachte ich, doch schien mir mein

Skalp, so wild und verworren er auch aussehen mochte, etwas mehr als das Messer wert zu sein, und gern würde ich dieses vergessen haben, wenn ich nur meine Kopfhaut in Sicherheit gewußt hätte. Freilich war es sehr schmeichelhaft für mich, daß der Herzog mir soviel Mut zutraute, doch wünschte ich damals von ganzem Herzen, daß er selbst davon etwas weniger besessen hätte und wir ruhig unserer Straße gezogen wären.

Ich hielt mich indessen nicht lange mit philosophischen Betrachtungen auf, sondern reichte dem Herzog mein Gewehr in den Wagen und ritt somit unbewaffnet über den nächsten Hügel auf das Lager der Oglala zu. So interessant sich die wilde Bande in ihrem kriegerischen Schmuck auch ausnahm, so fehlten doch auch nicht einzelne Sachen, die mir sehr mißfielen, beispielsweise ein geschlachtetes Pferd, an dem einzelne Krieger wie wilde Tiere zerrten und herumschnitten, besonders aber der Umstand, daß bei meiner Annäherung fünf oder mehr von ihnen aufsprangen und ihre Karabiner auf mich anlegten. Ich machte, so gut es gehen wollte, meine Friedenszeichen, die Indianer nahmen ihre Gewehre zurück, und ich ritt in den Kreis.

In der ganzen Bande befand sich nur ein Krieger, der eine Adlerfeder, die Auszeichnung von Häuptlingen, auf dem Scheitel trug. Diesem näherte ich mich jetzt, reichte ihm sehr höflich die Hand, und da mir die Mittel zur Verständigung fehlten, so zeigte ich ihm sowohl meine leere Messerscheide als auch den Dieb und sagte zu ihm auf gut deutsch – Englisch und Französisch hätte er ebensowenig verstanden –, daß ich ihm sehr verbunden wäre, wenn er mir das Messer wieder zustellen ließe. Was der Häuptling nicht verstand, das erriet er, denn er sprach zu einem seiner Leute, der sogleich eine lange Lanze ergriff und mit derselben auf mich zuschritt. Die Spitze der Lanze bestand aus einer Degenklinge, und an dieser war ein runder, weißer Schild befestigt, auf den eine blutige Hand und ein blutiger abgehauener Arm gemalt wa-

Begegnung mit den Oglala
(Zeichnung von Möllhausen)

ren. Später erfuhr ich, daß dies ein Zauber- oder Medizin-
schild gewesen sei, der vor mich hingestellt wurde, um mich
der indianischen Freundschaft zu versichern. Zu jener Zeit
aber erwartete ich nichts anderes, als daß der menschen-
freundliche Indianer mir mit der langen Klinge zwischen die
Rippen fahren würde. Dergleichen geschah aber nicht, man
ließ mich unangetastet, und was noch mehr war, der Messer-
dieb wurde vom Häuptling gezwungen, mir mein Eigentum
zurückzuerstatten, was aber nicht ohne einiges Widerstreben
von seiten des Diebes vor sich ging. Wieder im Besitz meiner
Waffe, wünschte ich so bald wie möglich zu dem Herzog
zurückzukehren. Ich drückte dem Häuptling die Hand und
versicherte ihm, daß ich mich aber an jeder anderen beliebi-
gen Stelle noch viel glücklicher fühlen würde, ein Kompliment, das der Krieger mit einem sehr ernsten, bedächtigen

»Hau« beantwortete. Noch mehreren der in der Nähe stehenden Indianer reichte ich zum Abschied die Hand, doch als ich mich dem näherte, der mir das Messer zurückgegeben hatte und der, auf sein Gewehr gelehnt, mit finsteren Blicken dastand, würdigte er mich keiner Antwort und wendete mir als besonderes Zeichen seines Ärgers seinen Rücken zu. Nur wenig beeindruckt von dieser Unhöflichkeit, verließ ich langsam das Lager, doch behielt ich den letztgenannten Indianer fortwährend im Auge. Dreißig Schritt mochte ich wohl schon geritten sein, als der erbitterte Wilde plötzlich sein Gewehr hob, den Hahn spannte und auf mich anlegte. Ich wollte ihm schon winken, von dem schlechten Spaß abzulassen, denn ich hielt seine feindliche Bewegung für einen Scherz, als ein Rauchwölkchen und ein Blitz sich vor der Mündung seines Gewehres zeigten und mir im selben Augenblick durch eine Kugel die Mütze vom Kopf gerissen wurde. Vorbei ist vorbei, ob nun weit oder nahe vorbei, so dachte ich, als ich meinen Schimmel anhielt, meine Mütze aufhob, mich wieder in den Sattel schwang und, die Indianer zum letzten Mal grüßend, von dannen ritt.

Als ich bei dem Herzog anlangte, fand ich ihn mit der Büchse in der Hand neben dem Wagen stehen. Der Schuß hatte ihn um mich besorgt gemacht, und dies um so mehr, als die für mich bestimmte Kugel auch über ihn hinweggesaust war. Meine Geschichte war bald erzählt, doch anstatt nun unseren Weg ohne weiteren Zeitverlust fortzusetzen, beschloß der Herzog, den Indianern ebenfalls einen Besuch zu machen, um sich zu erkundigen, was eigentlich Veranlassung zu dem Schuß gegeben habe. Trotz meiner Bitten und Vorstellungen beharrte er auf seinem Willen. Er hängte die Büchse über die Schulter und schritt davon, während ich bei den Pferden zurückblieb.

Indianer auf der Büffeljagd

Der Herzog setzt nun fort:

Ich ging sogleich auf den Platz, wo die Kriegspartei lagerte, und gab dem Häuptling sehr ernstlich zu verstehen, daß sie ihre Kugeln für die Pawnee zu sparen, nicht an Herrn Möllhausen zu verschwenden hätten. Dieser Beweis meines Mutes und die Kenntnis indianischer Sitten freuten den Häuptling, er schüttelte mir treuherzig die Hand, rief alle seine Leute zusammen und ließ die Friedenszeichen austauschen.

Dann nahm er den Kriegsschild und den Medizinbeutel von der Lanze, legte sie vor meine Füße und rief »Hau, hau, Capitano, tan-ga«, worauf wir als gute Freunde schieden. Die Krieger, die ein Pferd geschlachtet hatten, brachten mir beim Weggehen die besten Stücke. Den Schuß erklärten sie als eine Art Ehrenbezeugung, worüber Möllhausen und ich hernach herzlich lachten.

Die folgenden Tage gingen ohne Störungen vorbei. Ich lagerte an guten Plätzen, fand ein verlassenes Pferd, das willig dem Gefährt folgte und das, so mager es war, doch ein braves Reit- und Zugpferd zu sein schien. Am 26. Oktober befanden wir uns unweit der Mündung der South Fork in den Platte River.

Das Abenteuer, das der Herzog und sein Begleiter nun zu bestehen hatten, schildert Möllhausen wieder in seinem Reisebericht:

Es fehlte uns an allem, was uns hätte Erleichterung verschaffen oder zur geringsten Annehmlichkeit dienen können. Unsere armen Pferde litten die schrecklichste Not, denn das Gras war von den Büffeln bis auf die Wurzeln abgenagt worden, und dennoch schienen die Büffelherden plötzlich aus unserm Bereich wie verschwunden, woher uns denn auch sogar der Trost einer nahrhaftem Speise versagt blieb. Ja, wir waren oft sehr hungrig, und es stellten sich die gewöhnlichen Folgen des Hungers auch bei uns ein, das heißt, wir wurden einsilbig in unserer Unterhaltung und in dem Maß, in dem unsere körperlichen Kräfte abnahmen, auch zuweilen recht niedergeschlagener Stimmung. Der Weg, der vor uns lag, schien endlos zu sein und nicht kürzer werden zu wollen, obgleich wir unsere matten Tiere Tag für Tag auf der öden Straße weiterquälten. Immer farbloser wurde unsere Umgebung, winterliche Kälte zerriß die Haut an unseren Gliedern, und immer drohender jagten die schweren Schneewolken über den Himmel, uns gleichsam das Ende unserer Reise verkündend. Es war eine traurige Zeit, und noch immer begreife ich nicht, wie es uns damals gelang, mit einer so grauenhaften Zukunft vor uns, doch mit so viel Ruhe und Überlegung den Stand der Dinge zu betrachten und zu besprechen. Der Herzog war indessen ein zu alter, gediegener Reisender, als daß er den Mut hätte verlieren können, und ich selbst war noch unbekannt mit den Schneestürmen der Prärie, vermochte also nicht die drohende Gefahr vollständig zu übersehen.

Eines Morgens also, nachdem wir erst kaum zwei Meilen zurückgelegt hatten, wurde unsere Aufmerksamkeit durch zwei Punkte gefesselt, die sich anscheinend bewegungslos in weiter Ferne vor uns befanden. Die den Prärien eigentümliche Atmosphäre zeigte uns trotz bewölktem Himmel die Gegenstände bei jeder Bewegung in so veränderter Gestalt, daß wir nicht wußten, was wir aus ihnen machen sollten. Bald glaubten wir zwei ruhende Büffel, bald zwei Raben, bald Indianer, bald Wölfe vor uns zu haben, und lange stritten wir darüber hin und her, bis wir endlich das erkannten, was wir am wenigsten zu finden wünschten, nämlich Indianer. Als wir uns ihnen näherten, erhoben sie sich von der Erde und schritten uns entgegen. Es waren zwei junge Männer, so wild und unsauber aussehende Gesellen, wie nur je über die Prärie trabten. Ihre Gestalten hatten sie in wollene Decken gehüllt, die ursprünglich weiß gewesen waren, jetzt aber die Farbe des dürren Grases trugen. Eine Art Kapuze von demselben Stoff bedeckte teilweise ihr Haupt, ihre Füße und Beine dagegen waren durch die gewöhnlichen hirschledernen Mokassins und Gamaschen geschützt. In den Händen trugen sie lange Dragonersäbel, die sich, nach ihrem Glanz zu schließen, noch nicht lange im Besitz der beiden Wilden befinden konnten und jedenfalls auf einem neueren Raubzug erbeutet waren.

Als sie uns erreichten, begannen sie sogleich auf die unverschämteste Weise zu betteln und nach Whisky zu fragen. Natürlich wiesen wir sie zurück, und da sie Miene machten, die Pferde anzuhalten, drohten wir ihnen mit unseren Waffen, worauf sie sich hinter den Wagen begaben und in der Entfernung von ungefähr fünfzig Schritten, augenscheinlich nicht in der besten Absicht, uns nachfolgten. Ich kann es nicht leugnen, die Anwesenheit der beiden Räuber, denn anders kann ich diese Art von Eingeborenen nicht bezeichnen, begann mir sehr lästig zu werden, so daß ich den Herzog um seine Zustimmung ersuchte, sie vor den Kopf schießen zu dürfen. Meine Absicht entsprang aus einer sehr großen Unerfahrenheit, dann aber auch aus einem tiefen Haß, den ich, auf den Grund hin, daß ich die Indianer für schuldig an unserm ganzen Unglück hielt, vorschnell gegen diese gefaßt hatte, ohne daran zu denken, daß die arme, verfolgte kupferfarbige Rasse auf ihrem eigenen Grund und Boden, den sie frei von ihren freien Vätern übernommen, tausendfaches Unrecht von den fremden, bleichen Eindringlingen erduldet hatte. Natürlich erblickt der Indianer in jedem Weißen einen Unterdrücker und betrachtet ihn mit einem schwer zu besiegenden Mißtrauen, und eingedenk der erfahrenen Unbilden sucht er sich zu rächen, wenn die Gelegenheit sich dazu darbietet. Wer nun der indianischen Rache flucht, der vergißt der fluchwürdigen Rache der Weißen, der vielfach für ein gestohlenes Pferd zahlreiche Leben zum Opfer fallen. »Du sollst nicht stehlen!« sagt der zivilisierte Weiße zu dem Menschen im Urzustand, indem er ihm seine Heimat raubt, den

Keim zum Guten in seiner Brust erstickt und dafür die bösen Leidenschaften weckt und anstachelt. »Du sollst nicht töten!« ruft er ihm wieder zu, indem er, für einen begangenen Mord strafend, ganze Nationen in den Staub tritt.

Den Plan, die beiden Indianer zu erschießen, wies der Herzog mit Unwillen zurück, indem er mich fragte: »Wer gibt Ihnen das Recht, Menschen zu töten, denen Sie durch Ihre Waffen so weit überlegen sind?« – »Das Recht des Stärkeren«, antwortete ich gelassen, »und der Wunsch, uns von der unheimlichen Gesellschaft zu befreien.« – »Selbst in der Wildnis«, fiel der Herzog ein, »wo das Recht des Stärkeren freilich anerkannt wird, soll man doch nur in der Selbstverteidigung Blut vergießen; glauben Sie übrigens, daß diese beiden Wilden die einzigen in unserer Nähe sind? Und glauben Sie, daß wir den Tod derselben, wenn durch uns veranlaßt, vierundzwanzig Stunden überleben würden?«

Ich schwieg und ritt mürrisch neben dem Wagen her, überlegte zugleich, ob es unter solchen Umständen wirklich ein so großes Unglück wäre, auf anständige Art skalpiert zu werden. Die beiden Indianer folgten uns von ferne. Nicht weit waren wir so fortgezogen, als wir eine Schwellung in der Ebene erreichten, von deren Höhe aus man die nächste Niederung zu übersehen vermochte. Dort nun erblickten wir zu unserer sehr geringen Freude einen Trupp von etwa achtzehn Eingeborenen, die sich an der Straße gelagert hatten, bei unserer Annäherung aber aufsprangen und uns entgegeneilten. Sie glichen in ihrem Äußeren vollkommen den beiden zuerst beschriebenen, nur führten sie als Waffen Karabiner und Bogen statt der Dragonersäbel. Wie bei einer früheren Gelegenheit geboten wir ihnen auch jetzt wieder Halt und gestatteten ihnen, nach Auswechslung der Friedenszeichen zu uns heranzutreten. Die Zusammenkunft schien anfangs ein friedliches Ende nehmen zu wollen, als plötzlich einer der uns folgenden seinen Gefährten einige Worte zurief, worauf diese mit der Schnelligkeit eines Gedankens ihre Decken zurückwarfen, ihre Waffen ergriffen und mit wildem Geschrei auf uns zustürzten. Der Angriff geschah so plötzlich und von allen Seiten, daß wir von unseren Waffen keinen Gebrauch machen konnten und nur versuchten, mit unseren Pferden durchzubrechen. Kaum bemerkten sie aber unsere Absicht, als einer der wilden Gesellen vor den Wagen sprang und dem Handpferd mit dem Hammer des Tomahawks einen Hieb über dem Auge in den Kopf versetzte, daß es betäubt auf die Knie sank. Es hob sich zwar gleich wieder, doch war es für den Augenblick unfähig weiterzugehen und starb auch nach einigen Tagen infolge dieses furchtbaren Schlages.

Wir befanden uns also vollständig in der Gewalt dieser Wilden, und zwar so, daß wir uns nicht zu rühren vermochten. Vor jedem von uns standen nämlich sechs oder sieben der Räuber, die uns auf äußerst unbequeme Weise ihre gespannten Karabiner vors Gesicht hielten oder die Sehne mit dem befiederten Pfeil ans Ohr zogen und mehr als genau nach unserer Brust zielten. Der Herzog hatte seine Doppelflinte ergriffen, doch kaum befand sich diese in seinen Händen, als sie ihm entrissen, aufgezogen und mit der Mündung vor den Kopf gehalten wurde, so daß ich nichts anderes erwarten konnte, als daß das Doppelgewehr sich in den ungeübten Händen entladen und des Herzogs Gehirn zerschmettern würde. Als er dann nach einer Pistole griff, wurde diese ebenfalls seiner Hand entwunden, er selbst halb aus dem Wagen gerissen, die mexikanische Decke, die er nur um seine Schultern trug, über seinen Kopf gezogen und das Beil gehoben, das seinem Leben ein Ende machen sollte. Ich selbst hatte in meinem Halstuch die Faust eines Indianers, der meine Kehle recht empfindlich zusammenschnürte, und hing nur noch auf dem Pferd, das ebenfalls gehalten wurde, während die Pfeile und Karabiner, die mich umgaben, keinen Augenblick ihre gefährliche Richtung veränderten. So standen also die Sachen, ich hatte mit dem Leben abgeschlossen

Kiowa bedrängen Möllhausen und Herzog Paul
(Zeichnung von Möllhausen)

und konnte nicht anders glauben, als daß mir einige Pfeile,
deren Federn recht sorglich mit der Zunge genetzt waren,
durch den Leib fahren würden. Diese ganze Szene hatte bei
weitem nicht so lange gedauert, als ich Zeit gebrauche, sie zu
schildern, und ebenso schnell waren auch meine Sattelta-
schen ihres Inhaltes entledigt und einige Gegenstände aus
dem Wagen gerissen worden. Unter den mir geraubten Sachen befand sich auch mein Tagebuch, das mit Skizzen von
Indianern angefüllt war, und ich vermute, daß der Anblick
der Zeichnungen einen uns rettenden Einfluß auf die Wilden
ausübte. Ich kann es mir nämlich nicht anders erklären, als
daß in dem Augenblick, der unser letzter zu sein schien, die
Indianer sich gegenseitig etwas zuriefen und nicht nur plötzlich von uns abließen, sondern auch den größten Teil der
geraubten Sachen wieder in den Wagen warfen. Nur eine
einfache Pistole des Herzogs behielten sie zurück, überreich-

ten ihm aber statt dessen einen sechsläufigen Revoler, den sie natürlich bei einer früheren Gelegenheit geraubt hatten und von dem sie wahrscheinlich keinen Gebrauch zu machen verstanden. Mein Skizzenbuch bekam ich nie wieder zu sehen, ebenso blieb mein Halstuch in der Hand desjenigen zurück, der mich auf so zweideutige Weise geliebkost hatte. – »Die dummen Kerls!« rief der Herzog ärgerlich aus, als er sich von den mörderischen Griffen befreit fühlte. »Tumme Kel! Tumme Kel!« wiederholten die Indianer, die die Bezeichnung nachzusprechen versuchten und dabei auf die Seite traten. Kaum fühlten wir, daß wir frei und noch im Besitz unserer Waffen waren, als wir unsere Pferde antrieben und, ohne uns weiter um die wilde Bande zu kümmen, ruhig unserer Straße zogen.

»Dieses Mal hätten wir unseren Skalp noch gerettet«, rief mir der Herzog lachend zu, indem er sich mit der Hand durch die wirren Haare strich; auch ich faßte unwillkürlich nach meiner Kopfhaut, die sich ganz gegen mein Erwarten noch auf ihrer alten Stelle befand, und schaute zurück nach der Bande, die sich da, wo wir sie verlassen hatten, niedersetzte und einen Gegenstand aufmerksam zu betrachten schien. Ich untersuchte meine Satteltasche, und jetzt wurde ich erst gewahr, daß mir mein Tagebuch fehlte. Ich bezweifelte nun nicht mehr, was die Veranlassung zu unserer fast wunderbaren Rettung gegeben. Der Aberglaube dieser Leute hatte sie in den Bildern Zauberei erkennen lassen, und da diese Zauberei von uns ausgegangen war, konnten wir natürlich nur Medizinmänner sein, deren Leben geschont werden mußte. Der Verlust meiner Zeichnungen und Notizen war mir sehr schmerzlich, doch fühlte ich mich getröstet bei dem Gedanken, daß diese wenigstens zu unserer Rettung mit beigetragen hatten. Ich glaubte schon, der Herzog würde mich, wie früher nach dem Messer, jetzt nach dem Buch zurücksenden, und ich darf nicht leugnen, daß ich mich dieses Mal gewiß etwas mehr gegen eine so naive Aufforderung gesträubt haben würde, denn die feindliche Kugel war noch in zu frischem Andenken bei mir. Von meinen Zeichnungen habe ich nie wieder etwas gehört; sie befinden sich jetzt wohl in irgendeinem Zauberbeutel der Kiowa, denn zu diesem Stamme gehörte nach des Herzogs Ansicht die Gesellschaft, die sich bei unserem Zusammentreffen für Cheyenne-Indianer ausgegeben hatte.

Wir befanden uns kaum dreihundert Schritt von den Indianern, als wir nicht weit von der Straße einen toten Büffel erblickten. Ich ritt hinüber und überzeugte mich, daß derselbe noch ganz warm war und kaum seit einer Stunde erlegt sein konnte. Es hatte sogar den Anschein, als ob die Jäger in der Arbeit des Zerlegens durch unser Eintreffen gestört worden wären. Auf meine Mitteilung bog der Herzog vom Weg ab, fuhr seinen Wagen dicht an den Büffel heran, worauf wir ohne Zögern die unterbrochene Arbeit der Indianer fortsetzten. Wohl selten handhabten zwei Leute Messer und Axt mit einem größeren Eifer als wir, die wir ein Stück nach dem andern vom zottigen Riesen herunterschnitten und in den Wagen warfen. Glücklicherweise hatten die Indianer die besten Teile noch unberührt gelassen, und so waren wir denn imstande, uns nicht nur einen tüchtigen, sondern auch einen sehr schmackhaften Vorrat von saftigem Fleisch anzulegen. Die Wilden saßen unterdessen noch immer auf der alten Stelle, wie mit ernsten Dingen beschäftigt. Sie schienen nicht geneigt, uns weiter zu belästigen, und daß wir keine Lust verspürten, sie zu inkommodieren, brauche ich wohl nicht zu versichern. Wir entfernten uns, nachdem wir von dem Büffel so viel genommen, als wir bequem unterbringen konnten, und würden ganz guter Dinge gewesen sein, wenn das verwundete Pferd nicht deutliche Zeichen seiner gänzlichen Erschlaffung gegeben hätte. Abends vergaßen wir dann beim duftenden Braten das Hoffnungslose unserer Lage.

So weit Möllhausens Bericht.

VON FORT KEARNY NACH BOONVILLE

Am 30. Oktober erreichten wir die Behausung eines freund-
lichen Amerikaners, des Mr. Boots, die drei Meilen von
Fort Kearny entfernt war. Bei ihm hatten sich auch mehrere
Pawnee eingefunden, darunter einer, der Charles genannt
wurde und geläufig englisch sprach. Er wollte mit uns nach
St. Louis reisen, was Herr Möllhausen begeistert aufnahm.
Ich lehnte es jedoch ab, denn Indianer sind meistens kein
Vorteil auf Reisen, da sie ungern arbeiten. Wir erstanden
noch einige Lebensmittel und brachen dann auf. Wir hatten
noch keine sechs Meilen zurückgelegt, als wir auf ein indianisches Lager von mindestens hundert Zelten stießen, das eben
im Aufbruch begriffen war. Einige Haufen kamen eiligst auf
uns zu. Solche Indianer sind stets lästig, bei Fahrten wie der
meinigen aber eine der ärgsten Plagen, die höchst lebensge-
fährlich werden kann, wenn man nicht den ganzen nötigen
Takt und die mutige Energie besitzt, die gegenüber den
Rothäuten so nötig ist, um ihrem Gebettel und ihren Diebe-
reien auszuweichen.

Die Pawnee benahmen sich alsbald unverschämt und bet-
telten um Lebensmittel, Pulver und Blei. Als ich bemerkte,
ich käme aus dem Westen und hätte weder das eine noch das
andere selbst in ausreichender Menge, wurden sie frech und
drohten, erwiesen sich aber, als sie sahen, daß ich ihre Drohungen verlachte, feig wie Troßbuben. Sie begnügten sich
damit, mir den größten Teil meiner Lebensmittel und Klei-
dungsstücke zu stehlen, ließen mich aber im Besitz der Waffen. Zuletzt, als dem Getriebe nicht mehr die Stirn zu bieten
war, entschloß ich mich, die zwölf Meilen nach Fort Kearny
zurückzukehren, um vom Kommandanten militärische Hilfe
zu reklamieren. Ein alter, treuherzig aussehender Häuptling
schien sehr betrübt über diesen Entschluß zu sein und machte
mir durch Zeichen und Worte verständlich, daß ich mich im
aufbrechenden Lager an die großen Chiefs wenden möchte,

Häuptling der Pawnee

die mich beschützen und sicher fortgeleiten lassen würden. Ältere Krieger schlossen sich ihm an und gaben ebenfalls gute Worte. Dies ging ein Weilchen so fort, bis immer mehr bewaffnete Krieger dazu kamen, die selbst auf die Ermahnungen der alten Krieger nicht hören wollten, sich vielmehr an den Wagen und an Möllhausen heranmachten und zu stehlen versuchten, was sie noch zu erwischen hofften. Zuletzt ritt auf einem schönen, großen, schwarzen Roß ein stattlicher Häuptling, in einen roten Teppich gehüllt und mit blauer Jacke bekleidet, hinzu. Statt aber mir zu Hilfe zu kommen, zeigte er sich feindlich, deutete barsch nach dem sechs Meilen entfernten Fluß, ließ meinen Pferden in die Zügel greifen und schlug mit der Peitsche unbarmherzig auf meine Tiere ein. Da das ein Zeichen größten Schimpfes ist, so spürte ich gute Lust, der niederträchtigen Behandlung damit ein Ende zu machen, daß ich dem Häuptling eine Kugel durch den Kopf jagte, was ein leichtes gewesen wäre, da die übermütigen Wilden es ja nicht einmal der Mühe wert gehalten hatten, mir meine Waffen abzunehmen. Ich dachte aber an Herrn Möllhausen und besann mich eines anderen. Ich blieb auf einmal halsstarrig, warf Revolver und Doppelflinte weg und gab dem Häuptling und seinem Gesindel im bittersten Spott zu verstehen, ich und Möllhausen seien Männer, er und sein Troß aber schlechte Squaws, die nicht wert seien, von den Sioux skalpiert zu werden. Dies wirkte. Augenblicklich reichte mir der Kazike die Hand und nannte mich einen großen Häuptling. Die ganze Szene veränderte sich, alles drängte sich um mich und bat um Vergebung. Der Chief bot mir sein schönes Pferd zum Tausch gegen einen Maulesel an oder seine englische Flinte gegen eine kleine Bärenhaut. Diese schenkte ich ihm, wies aber alles andere als zu schlecht für mich ab. Darauf ritt er beschämt davon, und sechs Krieger begleiteten uns noch bis ans Wasser unter fortwährenden Beteuerungen ihrer Freundschaft. Wie haben sich diese Pawnee seit 1823, wo ich mit ihnen zusammentraf, geändert!

Meine damalige Beschreibung von ihnen könnte heute jedem, dem es erging wie mir jetzt, als Parodie und Lüge
erscheinen. Der Indianer indessen, so ritterlich, so männlich
und hart in der Not er sich zeigen kann, ist in anderer Lage in
Fällen, wo er sich nicht schämt, kindisch, weibisch, furchtsam, hinterhältig und feig.*

Nach diesen unliebsamen Vorkommnissen setzten wir am
3. November unsere Reise fort und gerieten in einen sehr
heftigen Oststurm, der alsbald in Süd überging. Über Nacht
fing die Prärie zu brennen an, und bald umwogte mich ein
Feuermeer, das bis zu meinen Füßen an den Wasserspiegel
des kleinen Baches, an dem wir lagerten, seine glühenden
Wellen jagte, ein unbeschreiblich prächtiger, aber fürchterlicher Anblick. Wir wären ein Opfer des wilden Elementes
geworden, wenn wir uns nicht auf eine kleine, vom Creek
gebildete Insel hätten flüchten können, wo bereits unsere
Pferde inmitten dieses Meeres von Flammen ganz ruhig gra-
sten. Sie hatten sich ganz aus eigenem Antrieb an den einzig
sicheren Ort gerettet.

Bei der ersten Schlucht am kleinen River bemerkte ich
einen starken Bison, den wahrscheinlich das Präriefeuer in
die noch begrasten Täler getrieben hatte. Ich schlich ihn an,
und ein Schuß in das Herz verschaffte uns ein gutes Wildbret
für die kommenden Tage, vielleicht Wochen. Es stürmte so
heftig, daß ich die Pferde in die Schlucht brachte, in der es
warm war und die nebst gutem Gras trefflichen Schutz bot
und wo ich das Ende des tobenden Wetters abwarten wollte.
Der Orkan legte sich aber nicht, und da ich den Wagen nicht
in die sicheren Bergtäler bringen konnte, dieser aber bedroht
war, vom Winde umgeworfen zu werden, so entschloß ich
mich, wieder aufzubrechen. Die Tiere konnten jedoch den
Wagen kaum fortbewegen, obwohl der Sturm im Rücken

* Möllhausen schildert dieses Abenteuer etwas anders. Vgl. »Reisen in die
Felsengebirge Nordamerikas«, Band 1, S. 344–353.

wütete. Von vorne vom Sturm erfaßt, wäre der Wagen in Stücke zerrissen worden. Man macht sich keinen Begriff von solch einem Wetter in der Steppe, außer wenn man die Wüsten Afrikas oder Arabiens bereist hat, wo der alles ertötende Samum die öden Sandsteppen durchzieht.

Abends erreichte ich den Little Blue River. Diesen Abend war es unmöglich, Feuer beim Wagen zu machen. Herr Möllhausen kochte den Kaffee mit vieler Mühe an einem brennenden Baumstamm, den der Präriebrand entzündet hatte. Der Wind sauste kalt durch die Nacht, und es fror mich entsetzlich im Wagen, wo ich unter der Plane Schutz suchte. Der Weg am Little Blue River entlang führt durch viele abschüssige Hohlkehlen, so daß ich an einer solchen über drei Stunden Zeit verlor, denn wir mußten den ganzen Wagen abladen und ein Pferd vorspannen, um das leichte Gefährt den steilen Hang hinaufzubringen, wobei die Pferde samt Wagen dreimal den Berg wieder herabrutschten und erbärmlich gequält wurden. Die Ufer des Flusses sind von niederen Bluffs umgürtet. Es ist ein netter, schnellfließender, klarer, kleiner Fluß, etwa dreißig Fuß breit, zwei Fuß tief und fischarm. In der Prärie, die an die Bluffs stößt, fand ich für meine Tiere noch leidlich Futter, ein Glück, denn zwei Pferde wollten kaum weiter und legten sich hin, statt zu fressen. Ein Pferd, ein echter Mustang, und der Maulesel blieben fett und wohlgemut, so auch mein amerikanischer Fuchs, der, obgleich abgemagert, noch aushielt. Noch vier Tage zog sich die Reise den Little Blue River entlang, bergauf und bergab, durch Holes und Creeks. Beim Aufbruch am 10. November stellte sich heraus, daß der Gaul, der den Packsattel trug und den ich ungefesselt hatte laufen lassen, in ein Sumpfloch geraten und dort so tief versunken war, daß es unmöglich wurde, ihn herauszuziehen. Unter vergeblichen Bemühungen, das Tier aus seiner Lage zu befreien, wurde es Abend, und ich mußte mich entschließen, die Nacht hier zuzubringen.

In dieser Nacht zum 11. November erhob sich ein so gewaltiger Schneesturm, daß ich liegenbleiben mußte. Die Kälte betrug minus 10 bis minus 12°C. Der Gaul war in seinem sumpfigen Lager durch die Kälte elend umgekommen. Der Winter war mit Macht hereingebrochen, was mich für die Fortsetzung der langen Reise mit bangen Ahnungen erfüllte. Nach meiner Berechnung waren wir noch dreißig Meilen vom Big Blue River und einhundertzwanzig Meilen von der katholischen Mission entfernt, dem ersten Platz, wo es möglich war, Lebensmittel zu erhalten. Zucker, Kaffee und Mehl gingen zu Ende. Zum Glück hatten wir noch Büffelfleisch, zwei ganze Schinken nebst etwa sechs Pfund Speck und Schmalz, dazu noch ein wenig Reis und Salz. Dieser Vorrat bot keinesfalls Gewähr für die trostlose Aussicht, hier überwintern zu müssen, was am Big Blue River noch denkbar gewesen wäre, da dort die Wasserjagd Hoffnung auf ein mögliches Überleben gewährt hätte. An Mais hatte ich noch einen Vorrat von zwei Bushels, die ich für mein amerikanisches Pferd verwenden mußte.

Am folgenden Tag verschlimmerte sich bei einer Kälte von minus 14 bis minus 18°C der Eissturm so stark, daß meine arme Fuchsstute, die bisher gut ausgehalten hatte, erfror. Mein Bestand an Tieren war nun auf einen indianischen Klepper und einen Maulesel reduziert. In der Nacht legte sich der Sturm, doch es schneite unaufhörlich, und unsere eigene Lage wurde bedenklich, denn nasse Teppiche und Büffelhäute gewähren einen schlechten Schutz gegen Schneestürme in der Prärie. Das Zelt hielt kein Wasser ab; wenn ein Feuer darin brannte, drohte der Rauch vom nassen Holz uns zu ersticken. Im Freien aber war es unmöglich, ein Feuer in Gang zu halten. Dieser beißende Rauch im Zelt griff meine Augen sehr an, und ich konnte es vor Schmerzen in der Nacht kaum aushalten. Das Übel verschlimmerte sich die nächsten Tage, so daß ich alle Gegenstände nur wie durch einen dichten Nebelschleier sehen konnte, mein Geschriebenes konnte ich gar nicht lesen. Herr Möllhausen hatte nur am linken Auge gelitten. Ich fühlte mich außerdem ganz unwohl, litt zudem noch an Kolik neben meinem Augenleiden, das sich durch die Schneeblende noch verschlimmerte. Dennoch machte ich mich am vierten Tage halbblind auf und schleppte mich, bis es dunkelte, noch fünfzehn Meilen weiter bis zu einem trockenen, beinahe baumlosen Bach. Am nächsten Morgen, den 17. November, wollten die erschöpften Tiere die Anhöhe des Creeks nicht hinauf, so daß wir die ganze Ladung des Wagens abpacken und hinaufbringen mußten, was uns drei Stunden aufhielt. Da der Weg sehr schlüpfrig war, auch eine Menge Schluchten die bergige und einförmige Prärie durchkreuzten, konnte ich mühsam nur sechs bis sieben engl. Meilen zurücklegen. Am nächsten Mittag brach ich auf, um einen eineinhalb Meilen entfernten Creek, den Sandy Hill Creek, aufzufinden, wo Wasser und Holz vorhanden waren. Hier blieben wir liegen und schlugen unser Lager auf. Der Sturm riß das Zelt indes alle Augenblicke um. Trotz klarem Sonnenschein war die Kälte fürchterlich, und große Schneemassen deckten uns zu.

Die Wölfe heulten entsetzlich, und wir waren in Gefahr, von diesen Bestien aufgefressen zu werden. Kein Tier ließ sich sonst blicken, dessen Fleisch unsere zur Neige gehenden Bestände hätte ersetzen können. Meine von der Kälte beschädigten Glieder und mein vom Hunger erschöpfter Körper waren so steif, daß ich mich kaum bewegen konnte. Schon acht Tage brachten wir in dieser trostlosen Lage zu, und ich sah stündlich meinem Tode entgegen. Herr Möllhausen, der allerdings erst vierundzwanzig gegenüber meinen vierundfünfzig Jahren zählte, zeigte sich ergeben und bewies ein noch mutiges Herz. Ich fühlte mich ihm daher von Herzen gewogen und nahm mir vor, wenn Gott uns aus dieser trostlosen Lage erlösen wollte, mit diesem kühnen Reisegefährten den ferneren Gefahren die Stirne zu bieten.

Nun war mein letztes Pferd, ein Indianer-Pony, elend

254

umgekommen. Die Krankheit der Pferde zeigte bei allen die gleichen Symptome, indem zuerst der Rücken wund wurde, dann Rotz aus der Nase floß, worauf sie schnell abmagerten und in eine tödliche Schwäche fielen.

Als am 20. November die Lage ganz hoffnungslos schien, sandte Gott Hilfe. Sie kam in Form der Mail-stage von Fort Laramie, und die sie begleitenden Leute, die selbst im Winter die westliche Post von Kalifornien besorgen, fanden mich und meinen Begleiter.

Wir überließen es dem Schicksalsspruch, wer von uns beiden seinen Weg mit der Mail fortsetzen sollte. Der Zufall begünstigte mich. In dem Wagen war nämlich kaum für eine Person Platz, und auch dieser wurde mir nur ungern und nach langem Bitten schließlich nur mit großen Opfern gewährt, indem ich außer dem Fahrgeld noch meinen Maulesel mit Sattel und Zaumzeug einem Passagier für seinen Platz überlassen mußte. Mit tiefem Kummer im Herzen verließ ich meinen treuen, wackeren Gefährten mit dem Versprechen, ihm so schnell wie möglich Hilfe von der Ansiedlung der katholischen Mission zu schicken.

Am 20. November fuhr ich ab, doch mußte ich noch neun Nächte in teils grimmiger Kälte oder vom Tauwind durchnäßten Schnee kampieren. Ich litt unter den heftigsten Frostschäden und einer furchtbaren Ermattung. Am 29. November wurde die katholische Mission der Potawatomi erreicht. Die Patres der Gesellschaft Jesu zeigten jedoch nur geringe Teilnahme am Los meines Gefährten, und es glückte mir nicht, mit ihrer Unterstützung eine Hilfsexpedition zu Möllhausens Rettung abzusenden. Dagegen fand sich ein kanadischer Mestize in der Nähe bereit, seinen zuverlässigsten Mann zum Auffinden von Herrn Möllhausen abzusenden und ihm die besten Pferde mitzugeben. Der amerikanische Postkurier und die Reisebegleiter boten aus eigenen Mitteln zweihundert spanische Taler als Lohn an. Ich war gerührt durch das edle Benehmen und dankte den Leuten, kaufte von dem Mestizen zwei Pferde für den Wagen, die fünfundachtzig Dollar das Stück kosteten, und sandte den Mann ab. Dieser hat sein Ziel nie erreicht, er ist spurlos verschwunden. Er muß unfern des Big Blue River feindlichen Indianern, wahrscheinlich Pawnee, in die Hände gefallen oder ein Opfer des harten Winters geworden sein.

Am 30. November war der Kansas erreicht. Da die Fährleute nicht zur Stelle waren, mußte der Treiber es wagen, über die böse Furt zu fahren, wobei das Wasser über die Hälfte des Wagenkastens ausfüllte und viele Sachen verdarb und durchnäßte. Am folgenden Tag brachte ein eiskalter Sturm aus NNW eine solch unerträgliche Kälte, daß wir alle beinahe erfroren. Die Tiere hatten schwere Arbeit über Eisflächen und gefrorenen Kot. Endlich, am 3. Dezember um zehn Uhr abends, kam ich in Independence an und stieg im guten Hotel gleichen Namens ab. Ich muß es den amerikanischen Bewohnern dieser Stadt zum Lob nachsagen, daß mir jede Hilfe geleistet wurde. Viele boten sich an, mich zu unterstützen, wenn ich pekuniärer Hilfe bedürfte. Meine Rettung wurde nach St. Louis telegraphiert. Da diese als ein Wunder betrachtet wurde, bezeugten alle Blätter der Union ihre Teilnahme an meinem Los. Ich ruhte, da ich der Erholung sehr bedürftig war, nun zunächst einmal gründlich aus. Aber nach viermonatigem Lagern auf bloßer Erde, nach vierwöchentlichen Leiden in Schnee und Frost konnte ich in keinem Bett mehr schlafen, und meine Frostwunden schmerzten mich sehr. Ich war so abgemagert, daß kein Kleidungsstück mehr passen wollte. Die ungewohnte Ofenwärme, obgleich wohltätig im ganzen, verursachte mir Unruhe und schmerzvollen Druck in den Armen und Schenkeln. Meine Augen aber hatten sich vollständig gebessert, so daß ich wieder feinen Druck ohne Brille lesen konnte. Nach drei Tagen verließ ich den gastlichen Platz mit der Mailstage, einem der schlechtesten Bauernwagen, Mud-Wagen genannt, deren man sich bei grundlosen Wegen bediente, und fuhr über Lexington, Marshall und Arrow Rock nach Boonville, eine Strecke von einhundertvier Meilen. Ich fühlte mich so erschöpft, daß ich beschloß, in dem guten Gasthof von Boonville meine Herstellung und bessere Witterung abzuwarten.

Man lebt in Boonville ganz komfortabel und läßt sich nichts abgehen. Es ist überhaupt ein lebhaftes, nettes Städtchen mit bedeutendem Verkehr nach dem Süden, hat breite Straßen, sandigen Boden, mehrere recht stattliche Ziegelhäuser und stattliche Kirchen aller protestantischen Gemeinschaften, nämlich Anglikaner, Presbyterianer, Methodisten, Baptisten und sogenannter Christen, vulgo Campbellianer, die nur das Neue Testament kennen und das Alte verwerfen.*

Der Gasthof »Mansion Hotel«, in dem ich abgestiegen war, gehörte zu einem der besten in den Provinzialstädten des Westens. Da seine Tischordnung als Regel für alle anderen gelten konnte, will ich einige Worte darüber verlieren. Der Speisesaal, ein sehr langes, verhältnismäßig schmales Zimmer, konnte hundert Personen fassen, die an einem langen, dreieinhalb Fuß breiten Tisch Platz nahmen. Um acht Uhr wurde gefrühstückt (Breakfast), um vier Uhr zu Mittag (Dinner) und um sieben Uhr zu Nacht (Souper) gespeist. Das Mahl kostete fünfundzwanzig Cent und der tägliche Board (Zimmer, Bett, Heizung und Kost) einen Dollar. Pro Woche verlangte man vier Dollar, monatlich zwölf Dollar, wirklich eine wohlfeile Art zu leben, da das Essen sehr reichlich war und alles geboten wurde, was die Jahreszeit brachte.

Zuerst setzen sich in der Nähe des Kamins am Ende des

---

* Hierbei handelt es sich allerdings um zwei verschiedene Richtungen innerhalb der Baptisten: Die »Christen« (Christina-Connexion) waren aus Baptisten und Presbyterianern hervorgegangen, die »Jünger Christi«, waren von A. Campbell in Kentucky gestiftet worden (daher Campbelliten). Baptisten wie auch Presbyterianern ist die Fixierung auf das Neue Testament gemeinsam.

Tisches die Ladies ohne Unterschied ihres äußeren Erscheinens um die Hausfrau, dann stürzen auf ein gegebenes Zeichen die Herren herein, besetzen so schnell wie möglich die Plätze und greifen zu, wo und wie sie können, so kurz bei Tisch sitzend wie möglich, denn dem Angloamerikaner ist das Essen nur Befriedigung eines Bedürfnisses, keine Gelegenheit des Genusses, obgleich in neuerer Zeit sehr auf gute Speisen reflektiert wird.

Die Amerikaner trinken fast nie Wein zu Tisch, wohl aber Kaffee und Tee, und sehen jetzt sehr auf gute Milch und Butter. In den besseren Boards gibt es zu Mittag die gute deutsche Suppe.

In den westlichen und südlichen Sklavenstaaten ist die Bedienung gut, denn es sind meist gemietete Sklaven, die reinlich und prompt sind. Hier in Boonville bildeten ein halbes Dutzend sauberer Frauenzimmer und beinahe ein Dutzend Burschen und Knaben das Dienstpersonal. Der erste Aufwärter war ein Farbiger, den ich gut leiden mochte, denn er war dienstfertig und intelligent. Diese Dienstboten wurden sehr gut behandelt. Die Miete der Farbigen beträgt fünfzig bis hundert Dollar pro Jahr.

Da ich mich für eine Farm interessierte, so wurde mir eine solche von zweihundertsechzig Acres hart am Missouri angeboten, für fünf Dollar pro Acre guten Landes mit einem trefflichen Framhaus samt gutem Inventar zu fünfhundert Dollar angeschlagen. Zu pachten sind viele Güter für fünfzig bis dreihundert Dollar. Farmen in der Größe von sechzig bis zwölfhundert Acres gibt es genug zu kaufen. Abwechslung von Wärme und Kälte, milder Luft und rauhen Weststürmen sind das Eigentümliche des Winterklimas hier, das mit der feuchten Sommerhitze den Grund von Entzündungs- und Brustkrankheiten, heftigen Rheumatismen, Durchfall und nervösen Affektionen abgibt, die namentlich unter den Fremden, die aus dem Süden kommen, grassieren.

16. Dezember: Die Kälte dauerte an, die Temperatur sank

auf minus 20°C. Man wurde in Boonville ernstlich besorgt wegen der Lebensmittel- und Holzversorgung, da die Farmer wegen der schlechten Wege nicht zur Stadt kamen. Ein viertel Klafter Holz kostete bereits eineinhalb Dollar. Von St. Louis lauteten die Nachrichten nicht günstiger. Man befürchtete ein Zufrieren nicht nur des Missouri, sondern auch des Mississippi. Aller Handel stockte, denn weder zu Wasser noch zu Land war eine Verbindung möglich. Ein Krug Wasser fror dicht neben meinem rotglühenden Ofen zu einem Eisklumpen zusammen. Die Post von St. Charles war seit drei Tagen ausgeblieben. Am 19. Dezember war herrlicher Sonnenschein. Da die Wege durch den Frost gangbarer geworden waren, füllte sich der Markt wieder. Hier einige Lebensmittelpreise: Rindfleisch zweieinhalb Cent per Pfund, das Dutzend Hühner eineinhalb Dollar, Rebhühner fünfzig Cent per Dutzend, Tauben dto., ein Hase fünf Cent, zahme und wilde Welschhähne dreißig bis fünfunddreißig Cent, eine fette Gans fünfundzwanzig Cent, Wildenten von fünf bis zehn Cent, Catfish im Gewicht von fünfzehn bis vierzig Pfund kostete zwanzig bis fünfunddreißig Cent, Flußbarsche zehn bis fünfzehn Cent.

Es trat wieder Kälte mit Schneefall ein. Die durch das Wetter verursachte unfreiwillige Muße ließ mich wieder die Ansiedlungsmöglichkeiten ins Auge fassen. Einzelne Farmer haben große Komplexe bis zu mehreren tausend Acres und suchen diese unter sehr günstigen Bedingungen zu verkaufen. Die Lage ist gut. Da das Holz noch wertvoll ist, so könnte man damit spekulieren. Doch halte ich dafür, daß eine Farm von hundertzwanzig bis hundertsechzig Acres rentabler ist, da man sie mit wenigen fremden Arbeitskräften bewirtschaften könnte. Sie würde Nahrungsstoff genug liefern, um einen hübschen Viehbestand zu halten und eine tüchtige Schweinezüchterei zu betreiben. Eine große Farm erfordert umfassende Kenntnisse des amerikanischen ökonomischen und kommerziellen Betriebes und einen bedeutenden Negerstand. Eine gute Spekulation wäre noch die zweckmäßige Errichtung von mit Dampf betriebenen Säge- und Mahlmühlen. Ein tüchtiger Salinenkundiger mit entsprechend viel Kapital könnte sich mit der Gewinnung von Salz abgeben, dessen Güte und Reichhaltigkeit an den salzhaltigen Quellen nicht zu bezweifeln ist. Auch enthält der Bezirk Steinkohlenlager und Bleierz.

Zur Abwechslung kam zu Wagen eine Gesellschaft von Herren, die Santa Fé im Oktober verlassen und somit fünfundfünfzig Tage bis Independence gebraucht hatten. Sie waren sehr arg von der Kälte mitgenommen. Zum Teil waren es höhere Beamte, mit denen ich mich bis tief in die Nacht unterhielt, darunter der Gouverneur von Neu-Mexiko, G. Howton, ein liebenswürdiger Mann, der der spanischen Sprache vollkommen mächtig war. An diesem Abend erfuhren wir noch die Nachricht vom Staatsstreich des Prinz-Präsidenten Louis Napoleon in Paris. Dieser Staatsstreich erfolgte in der Nacht vom 1. auf den 2. Dezember 1851. Am 24. Dezember, nach siebzehntägigem Aufenthalt, konnte ich endlich Boonville verlassen. Damit hatte die Expedition nach Fort Laramie eigentlich ihren Abschluß gefunden.

VON BOONVILLE NACH NEW ORLEANS

Die Fahrt mit der Mail-stage ging zunächst durch lauter Wald mit hochstämmigen Eichen und anderen Laubhölzern nach Jefferson, wo es aus Anlaß des Weihnachtsabends lustig und fröhlich mit Böllerschüssen und Tanz herging. Die dortigen Deutschen gaben mir ein Ständchen. Unter ihnen fand ich sehr viele anständige und gebildete Leute, ein abermaliger Beweis, daß unsere Landsleute in den Staaten des Westens noch besser sind als in denen des Ostens, wo in den letzten Jahren Deutschland einen wahren Auswurf seiner Bevölkerung abgeladen hat.

Beim Passieren des Osage River mit dem Fährschiff ging es erst durch tiefen Kot und sehr lockeres, wäßriges Eis, wobei man bis an die Knie einsank. Nur mit großer Mühe konnten die Effekten auf das Boot gebracht werden. Es regnete zudem unaufhörlich und in Strömen. Bei einer wohlhabenden deutschen Witwe, die voriges Jahr in der Cholerazeit an einem Tag ihren Mann und vier Arbeiter verloren hatte, hielten wir eine Stunde an. Das Wetter war fürchterlich geworden, es regnete und stürmte bei stockfinsterem Himmel. Einen hohen steinigen und steilen Berg mußten die Passagiere zu Fuß hinaufsteigen, und auf abscheulichem Weg durch waldiges Gebirge und tiefen Kot erreichten wir endlich ein Haus, wo ich in einem schlechten Zimmer, in meine Büffelhaut gerollt, übernachtete.

Beim Passieren des Gasconadeflusses brachen einige Personen und ein Teil des Gepäckes ein und gerieten in große Gefahr. Der Mail-driver hatte unsere Bagage und die Postsäcke einfach an das Flußufer geworfen, wo sie mehrere Stunden lang unbeaufsichtigt liegenblieben. Fragt man einen Amerikaner, ob das recht sei, so antwortet er, die Sicherheit des Landes beweise es. Er kann aber nicht leugnen, daß die Mail schon oft beraubt wurde.

Es wurde indessen Abend, und der Wagen, mit dem wir weiterfahren sollten, war noch nicht da. Die ganze Nacht mußten die Passagiere ohne eigentliche Unterkunft zubringen. Ein fürchterliches Donnerwetter mit ungeheurem Regenguß überfiel uns und dauerte bis spät in die Nacht. Als um elf Uhr die Kutsche ankam, mußte sie liegenbleiben, bis es Tag wurde. Ich blieb im Wagen und schlief, so gut es ging. Zwischen der Ansiedlung Rodgers und Manchester blieb der Wagen stecken, so daß wir einen gewöhnlichen Ökonomiewagen nehmen mußten. Nach siebentägiger Reise, am 31. Dezember, erreichten wir frühmorgens um fünf Uhr St. Louis.

1. Januar 1852: Auf dem Mississippi herrschte außeror-

dentlicher Eisgang. Das Dampfboot »Sewes«, von Cincinnati kommend, versank, ehe es an der Levée befestigt war. Dampfboote, die nach New Orleans abgegangen waren, kamen entweder wieder zurück oder blieben stecken. Der Aufenthalt von Steamern, die von New Orleans gekommen und mit Auswanderern überfüllt waren, verursachte großes Elend unter diesen, auf eigene Verköstigung angewiesenen und schlecht gegen die große Kälte geschützten Leuten. Es herrschte unter ihnen das Schiffsfieber, ein nervöser Typhus, der auf den Dampfern des Mississippi-Tales endemisch geworden war und der die Auswanderer dezimierte, die der Seuche ohne alle ärztliche Hilfe preisgegeben waren. Hitze und Kälte, die Feuchtigkeit an Bord und schlechte, salzige, zum Teil ranzige Lebensmittel sind die Ursachen des Übels, das mit dem Schiffsskorbut einige Analogien haben dürfte und am besten mit tonischen Mitteln und Mineralsäuren behandelt wird.

Am 3. Januar waren die Eisverhältnisse so, daß der Steamer »Alek Scott« die Fahrt wagen konnte. Fünfundzwanzig Meilen von der Ohio-Mündung kam eine böse Stelle, wo der Fluß nur acht Fuß tief war. Diese Stellen wiederholen sich bis zur besagten Mündung und erfordern für größere Boote äußerste Vorsicht. Wir verloren mehrere Stunden darüber. Bei der Ohio-Mündung war die Luft so voller Schnee, daß man kaum von einem Ufer zum anderen sehen konnte. Dem Europäer will es kaum einleuchten, daß in Amerika unter 35 bis 36° nördl. Breite, also schon außerhalb der Breiten des europäischen Kontinents und in einer Breite, in der in Ländern der alten Welt Datteln, Bananen, Zuckerrohr und Orangen gedeihen, dreihundert Fuß über dem Atlantischen Ozean, Schnee und Eis den Boden bedecken. Das Klima fördert Rheumatismus und Pleuritis im Winter und Leberaffektionen im Sommer.

Auffallend möchte es scheinen, daß die Ufer des Riesenstromes noch wenig bebaut sind und nur hie und da die Axt

des Holzschlägers Klärungen hervorruft. Doch die Überschwemmungen des niederen Bottoms, die in den letzten
zwanzig Jahren außerordentlich hoch und häufig waren,
warnen davor. Wir passierten Memphis, diese schön gelegene Stadt und eine der lieblichsten Erscheinungen des unteren
Mississippi-Tales, die ich stets mit Vergnügen als Zeugin
amerikanischer Energie in Handel und Industrie betrachtete.
Das Boot stieß in der Nacht mit dem Steuer auf eine Sandbank und wurde so bedeutend beschädigt, daß eine totale
Reparatur vonnöten war, die bis elf Uhr morgens dauerte.
Gewaltige und dichte Zypressen-Swamps zwischen dem
Franciscus und dem White River erinnern an die Urzeiten des
Mississippi, als die Axt des Settlers in diesen Wildnissen das
Gebiet des Altertümlichen nicht entheiligt und das Schwei-
gen der wilden Einöde nicht unterbrochen hatte. Der Bär,
schon längst aus dem Osten vertrieben, findet im Dunkel
dieser Urwälder noch eine friedliche Stätte.

Beide Ufer sind nun meist flach, das rechte bleibt es beinahe ununterbrochen bis zur Mündung, während auf dem linken bekanntlich noch einige Ausläufer der Alleghanys
schroff und zerklüftet in das Bett des Riesenstromes vorsto-
ßen, dessen gewaltige Fläche sich immer mehr ausbreitet. In
solchen gewaltigen Gebilden spiegelt sich die Größe und
Macht des alleinigen Schöpfers der Welt so gut wider wie in
den schneebedeckten Hochgebirgen und den großen Wüsten
unseres Planeten, den nächsten Aufenthaltspunkten für unsere sterblichen Augen, um unsere, nur dem Endlichen in
Raum und Zeit zugekehrte Anschauung der Idee des Unendlichen näher zu rücken und dem geistigen Bewohner des
Menschenleibes die Brücke zu bauen, um von dessen raum-
beschränktem Wohnsitz in die Gebiete des Unendlichen hin-
auszuschweifen und aus den fernsten Fernen des Weltalls
Material zu den großartigsten Konjekturen zu schöpfen, deren die Menschenseele fähig ist.

Mit dem 33.° nördl. Breite beginnt eine sehr fühlbare Veränderung des Klimas, es ist die nördliche Grenze des Krokodils und der Palmetto-Palme.

Providence in Louisiana, am gleichnamigen See gelegen – einem durch einen Bayou mit dem Mississippi in Verbindung stehenden bedeutenden Binnengewässer –, könnte in der Folge als Exportplatz der oberen Louisiana durchaus bedeutend werden. Sehr gutes Land gibt es hier, daher auch reiche Pflanzungen mit vielen Negern. Die Winter sind hier schon mild und Fröste seltener. Der Sommer ist nur wenig heißer als im mittleren Mississippi-Tal und in den Missouri- und Illinois-Staaten. Die Nähe des Meeres wirkt schon ungemein belebend auf den Verkehr, und Louisiana, Mississippi und Arkansas haben darin bedeutende Vorteile vor den nördlichen und westlichen Staaten. Dies zeigt sich auch im großen Unterschied in den Preisen für Vieh und Lebensmittel. Wäre das Klima nicht so feucht und sumpfig, so würden Südarkansas, Nordmississippi und Nordlouisiana ungeheure Fortschritte zum Nachteil der anderen Staaten machen, da die Neger wohlfeiler, die Produkte wertvoller und die Transporte leichter sind als irgendwo anders in der südöstlichen Union. Die Eisenbahn, die den Osten und Florida mit dem Missippi verbinden soll, muß ebenfalls ein bedeutendes Verkehrsmittel werden, um die atlantischen Staaten mit denen des mexikanischen Golfes und mit dem Westen zu verbinden. Die Kommunikation ist heute noch ganz im argen, dank der höchst unzulänglichen Postverbindungen, die zu den rückständigsten Beförderungsarten in den Vereinigten Staaten gehören.

Über unseren Kapitän und sein Schiff bin ich allen Lobes voll. Die Fahrt auf diesem geräumigen und properen Boot, bei vortrefflichem Tisch, guter Bedienung, guter Gesellschaft amerikanischer Gentlemen, die an Bildung keinem in der Welt nachstehen, entschädigte mich vollauf für die Widerwärtigkeiten der Postreise von Boonville bis St. Louis.

Übrigens war unser Boot als eines der schnellsten auf dem

Mississippi bekannt, und sein Rekord von neunzig Stunden von New Orleans bis St. Louis grenzt an das Fabelhafte. Angenehm berührt auch, daß man auf diesen Booten nicht in die Gesellschaft des händelsüchtigen, politisierenden Kannegießers gerät. Unsere Landsleute zerfallen offenbar in drei voneinander sehr zu unterscheidende Kategorien: angesehene ansässige und reisende Kaufleute, sodann Ärzte, Apotheker, überhaupt gebildete Leute, sowie Settler und Handwerker und, von diesen anständigen Elementen verschieden, die politischen Flüchtlinge und Unzufriedenen, die Schreier und Projektschmiede, die die politische Welt aus ihren Angeln heben wollen. Gleichviel, ob König oder Präsident, Monarchie oder Republik, alles muß umgestürzt werden. Dabei beschmutzen sie sich selbst mit den niederträchtigsten Anwürfen. Man lese nur die Artikel der amerikanischen Schnellpost und die deutsche »New Yorker Zeitung«.

Unsere Bootsladung bestand in lebendem Vieh, einer sehr einträglichen Handelserwerbsquelle des Westens mit New Orleans, bei der nach Abzug der Transportkosten und des Ausfalls durch Tod und Krankheit im Durchschnitt immer noch netto dreißig bis fünfunddreißig Prozent verdient werden. Um St. Louis gilt das Rindfleisch Lebendgewicht vier bis fünf Cent das Pfund, also fünfundzwanzig bis dreißig Dollar ein guter Ochse, in New Orleans dagegen bis zu fünfzig Dollar. Früher wurde der Transport mit Flat-Booten betrieben, die Steamer zogen ihn aber durch ihre sichereren, billigeren und kürzeren Fahrten allmählich ganz an sich.

Das Louisiana-Ufer wird ganz flach und ungesund, ist voller Swamps mit Krokodilen und Snapping turtles von oft riesiger Größe. Das Klima, obschon winterlich, war doch immerhin einem heiteren Aprilwetter in Deutschland vergleichbar. Von hier aus ziehen sich viele Sandbänke längs des Louisiana-Ufers hin und bedecken ungeheure Flächen. Auf dieser Seite sind viele und große Plantagen, auf dem linken Mississippi-Staat-Ufer aber bedeckt meist unübersehbarer

Urwald mit riesigen Stämmen das niedere Land, ganz behangen mit großen Massen von Tillandsien sowie unterwachsen mit Rohr und großen Gruppen der Palmetto-Palme.

Beim Anbau und Siedeln längs des Missouri- und Mississippi-Ufers muß man Kenner des Bottom-Ufers sein, wenn man das Wagnis nicht teuer bezahlen will. Nur langsam abschiebende, in schräger Richtung sich senkende Ufer und jüngerer Holztrieb sichern vor dem Abstoß ganzer Uferteile. Doch auch hier sehe man sich vor, daß das Niveau des Ufers hoch genug gegen den höchsten Wasserstand bleibe. Ziemlich sicher geht man, wenn dicht am Ufer eine neu gebildete Sandbank anstößt, doch hat man dann meist einen schlechten Landungsplatz. Außerdem geht der Hauptvorteil, das Holzfällen und Klafterlegen zum Gebrauch der Steamer, verloren. Welche Unmenge Holz die Dampfboote verbrauchen, kann daraus entnommen werden, daß der »Alek Scott« täglich fünfundsechzig Klafter (Cords) verbrauchte und dann oft noch mit Kohlen die Glut verschärft wurde. Da ein tüchtiger Arbeiter täglich ein bis eineinviertel Cords zuwege bringt und pro Cord eineinhalb bis drei Dollar bezahlt werden, so ist dies ein hübscher Verdienst für rohe Menschenkräfte. Wer über Neger zu disponieren hat, kann viel Geld machen.

An der Mündung des Red River konnte ich mich von der außerordentlichen Höhe des vorjährigen Wasserstandes im Monat März überzeugen, denn das Ufer liegt da einige dreißig Fuß über dem unteren Wasserstand. Es lag voller Baumtrümmer, da die Fluten im vorigen Jahr mehrere Fuß hoch über dem Niveau des Ufers gestanden waren, sich wie eine ungeheure See über die Niederung ergossen und das ganze Flachland viele Meilen weit überschwemmt hatten.

Die Pointe Coupée ist eine der bestbebauten Strecken in Louisiana. Ihre weiten Zuckerfelder erstrecken sich weit in das Innere bis zum Saum des Urwaldes hin. Es kostet natürlich Mühe, den äußerst fruchtbaren, aber sumpfigen Zypressenwald zu klären und auszutrocknen. Das linke Ufer ist

beinahe ganz Wildnis, nur Bayou Sara scheint sich als Stapelplatz von Francisville zu behaupten.

Der Mond ging gerade auf, als das Boot in Baton Rouge,
dem Gouvernementsitz von Louisiana, landete. Er beleuch-
tete mit seinem matten Licht den in altertümlichem Stil alter
Burgen und Schlösser gebauten Palast, dessen Bau schön zu
nennen ist, aber nicht in die moderne Zeit des 19. Jahrhunderts paßt. Man liebt aber solche Imitationen alter fester
Schlösser des Mittelalters in halb byzantinischen Geschmack;
Gouvernementpaläste und Zuchthäuser affektieren diese
Bauweise und verschlingen große Summen, namentlich im
Osten, wie etwa das große, kolossale Strafhaus in Auburn.
Das Staatenhaus zu Jefferson City ist schon in einem einfa-
cheren, edleren Stil erbaut, mit schönen Räumen und Ge-
schäftszimmern. Das Boot glitt jetzt durch den reichsten Teil
der Louisiana. Eine Menge Steamer durchkreuzten unsere
Bahn, und am Morgen des 10. Januar entwickelte sich die
herrliche Szenerie von New Orleans. Wir fuhren zunächst
nach Lafayette, wohin die Polizei die Landungsplätze für das
Vieh und die Ställe verlegt hatte und wo sie gegenüber früheren Zeiten sehr für Reinlichkeit sorgt. Die Ausschiffung des
Viehs vollzog sich viel schneller, als ich je gedacht hatte.
Große Omnibusse durchqueren die Stadt, deren Durchmesser sieben Meilen beträgt, für zwanzig Cent. Die Monate
Dezember bis Februar sind die Hauptsaison für New Orleans, die Zeit, in der die großen und mittleren Gasthäuser
gefüllt sind, ebenso die Boarding-houses. Es ist die Spielzeit
für die größeren Theater, die Reunions der französischen
Kreolen finden statt, und das New-Orleans-Theater gibt
seine großen Opern. In Barnums Unternehmen gastierte
Jenny Lind. Wer New Orleans sehen und genießen will, muß
es nach Abschluß der Baumwoll- und Zuckerernte tun, wo
die günstigste Witterung mit den günstigsten kommerziellen
und sozialen Verhältnissen zusammentrifft.

Meine Freunde waren durch Zeitungsnachrichten von

meinem Eintreffen benachrichtigt und empfingen mich auf das herzlichste. Die deutschen Demagogen erschienen in freudiger Erregung mit Kinkel. Sonst ein großer schöner Mann, entstellten ihn das lange Haar in Gestalt einer schrecklichen Löwenmähne, der lange Bart und die Brille. Schade um des Mannes schönes Talent und die verlorene Wissenschaft in dieser originellen Person, die jetzt Deutschland höchst unwürdig in den Vereinigten Staaten vertritt und noch mehr dazu beiträgt, den ohnehin gesunkenen deutschen Namen zu untergraben. Die Amerikaner stellen ihn in die Kategorie der Abenteurer. Durch ultraradikale Blätter in den Schmutz gezogen und arg verleumdet und entehrt, liefert er den Beweis für ein deutsches Sprichwort: Wer sich unter gewisse Tiere mischt, wird gewiß gefressen. Kinkels Anhang besteht aus einem kleinen Zirkel exaltierter Köpfe und einigen Turnern. Sein Los teilen nun auch Hecker, Struve und Brentano. Jeder honette Landsmann entzieht sich hier der Partei der offenen Revolutionäre.

Ich mietete in Toulouse, 1. Munizipalität, ein hübsches Privatzimmer bei einem Franzosen. Dies ist in New Orleans die angenehmste Art zu wohnen.

In New Orleans erholte sich der Herzog von den Strapazen dieser Reise. Anfang März erhielt er ein Lebenszeichen von seinem totgeglaubten Gefährten Möllhausen, den Oto-Indianer vor dem Verhungern und Erfrieren gerettet hatten. Voller Freude schrieb der Herzog an Möllhausen in Bethlehem, Ufer Missouri:

New Orleans, den 10ten März 1852

Mein lieber Möllhausen!

Mit innigster Freude las ich Ihr Schreiben von Bethlehem und in demselben Ihre glückliche Rettung. An mir lag es bestimmt nicht, daß die von mir in Bewegung gesetzte Hilfe nicht an Sie gelangte, aber der entsetzliche Winter, dessen

Baumwollernte

Strenge bis hier in den Süden sich drängte, machte wahrscheinlich alle Versuche mißlingen, und Buisbora von Potawatomi County konnten das mir zugesicherte Wort wohl nicht erfüllen? Als ich Ihren Bericht las, schauderte es mich, doch hob sich die Seelenangst, in der ich seither lebte und welche sich von Tag zu Tag mehr steigerte, als ich, zu den Fleischtöpfen Ägyptens nach mühevoller Reise gelangt, nichts mehr von Ihnen hörte und Sie verloren wähnte. Nun sehen Sie, Gott hat Sie auch gerettet und wird an Ihnen einen Gläubigen mehr zählen!? Herr Konsul Angelrodt schreibt mir Ihretwegen auf das teilnahmsvollste, und dieser mein würdiger Freund wird meine Bitte erfüllen, für Ihre schnelle Rückkehr nach St. Louis baldigst zu sorgen und Ihnen das nötige Geld anzuweisen. Ich glaube selbst, daß Sie Wagen und Pferdegeschirre verkaufen sollten. Die Otoes (Orac-tocta-ta), die ich genau kenne, haben auch mir gute Dienste früher geleistet, es sind keine solchen Bestien (Schun Kape, früherer Chef der Otoes, war mein Freund) wie die Lipan und Kiowa, die inzwischen tüchtig Amerikaner totschlugen. In allen Blättern war mein Tod angezeigt, und in Deutschland wußte man es nicht anders. Fürs erste weiß ich keinen anderen Platz als bei mir, der ich Sie mit herzlicher Sehnsucht erwarte, nachdem ich mein Versprechen treulich erfüllt habe, daß es Ihnen recht miserabel gehen würde und Sie nicht als »Grüner« zurückkehren würden. Jetzt werden Sie des Robinsons Abenteuer mit Andacht lesen können. Es ist mir sehr lieb, daß Sie die Arsenik gerettet haben, und ich wünsche mir, daß Sie solche in Ausbälgen leeren möchten. Ich freue mich sehr, Sie in Illinois, wohin ich in acht bis zehn Tagen über St. Louis heimkehre, wiederzusehen, und erwarte mit Spannung Ihre Ankunft durch den nächsten Missouri-Steamer.

Herzlichst der Ihrige
Paul Wilhelm
Herzog von Württemberg

Möllhausen handelte schnell und nahm das nächste Dampfschiff nach New Orleans, wo er mit dem Herzog ein Wiedersehen feierte. Neuerlich begleitete er den rastlosen Naturforscher auf Exkursionen. Zwischen dem 11. und 15. Mai fuhr Paul Wilhelm nach Ohio, zwischen dem 29. Juni und 20. November hielt er sich vor allem in St. Louis und Umgebung auf. Etwa Ende November 1852 verließ Möllhausen als Begleiter und Verantwortlicher eines Tiertransportes für den Zoologischen Garten in Berlin den amerikanischen Kontinent. Paul Wilhelm brach am 8. Dezember nach New York auf, wo er am 30. Dezember eintraf. Dort traf er Vorbereitungen für seine große Australienreise. Am 8. Februar 1853 stach er von New York aus in See. Der Verlauf der Reise gestaltete sich aber ganz anders, da das Schiff vor der Küste Südafrikas wegen »Mängeln aller Art« umkehren mußte und nach Südamerika fuhr:

28. Mai:	Eintreffen in Montevideo.
31. Mai–8. Juni:	Von Montevideo nach Rio de Janeiro und zurück.
9.–30. Juni:	Ausflüge in der Umgebung von Montevideo, u. a. Buenos Aires.
2.–9. Juli:	Reise auf dem Uruguay, Salto, Schiffbruch, Río Gualeguay, Paysandú.
ab 10. Juli:	Reisen in Paraguay.
17. August–19. September:	Fahrt nach Patagonien, Feuerland, Magellanstraße, Valparaiso, Santiago.
7.–14. Oktober:	Reisen in Chile.
15.–22. Oktober:	Von Valparaiso nach Callao (Peru).
22. Oktober–2. November:	Von Peru nach Guayaquil (Ecuador), Panama.
3.–25. November:	Rückkehr nach New Orleans.

In den folgenden Monaten hielt sich Herzog Paul in New Orleans und Umgebung auf. Einige Zeit verbrachte er im Frühjahr 1854 *auch in Biloxi an der Golfküste. Vom 18. bis 24. März unternahm er eine kleinere Reise nach Opelousas.*

Ende Mai brach er wieder zu einem größeren Unternehmen auf, einer Rundreise durch die südöstlichen und nordöstlichen Staaten der USA, zu den Niagarafällen und nach Detroit. Von dort aus kehrte er über St. Louis wieder nach seinem »Hauptquartier« New Orleans zurück. Der Reiseverlauf ist im folgenden kurz skizziert:

31. Mai–11. Juni:	*Reise nach den südöstlichen Staaten der Union – Mobile – Montgomery – Augusta – Charleston – Wilmington – Cheasapeak Bay bis Baltimore.*
11. Juni–12. Juli:	*Reise von Baltimore durch die nordöstlichen Staaten der Union bis Montreal – Niagara-Fälle – New York.*
13. Juli–24. August:	*Reise von New York nach New Providence und Umgebung – Niagara Fall City – Hamilton (Kanada) – Detroit.*
26. August–20. Oktober:	*Von Detroit nach Chicago – Lasalle – St. Louis – Exkursionen in Illinois – Auf dem Mississippi nach New Orleans.*

Reisen in Texas
(1. April bis 8. Mai 1855)

VON NEW ORLEANS NACH NEU-BRAUNFELS

Nach meinen verschiedenen Exkursionen im Mississippi-
Delta schiffte ich mich am 1. April 1855 in New Orleans an
Bord des nach Indianola bestimmten Steamers nach Mexiko
ein. An der Mündung des Mississippi lagen mehrere Dreimaster, die wohl infolge der heftigen Nordostwinde gestrandet
waren. Als Licht und das Wachschiff der Galveston Bay
sichtbar wurden, bedeckte sich der nördliche Horizont mit
einer dichten Nebelschicht, so daß der Lotse nicht wagte
einzulaufen und wir die Nacht beilegen mußten. In der Nähe
der texanischen Küste ist das Seewasser silbergrau. Das alte
Champ d'Asyle, von General Lallemand gegründet, ist
längst verschwunden, und die berüchtigte St. Bernhard's
Bay hat ihre Schrecknisse verloren. Nach einigen vergeblichen Versuchen gelang endlich die Einfahrt. Obwohl Galveston kaum noch Ansprüche auf eine große Stadt machen
kann, so war unser Boot sogleich von einer Menge von
Gasthaus-Loafern und Bummlern überfüllt. Galveston ist
trotz seiner Lage auf einer Sandinsel ein gemütlicher Platz
und zählt immerhin siebentausend Einwohner. Die Stadt ist
recht regelmäßig gebaut, die Straßen ungepflastert, doch
durch den Sandboden wohl staubig, aber nicht kotig. Auch
an einigen schönen Monumenten und Kirchen fehlt es nicht,

273

namentlich ragte eine schon 1847 erbaute katholische Kirche unter ihnen hevor, hat es doch einen Bischof hier. Mit Ausnahme einiger Ziegelhäuser sind die übrigen Privatbauten Framhäuser, von oft lieblichen Gärten umgeben. Die Vegetation war weiter voran als in New Orleans, und namentlich blühten prachtvolle Amaryllis und üppige Yucca. In der Bucht gibt es eine Unmenge kleiner Fische, die die Amerikaner Crooker, die Kreolen Grognards nennen und die vorzügliche Bratfische sind. Ich machte noch einige Bekanntschaften, darunter die eines Landsmannes aus Biberach, der eines der schönsten Möbelgeschäfte der Union besitzt und ein reicher Mann geworden ist.

Am 5. fuhr ich weiter. Die ganze nun folgende Küste ist eine gleichförmige, von Osten nach WSW streichende, beinahe ebene und unbewachsene, höchstens von ganz niederem Strauchwerk oder Gras spärlich überwachsene Sanddüne. Wir näherten uns nun dem westlichen Vorgebirge der Matagorda Bay mit dem Leuchtturm. Gegen Norden bildet sich ein neues Vorgebirge, dann öffnet sich die breite Bucht, die unweit ihrer Mündung durch einige niedere und flache Inseln durchkreuzt wird. Einige Meilen die Bai aufwärts steht diese durch einen schmalen Kanal in Verbindung mit der Bucht von Aransas. Die Briefe und Passagiere für Goliad und Corpus Christi werden durch kleine Schoner hier weiterbefördert. Wir befanden uns nahe an dem neuen Landungsplatz des Powderhorn Point – Indianola war wegen des immer mehr abnehmenden Wasserstandes aufgegeben worden –, als uns ein heftiger Sturm aus Nord überfiel, der die ganze Nacht hindurch wütete. Das Dampfschiff konnte nur mit Mühe mit der Bugspitze die weit in die Bai geführte Landungsbrücke erreichen. Man mußte einige Bretter legen, und es gab nun eine ergötzliche Szene, das Ausladen der Passagiere, besonders der Frauenzimmer, auf dieser schwierigen Brücke zu sehen.

Ich nahm mein Nachtquartier in einem Framhaus bei einer

recht netten französischen Familie, die es mir an nichts fehlen ließ. Der Sturm wütete fort, und der Wind pfiff durch alle Fugen des hölzernen Gebäudes. Trotzdem konnte ich es nicht unterlassen, durch die Grasfluren zu streifen, und wurde durch eine Menge schöner Pflanzen belohnt. Im übrigen unterhielt ich mich mit einigen wohlerzogenen Amerikanern über die Politik der Vereinigten Staaten und Europas, und da ich in der Union als kompetenter Richter in diesen Angelegenheiten gelte, so bereite ich mir stets die beste Aufnahme.

Am 6. April bestieg ich die Mail-stage nach San Antonio. Es war ein sehr schöner Wagen, und er wäre auch bequem gewesen, wenn nicht eine Familie ihren schmutzigen Kleinen mit eingepackt hätte. Der Weg nach dem hübschen Städtchen Indianola führt zuerst über Muschelschalen, dann durch trockenes Land, Chaparral mit Dorngebüsch, Yucca und Opuntien. Von Indianola bis Lavaca geht es durch ebene Prärien mit tonhaltigem Boden. Um Lavaca ist der Boden gutes Gartenland und geeignet zur Baumkultur. Ein herrlicher Abend beschloß den Tag, und die scheidende Sonne spiegelte sich in dem frischen Grün der Steppe. Wir trafen in Victoria, einer kleinen Stadt mit Courthouse, ein und nahmen die Briefsäcke auf. Die Pferde wurden nicht gewechselt, vielmehr setzten wir die Fahrt bis Pleasant Hill fort. Dort blieben wir im Stationshaus bis zum nächsten Morgen. In diesem Haus herrschte Wohlstand. Im Parlour und Diningroom loderten Kaminfeuer, die ein halbes Klafter Holz verbrauchten. Ein mächtiger Welschhahn und eine Schweinskeule prangten auf der Tafel, und an Wild und Schinken fehlte es nicht. Ich erinnerte mich noch der guten alten amerikanischen Zeiten, als dies überall so war.

Der Weg führte nun durch üppige, fruchtbare und hügelige Wiesentriften, auf denen sehr viel Vieh weidete. Wild aller Art gab es hier in Menge, denn das bewaldete Guadalupe-Tal grenzt im Westen daran. Wölfe trieben sich gemütlich unter dem Vieh umher, es ist der Canis nubilus, ein Aasfresser, der daher für gesunde Tiere ungefährlich ist. Später kommt welliges Timberland mit trefflichem Futtergras. Die Schafzucht ist noch wenig entwickelt, und doch könnte das Land die größten Herden ernähren. Unterwegs fand ich eine schöne Anemone und eine strauchartige Cassia. Am Coon Creek, einer Poststation, wo die Pferde gewechselt wurden, gab es große Maisfelder. Quercus virens bildete mächtige Stämme wie in Louisiana. Die Sonne brannte gewaltig.

Zwei Meilen weiter kamen wir zum Macky Creek, der ein sehr üppiges, von Bäumen umfaßtes Land durchzieht, an seinen tiefen Stellen sehr fischreich ist und einen vortrefflichen Jagdgrund bildet. Wir entgingen einer großen Gefahr, als die Eisen der Vorderwagen brachen, die wildgewordenen vorderen Pferde aber zu unserem Glück die Stänge zerbrachen und auf diese Weise durchgehen konnten, ohne die hinteren Pferde mit wegzureißen. Bei einem Post-office machten wir Halt. Ein wahres Seitenstück zu Onkel Tom brachte mir einen Trunk Wasser, denn Wein wird bei der zunehmenden Temperenz* immer seltener, eine Qual bei dem oft miserablen Wasser. Später kamen wir zu dem hübschen Städtchen Gonzales. Bald darauf kommt man in die Senke, in der der Rio San Marcus fließt. Eine Fähre führte über den schmalen, aber tiefen, von hohen Ufern umsäumten Fluß. Das Land wird jetzt sehr flach und sumpfig. Eigentümliche Löcher zeichnen diese tiefen und nassen Triften aus.

Der nächste Ort ist Seguin mit fünfzehnhundert Einwohnern, recht guten Häusern, mehreren Kirchen und zwei Kollegien für Knaben und Mädchen. Über eine flache Steppenebene fruchtbaren Landes geht es zum Guadalupe, dessen Ufer mit hohem, grünendem Holz und alten Zypressen mit mächtigen Stämmen bewachsen ist. Milis, Smilax und Rhus

---

* Mäßigkeits- und Enthaltsamkeitsbewegung bezüglich Alkoholkonsums; seit 1851 gab es Gesetze, die jeden Handel mit geistigen Getränken polizeilich verboten. Zuerst in Maine (»Maine liquor law«), später auch in anderen Bundesstaaten.

umschlingen die Bäume und Sträucher. Ich sah Leguminosen mit und ohne Dornen, Celtis und Cornus, Amaryllis, Yucca filamentosa, Eryngium etc. Von da an gewinnt die Prärie die Oberhand.

Wir erreichten Alamo, dessen altes Presidio großenteils noch steht und als Kaserne und als Gebäude für die Militärintendanz der US Army dient. San Antonio, schon ein sehr bedeutender Ort mit zehntausend Einwohnern, hat noch manch altes spanisches Haus und wird durch die etwa hundertfünfzig Yards im Quadrat messende Plaza geziert, an der die alte Kirche aus spanischer Zeit steht. Die Stadt besteht meist aus niederen, einstöckigen Häusern mexikanischer Bauart. Sie ist außer der spanisch-mexikanisch-texanischen Bevölkerung von vielen Amerikanern, Franzosen und Deutschen bewohnt. Letztere besitzen ein ganz gutes Zeitungsorgan in der Muttersprache. Ich stieg in dem amerikanischen Hotel ab, wo die Mail-stage hielt, und bekam ein gutes, reinliches Zimmer. Eine Menge zum Teil eleganter Fuhrwerke kreuzte den Platz. Man benutzte die Muße des heiteren Abends, um zu Fuß, hoch zu Roß oder mit dem Wagen zu flanieren. Hier reitet alles auf mexikanischen Sätteln, man sieht viele texanische Ponys, kleine und unansehnliche, aber brave Tiere.

Künstliche Bewässerungsgräben an den reizenden Ufern des San Antonio durchziehen die Felder, die bis zu dreißig Dollar per Acre kosten. Es wird viel Reis angebaut, aber wenig Wein. Pfirsiche gedeihen sehr gut, Orangen und Bananen jedoch noch nicht. Ich fand viele Deutsche, darunter auch Württemberger, die alles aufboten, um mir den Aufenthalt angenehm und lehrreich zu machen. Die Stadt hat zwei Brücken über den San Antonio. Die Stadtkirche Nuestra Señora de la Guadalupe, erbaut 1730, und die Kloster- oder Missionskirche von Los Alamos, erbaut 1758, die der Schauplatz blutiger Ereignisse im Krieg gegen Mexiko war, sind profaniert und dienen als Magazine. Die alten Gebäude des

Presidio beherbergen den Quartiermeisterstab und dienen für alle Militäretablissements in Texas als Depot. Dieser Teil der Stadt, von dem alten Missionskloster, der Alameda und den ersten Häusern von der nördlichen Brücke an, war der Hauptschauplatz des Angriffs der Texas-Insurgenten gegen den General der Mexikaner, Cos mit Namen. Von da aus gelang es den Texanern, nach hartem mehrtägigem Tirailleurkampf, in dem die amerikanischen Rifles gegen die schlechten mexikanischen Musketen die Oberhand gewinnen mußten, und nach heftigem Gefecht, in dem es die Mexikaner an roher Tapferkeit nicht fehlen ließen, bei frühem Morgengrauen mit Brecheisen in das Haus an der Plaza, wo heute das amerikanische Hotel steht, einzubrechen und in den Mittelpunkt der Stadt einzudringen.

Am 9. April machte ich eine Tour nach den südlich und östlich von San Antonio gelegenen Missionen. Diese Niederlassungen der Franziskaner sind teilweise im Viereck gebaut und enthalten alle bei den spanischen Missionen üblichen religiösen Einrichtungen. Von außen sind sie gegen den Angriff wilder Rothäute geschützt, im Innern dienen sie zur Aufnahme und Erziehung gezähmter Indianer. Die Mission La Concepción hat die Gestalt eines maurischen Tempels und nimmt sich mit den verfallenen zwei Türmen und der Kuppel in dem das alte Gebäude umgebenden Buschwerk recht malerisch aus. Bei einer anderen Mission, deren Inneres ich besuchte und dessen Kirche, Refektorium und Säulenhalle ganz verfallen sind, befinden sich noch Familien jener alten Urbewohner, die den Stamm der früheren Bevölkerung bildeten. Jetzt haust dort ein kleiner deutscher Krämer. Eine weitere Mission, La Espada, liegt auf dem rechten Ufer des San Antonio.

Am folgenden Tag besuchte ich die Quellen des Rio San Antonio am Fuß des dort noch wellenförmig niederen Guadalupe-Gebirges. Eine schöne Villa ist in der Nähe angelegt, deren Besitzer dadurch Glück hatte, daß eine Abteilung der

US-Soldaten auf seinem Besitztum kampierte und er für geschlagenes Holz, das damals vielleicht zweihundert Dollar wert sein konnte, fünfzehnhundert Dollar Entschädigung erhielt.

Am 11. April schied ich von der Stadt des heiligen Anton von Bexar und fuhr mit der Post nach Neu-Braunfels, das fünfunddreißig Meilen von San Antonio entfernt ist. Die Stadt ist ganz von Deutschen bevölkert, liegt in einer nicht nur sehr fruchtbaren, sondern durch ihre Lage an Hügeln und schnellfließenden Gewässern reizenden Gegend. Die Auswahl macht dem Prinzen von Solms-Braunfels alle Ehre. Die Wasserkräfte des Comal und Guadalupe müssen dieses rasch aufblühende Settlement einst in einen Fabrikplatz umwandeln. Die Straßen sind sehr breit gezogen, die Häuser meist klein, niedlich und reinlich, von schönen Gärten umrahmt. Die Stadt zählt fünfzehnhundert glückliche Bewohner. Zu Neu-Braunfels rechnet man ein Settlement, das Comalstadt genannt wird. Man erreicht es, wenn man den kristallklaren, reißenden Comalfluß aufwärts verfolgt. Ich ging bis zu den Quellen, deren Temperatur das ganze Jahr gleich sein soll, was ich allerdings nicht nachkontrollieren kann. Auf dem Weg nach Friedrichsburg (Fredericksburg) erhebt sich das Land zu steinigen Höhen, die durch den Missionsberg gekrönt sind.

Die Twin Sisters (Zwillingsschwestern) am linken Ufer des Guadalupe, zwanzig Meilen von Braunfels entfernt, bilden eine reizende Landschaft. Henderson Settlement, zu Comal County gehörig, etwa fünfundzwanzig Meilen entfernt, ist eine der besten Niederlassungen. Zwischen diesem Settlement und Friedrichsburg liegt eine andere zu übersteigende Bergkette. Der Weg ist jetzt durch räuberische Indianer unsicher geworden. Dieses Gesindel gehört Streifparteien der Tonkawa und Lipan an.

Auf dem Rückweg sah ich noch das erste Haus von Neu-Braunfels und die Hütte, die der Prinz Solms bewohnte.

Abends traf ich einen alten Freund aus Oberschlesien, Leopold von Javorsky, einen früheren preußischen Offizier. Oberhalb Friedrichsburg liegen an den Ufern des Llano, einem Zufluß des Colorado, die deutschen Settlements Castell, Leinigen und Schoenburg. Von dort bis zum San Saba ist das Land, übrigens guter Jagdgrund, aber noch gefährlicher und unsicherer wegen der Wilden. Bei einiger Vorsicht und gehöriger Mannschaft getrauen sich die Rothäute jedoch selten an eine Jagdgesellschaft. Auf der Farm meines Freundes fand ich eine gute botanische Ausbeute, aber auch sonst kehrte ich von dieser Gegend reich beladen mit Pflanzen nach San Antonio zurück, was ich vor allem Herrn Oswald, Herrn Roggenbach und dem Gelehrten Lindheimer in San Antonio verdanke.

An Schlangen und Insekten hatte ich nicht viel gefunden. Tropidonotus sauroita in sehr schönen Exemplaren und die Coronella cobella. Die Ground-rattle-snake (Caudisona miliaris), die große Rattle-snake (Crotalus tergeminus) und die Mocassin-snake (Trigonocephalus cenaris) sind nicht selten. Als Gegengift gegen die Bisse dieser Schlangen wird der Genuß von starken alkoholischen Getränken in größeren Dosen angewendet.

DEUTSCHE ANSIEDLUNGEN

In Gesellschaft des Herrn Roggenbach brach ich nach Friedrichsburg auf. Wir fuhren über steiniges, hügeliges Timber-, Busch- und Prärieland auf teils gutem, teils holprigem Weg. In der Nähe des Rio Cibolo erheben sich ziemlich hohe Berge, teils schroffwandig mit parallellaufenden Schichten oder zerklüftetem Fels, teils mit Wald bedeckt. Das Land wäre ein unvergleichlich gutes Kulturland, wenn der große Wassermangel nicht wäre. Auch Wild ist genügend vorhanden, vor allem Hirsche. Bären lassen sich ebenfalls blicken.

Bei einem gewissen Piper, der ein kleines Haus mit Ökonomie besitzt, blieben wir über Nacht. Ich schlief im Wagen. In der Folge verloren wir den Weg und gelangten wieder an den Guadalupe, an dessen Ufer wir die Hütten eines Polen fanden, der uns zu einem deutschen Settler führte, durch den wir auf den richtigen Weg geführt wurden. Zuerst kehrte ich bei Herrn von Bär ein, einem Sohn des früheren Regierungspräsidenten zu Anhalt-Köthen, dessen Bruder mir befreundet und ein vorzüglicher Arzt in St. Louis ist. Wir blieben über Mittag hier, und ich konnte die schöne Aussicht bewundern, die man von der Farm aus über das Tal des Guadalupe und die Sister Bay sowie auf die Bergkette der Twin Sisters hatte.

Das Klima ist sehr gesund und der Boden fruchtbar, doch leidet das westliche Texas gemeinhin an Regenarmut.

Immer noch bilden die Indianer, die Vieh und Pferde stehlen und hin und wieder einzelne Menschen umbringen, ein Moment der Unsicherheit für die Ansiedler. Anfangs waren die Indianer gegen die deutschen Ansiedler gut gesinnt. Der Comanchenhäuptling Guadalupe war sogar häufig auf Herrn Brechtls Farm. Als die Delawaren unter ihren friedliebenden Häuptlingen sowie die Caddo in Texas hausten, waren die Settler gesichert. Ebenso waren die Kriegsparteiführer der Comanchen, vulgo Buffalo Hump und Yellow Wolfe, selten zu Dieberei aufgelegt. Herr von Meusebach machte dann mit etlichen Deutschen einen Zug nach San Saba, ein gewagtes Unternehmen, das aber die glückliche Folge hatte, daß vier Jahre die Indianer den deutschen Ansiedlern nichts taten.

Ich machte eine Exkursion auf die Berge und sammelte viele Pflanzen. Die Jagd in diesen lauter Deutschen gehörenden Gebieten ist gut. Die deutschen Farmer sind O. von Bär, E. Egener, Kapitän Ratt aus Preußisch Minden, Dreschler, Dr. Runge aus Mecklenburg, Rhodius aus Köln und G. Theissen aus Elberfeld, die zusammen mit Frauen und Kindern sechzig Seelen zählen. Ich fand einen jungen mexikanischen Indianer, den man Pablo Diaz nannte, den die Comanchen geraubt und die Deutschen ausgelöst hatten und der in einen Deutschen verwandelt wurde, bei Herrn Dressler. Mit den amerikanischen Settlern stehen die Deutschen trotz entgegengesetzter politischer Bestrebungen im besten Einvernehmen. Für Auswanderer ist Texas günstig. Ein gutes Land ist für fünfundsiebzig Cent bis drei Dollar per Acre nach Auswahl zu kaufen. Ja, nach einem Gesetz des Staates Texas bekommt jeder Einwanderer unter der Verpflichtung des Anbaues bis zu hundertfünfzig Acres Land gratis. Mit einem Kapital von fünfhunderttausend Dollar könnte ein ganz großer Grant in Angriff genommen werden. Man müßte Schafzucht treiben, außerdem Baumwolle, Wein und sogar »Öl« bauen.

Achtungswertes Bestreben der deutschen Ansiedler gebildeten Standes ist es, durch Heranziehung einer größeren Zahl deutscher Emigranten in Verbindung mit Amerikanern des Ostens der Union aus Westtexas einen von Osttexas unabhängigen, freien Staat zu bilden, in dem die Sklaverei abgeschafft würde, da sie der Gesinnung der Deutschen nicht entspricht. Überhaupt zeichnet sich hier, wo ich augenblicklich weile, die deutsche Bevölkerung sehr vorteilhaft aus, da sie meist aus den gebildeten Ständen besteht. Es ist höchst ehrenhaft, daß Männer und Frauen, die in Europa den höheren Ständen angehörten, ohne andere Hilfe als die ihrer Energie und ihrer eigenen Armee schöne Niederlassungen gegründet haben, in denen Wohlhabenheit herrscht.

Eine solche Musterkolonie bildet auch Sisterdale. Der Wasserheilanstalt des Herrn Kapp gegenüber wird ein Reunionshaus gebaut, in dem sich der gesellige Kreis der Bewohner versammeln soll. Das schöne, für Texas mit Luxus ausgestattete Haus des Herrn Degener, des Schwiegersohnes des braunschweigischen Generals von Boernewitz, eines im siebenjährigen nordamerikanischen und spanischen Krieg anerkannten alten Kriegers, ist ein Beweis dafür, daß die Deutschen in kürzester Zeit mitten in der Wildnis eine Nie-

Between the

Commissary General

of the German Emigration-Company

John O. Meusebach

himself his successors and constituents for the benefit and in behalf of the
German people living here and settling the country between the waters of the
Llano and the San Saba of the one part and the chiefs of the

Comanche Nation

hereunto named and subscribed for themselves and their people of the other part. The following private
treaty of peace and friendship has been entered into and agreed upon:

1 The German people and colonists on the Grant between the waters of the Llano and San Saba shall
be allowed to visit any part of said country, and be protected by the Comanche Nation and the Indians
thereof, in consideration of which agreement the Comanche may herewith come to the German colonies
towns and settlements and shall have no cause to fear, but shall go wherever they please, if not
compelled otherwise by the several agent of our great father, and have protection, as long as they
walk in the white path.

2, In regard to the Settlement on the Llano the Comanche promise not to disturb or in any way
molest the German colonists, on the contrary to assist them, also to give notice, if they on bad Indians
about the settlement who come to steal horses from or in any way molest the Germans, the Germans
likewise promising to aid the Comanches against their enemies, should they be in danger of
having their horses stolen or in any way to be injured. And both parties agree that if there be any diffi-
culties or any wrong done by single bad men, to bring the same before the Chiefs to be finally settled and
decided by the agent of our great father.

3, The Comanches and their Chiefs grant to Mr. Meusebach, his successors and constituents
the privilege of surveying the country as far as the Concho and even higher up, if the think
proper to the Colorado and agree not to disturb or molest any men, who may have already
gone up or yet to be sent up for that purpose. In consideration of which agreement the
Commissary General Mr. Meusebach, will give them presents to the amount of One Thousand
Dollars which with the necessary provisions to be given to the Comanches during their stay at
Fredericksburgh will amount to about Two Thousand Dollars with or more.

4, And finally both parties agree mutually to use every exertion to keep up and even
inspire peace and friendship between both the Germans and the Comanche people and all
other islands and to walk in the white path allways and for ever.

In witness whereof we have hereunto set our hands, marks and seals.
Done at Fredericksburgh on the waters of the Rio Piedernales the ninth day of May A.D. 1847,

J. O. Meusebach

R. S. Neighbors, Spec. ag't. U.S.

J. Shubbert

v. Coll

John F. Torrey

Felix A. von Blücher

War Chiefs of the Delawares

Jim Shaw x mark

John Conner x

War Chiefs of the Comanche

Santa Anna x mark

Buffalo Hump x

Mope quitop x

Katumse x

Ti Shaw choneka x

Schahwheh x

Friedensvertrag zwischen J. O. Meusebach und den Comanchen

derlassung nicht nur praktisch, sondern auch komfortabel errichten können. Leider sind die Überfälle der Indianer ein großes Hindernis gedeihlicher Entwicklung. Wie schon erwähnt, waren früher die Deutschen davon verschont, solange sie in nächster Berührung mit den Rothäuten waren. Ich habe die Erfahrung gemacht, daß man nie sicherer ist als in unmittelbarer Nähe der Indianerlager, sobald man die Häuptlinge zu Freunden hat, was nicht schwer zu erreichen ist.

Ich botanisierte fleißig in der Umgebung. Ein junger Mann, der sehr emsig und systematisch texanische Pflanzen gesammelt hatte, war so gütig, mir zwei Exemplare zum Teil recht seltener Pflanzen zu überlassen. Diese und etwa hundertfünfzig von mir gesammelte Spezies gaben mir eine recht gute Übersicht über die Flora von Texas, die reichhaltig, zum Teil originell und reich an schönen Formen ist und so wie die Pampas des La-Plata-Gebietes zahlreiche Übergänge aus der tropischen in die kältere Region aufweist.

Wir besuchten nun die Farm des Herrn Adam Voigt, wo wir erträgliche Betten zum Übernachten fanden. In Verbindung mit dem Mainzer Adelsverein, mit dem die Herren Spieß, Herff und Schleicher einen Vertrag abschlossen, sollte sich auf dem Fischer- und Millerschen Grant ein Settlement auf kommunistischer Grundlage bilden. Hierzu gehörten Schulz und andere, die übrigens hier gut fortzukommen scheinen. Solche kommunistischen und sozialistischen Experimente, die der Verwirklichung europäischer Phantasien dienen, scheitern gewöhnlich in der Neuen Welt und enden bei den üblichen Ansiedlungsmethoden, obgleich ich nicht leugne, daß durch obige Methoden ärmere Gemeinden schon zur Blüte gebracht worden sind, wie etwa die französische Kommunistengemeinde in Nauvoo, Illinois.

Herr Schulz führte uns nun nach dem Wasserfall des Rio Cibolo, wo dieser in eine Höhle von groben Kalkfelsen hinabfällt und dann bis auf einige Wasserlöcher verschwindet.

Es ist eine reizende Felspartie. Das Gestein, von dem ich einige Proben mitnahm, ist für den Geologen von Interesse. Wir fuhren durch reiches Prärie- und Timberland bis zum Laguna Creek, von da an die beiden Balcones weiter zur Bahnstation Comanche Spring, die Herrn Meusebach gehört, und dann zu Leonard's Spring des Herrn Simon, der aber selbst ein kleines Haus mit einem Store hat und nebenbei eine Herberge für Reisende betreibt. Die Leona entspringt weiter oberhalb im Gebirge.

Die Indianer streifen durch das Leona-Tal; erst vor kurzem wurde fünf Meilen von hier eine amerikanische Familie auf das schauerlichste ermordet. Mittags kam eine mit Pfeilen verwundete Kuh nach dem Hof gelaufen, hinter ihr drei Indianer. Der Mann kam der Kuh mit einer Büchse entgegen, ließ sich aber durch Freundschaftszeichen der Indianer beruhigen. Diese folgten dem Farmer in das Haus, wo er ihnen Essen vorsetzte und Tabak zu holen sich anschickte. Die Indianer schossen den Mann von hinten tot, ermordeten zwei Töchter, raubten den Knaben und ließen die Mutter schwerverwundet liegen. Diese konnte sich retten. Als ein bewaffneter Nachbar kam, waren die Indianer verschwunden. Die Lipan streifen mehr als die Comanchen herum. Das ärgste Gesindel sind die menschenfressenden Tonkawa. An diesen Zuständen ist die höchst fehlerhafte Organisation des ebenso kostspieligen wie völlig unzweckmäßigen Militärsystems der Vereinigten Staaten schuld. Die Verwaltung und Verwendung der Militärkräfte unter General Schmidt in Texas ist unter aller Kritik. Bewaffnung und strategische Disposition stecken in kindlichen Anfängen. Die Truppenkörper halten kaum den Vergleich mit städtischen Milizen aus und würden ihren Dienst nicht einmal gegen herrenlose, fechtende Vaganten erfüllen können, wie aber gegen geübte, gutberittene indianische Krieger? Uniformierung und Bewaffnung erfolgen nach veraltetem europäischem Muster, wie sie nicht einmal im siebenjährigen Krieg ausgereicht hätten. Dabei werden vom Staat Millionen unnütz vergeudet. Verständige Offiziere, ja selbst die Regierung des Präsidenten Pierce sehen dies ein. Wie das eingewurzelte Übel abwenden?

Berittene tapfere Männer des Waldes oder der Prärie, bewaffnet mit prächtigen doppelläufigen Büchsen, deren einer Lauf auch zum Gebrauch von Posten oder grobem Schrot dient, namentlich Hinterladern, ferner mit sechsläufigen Revolvern und guten geraden Reiterdegen, werden von den Indianern gefürchtet. Im Gefecht auf kurze Entfernung ist der Indianer zu flink, um ihm mit einfachen Kugeln viel anzutun. Rehposten fürchtet er aber gewaltig, da ihm seine Gewandtheit nichts nützt. Da sein Angriff meist im Zwielicht stattfindet, ist es schwer, ihn zu treffen.

Seit Tagen stürmt es unaufhörlich. Ich sah nie ein windigeres Land, die Pampas nicht ausgenommen. Wir zogen zehn Meilen durch eine wilde, bergige, völlig leblose und unbewohnte Gegend. Wenn man die südliche Abdachung erreicht, übersieht man das weite Tal des San Antonio und die Stadt. Nachmittags kamen wir wieder in San Antonio an. Meine Freunde versammelten sich in einem gemütlichen Lokal, wo ich noch einige Stunden mit ihnen zusammen war. Mein Eindruck von dieser Exkursion zu den deutschen Kolonisten war der der Freude über ihr Gedeihen. Ich bewunderte in San Antonio den lebhaften Verkehr und die Bevölkerungszunahme seit zehn Jahren. Die größeren, europäisch gebauten Häuser nehmen sich neben den Hütten der früheren Bewohner indianischen Ursprungs recht sonderbar aus. Die Physiognomie dieser Rasse zeigt sich noch überall in ihrer braunroten Farbe und ihrem starken schwarzen Haar. Die mexikanischen Rosse mit spanischer Zäumung und Sattelung haben gegen amerikanische Pferde und englische Sättel leicht den Vorrang behauptet.

Die mexikanischen Tänze werden bei einem hell lodernden Feuer oder Fackelschein fast jeden Abend nicht unweit der Plaza abgehalten. Leider ist es mit den Spielhöllen so arg, daß die städtische Verwaltung die strengsten Vorschriften erlassen mußte.

Im Plaza House gab es einen jungen Jaguar, der ganz zahm und zutraulich war. Ausgewachsen kann das Tier eine Länge bis acht Schuh erreichen. Dieser semmelgelbe Panther (Panthera leone), der Puma des spanischen Amerika, ist ein feiges Raubtier, das sich nur im Notfall zur Wehr setzt. Ganz anders ist der Unze, der hier zwar nicht die Größe des Jaguars der Pampas erreicht, auch dem Tigre feral des Südens an Wildheit und Mordlust nachsteht, dennoch aber stets ein sehr gefährliches Raubtier ist. Er greift in Texas Rinder und Pferde an, während der Puma mehr jungen Schweinen und Schafen nachstellt. Im westlichen Texas ist der Luchs mit den weißen Ohrenflecken sehr verbreitet. Der Ozelot (Felis pardalis) kommt an den oberen felsigen Ufern des Llano, des Pedernales, des Guadalupe und des Cibolo häufig vor. In den bewaldeten Bergen des letzteren, zehn bis fünfzehn Meilen von Neu-Braunfels entfernt, und am Sabine ist er in den Felsen verborgen und haust dort mit dem Baribal. Mustangs und harmlose Antilopen werden immer seltener. Der Bison hat sich hinter den San Saba und den nordwestlichen Colorado zurückgezogen.

Der berüchtigte Grizzlybär kommt – freilich in einem kleinen Format – in der Sierra des nordwestlichen Texas unfern des Paso del Norte vor.

Am 19. April reiste ich ab, zunächst den San Antonio hinauf. Die Hitze steht auf plus 34° C. Am Seven Miles Creek stehen einige Settlements, und vier Meilen von Neu-Braunfels liegt eine große deutsche Niederlassung mit echt deutschen Häusern. Sie steht mit der von Comal in Verbindung und wird Four Mills oder Comal Creek Settlement genannt. Wir fuhren auf guter Straße und kamen abends vor das Guadalupe House in Neu-Braunfels, das Herrn Schmidt, einem Deutschen aus Mühlhausen gehört und in sehr gutem

Anteilsschein des Vereins zum Schutze deutscher Einwanderer

Zustand war. Jeden Morgen war der Himmel bewölkt, die Sonnenstrahlen zerstreuten und lösten aber das Gewölk. Mit Sonnenuntergang erhebt sich ein kühler Wind, der manchmal zum Sturm ausartet. Die Abende sind aber meist höchst angenehm, Tau fällt sehr wenig. Es ist mir daher rätselhaft, wie die Vegetation in einem überaus frischen Grün prangen kann. Ich benützte den größten Teil des Tages zum Botanisieren und fand schöne, in unseren Sammlungen seltene Pflanzen.

Sonntag, den 20. April, machte ich mich mit einem starken Bauernwagen auf, um dem bekannten Pastor Ervendberg, einem der fleißigsten deutschen Botaniker in Texas und bekannten Philantropen, Begründer einer trefflichen Erziehungsanstalt verwaister deutscher Kinder in der Kolonie, einen Besuch zu machen. Nicht nur führten mich der wissenschaftliche Drang nach einer überaus reichen und beinahe monographischen Flora und die reizenden Ufer des Comal und Guadalupe dahin, sondern auch das Bedürfnis, einem für das deutsche Element in Texas wahrhaft verdienstvollen Mann meine herzlichste Hochachtung zu zollen. Die Aulandschaft, die man passiert, präsentiert auf eng begrenztem Raum beinahe die ganze Waldflora der niederen Waldgründe von Texas. Bekanntlich besitzt diese Region des zentralen südlicheren Nordamerika mehrere ihr eigentümliche Formen. Der Comal führt ein herrliches und kühles klares Wasser über ein steiniges Bett von Grobkalk und Kieselgeröll. Comalstadt, noch zu Neu-Braunfels gehörig, besitzt sehr fruchtbare Felder. Die Alt-Lutheraner haben eine kleine Kirche, an der Pastor Stroebel aus Württemberg als Pfarrer wirkt.

Die Farm und das Institut für Waisenkinder liegen auf einem luftigen Hügel am Guadalupe drei Meilen von Neu-Braunfels, Ich wurde vom Pastor aufs freundlichste empfangen und sogleich nach dem Standort einiger der seltensten Pflanzen geführt. Mit reichen Schätzen beladen, kehrte ich in das Haus des Pastors zurück, der mir aus seinem Herbarium noch eine Menge seltener Pflanzen zum Geschenk machte. In diesem Augenblick befanden sich ein Dutzend Waisen in der Anstalt. Früher stieg die Zahl oft auf vierzig. Beinahe ohne alle Unterstützung hatte der Menschenfreund alle Schwierigkeiten überwunden und mit seiner wackeren Hausfrau für die geistige und körperliche Erziehung der Kinder gesorgt, die auch meist alle blühend gedeihen. Die Waisen sind den eigenen Kindern ganz gleich gestellt und befinden sich ganz frisch und munter in dem gesunden Klima von Neu-Wied. Außer der körperlichen Pflege sind aber Unterricht und Belehrung in allen Teilen des ökonomischen Farmerlebens Amerikas von unschätzbarem Wert für beide Geschlechter. Die jungen Mädchen, die hier erzogen werden, bringen daher ihrem zukünftigen Gatten die beste Mitgift, die in Amerikas halbwilden Gebieten das Weib dem Manne bringen kann, nämlich einen makellosen Ruf, Gesundheit und den guten Willen zur Arbeit sowie die Sachkenntnis um die Führung des Haushalts. Diese Eigenschaften sind mehr wert als Kapitalien und Aussteuer.

Nach Neu-Braunfels zurückgekehrt, hatte ich viel mit dem Ordnen der Pflanzen zu tun. Ich ging daher kaum fort, sondern besuchte nur einige Gärten. Der County court hatte sich eben versammelt, um einen Fall von Blutschande an der eigenen Tochter zu verhandeln. Mord wird leicht von amerikanischen Gerichten übersehen und jeder mildernde Grund in die Waagschale gelegt, daher auch die grenzenlos überhandnehmenden Totschläge, denn man tötet wegen einer Bagatelle. Besonders zeichnen sich darin die Irishmen aus. Gegen Verbrechen wie Blutschande, Sklavenraub und Pferdediebstahl ist dagegen der Angloamerikaner unbarmherzig. Ich finde dies ganz billig, möchte aber doch den Mördern, Gaunern und Falschspielern auch einige abschreckende Exempel gönnen. Hier muß dem gewöhnlichen Justizgang der Richter Lynch häufig in das Handwerk greifen. Und Arkansas, Texas und Kalifornien geben rühmliche Beispiele einer summarischen Volksjustiz, die in halbgesitteten Ländern leider oft das einzige Mittel ist, die Gesellschaft zu erhalten. Der obige Kriminalfall sollte, wie meist in ähnlichen Fällen, ad acta gelegt werden, denn dem Distriktsanwalt fehlten plötzlich Beweise und Zeugen. Ich fand, sowenig der Fall es verdiente, ungeahndet zu bleiben, daß es der öffentlichen Sittlichkeit entsprach, daß man solchen Skandal nicht in publico verhandeln würde.

In Braunfels sind gute Schulen und tüchtige Seelsorger. Pastor Eisenlohr aus dem Großherzogtum Baden ist ein tüchtiger Prediger, streng christlich, aber nicht bigottisch. Der Franziskaner-Missionar Pater Dornsciser steht der römisch-katholischen Gemeinde vor. Er ist ein guter, duldsamer Hirt, in dessen Gesellschaft ich mich gerne befand, da ich in ihm einen sehr weltkundigen, vielgereisten und vielgeprüften Priester fand, einen Mann von christlicher Salbung, arm und gerecht, wie ein guter Missionar sein soll, ohne Priester- und Pfaffenarroganz und Sektengeist. Diesem Pater gebührt das unter katholischen Priestern so seltene, in Nordamerika beinahe unbekannte Lob, daß er von allen vernünftigen Evangelischen hoch geachtet wird.

Pater Stroebel in Comalstadt steht einer orthodox lutherischen Gemeinde vor; sein strenger Sinn bereitet ihm in einem Land, wo festes Halten an der alten Kirche von einer großen heterodoxen Partei entweder als Geistesschwäche oder, was noch schlimmer ist, für Betrug oder jesuitische Tendenz ausgelegt wird, manche Schwierigkeit. Es gehört Kraft, Mut und unerschütterlicher Glaube dazu, solche Missionen zu übernehmen. Bei diesen Leuten sind Armut und Mangel am Allernotwendigsten wahrhaftig kein Beweis, daß hinterlistige Gedanken zum Motiv ihrer Handlungsweise dienen könnten. Übrigens ist die Zahl derer, die mit dem europäischen Vaterland auch der Kirche den Rücken kehrten, in Amerika groß. Viele sind jedoch einer philosophischen

Moral kundige Ehrenmänner. Gerade die wahrhaft freundliche Aufnahme, die ich in Texas unter allen Parteien fand, bewies mir aufs neue deutlich, wie herzensgut im Grunde der deutsche Charakter ist und daß es nur eines Appells an sein Gemüt bedarf, um seine feindselige Haltung zu ändern. Zeige man dem Deutschen Vertrauen, Achtung für seine Gesinnung, ehre man seine persönliche Stellung und sein freiheitliches Bewußtsein, gebe man ihm Gesetze, würdig eines hochstehenden Volkes, das in moralischer und wissenschaftlicher Bildung keiner Nation der Erde nachsteht, bewege man sich in einer kräftig offenen Politik und hebe man den Druck geistlich-kirchlichen Zwanges auf zugunsten voller Kultusfreiheit, und der Polizeistaat mit seiner schmählichen Geheimpolizei wird von selbst aufhören. Solange an Straßen, Wegen, Bahnhöfen, Theatern, Tanzsälen und öffentlichen Vergnügungsstätten, in Verkehrspunkten und in Versammlungen das säuerliche, beschnurrbartete griesgrämige Gesicht eines arroganten Gendarmen zwischen den Fürsten und das Volk tritt, kann keine Liebe die Herzen verbinden. Und die Folge ist, daß Tausende aus purer Verdrossenheit eine neue Heimat suchen und sie in den Vereinigten Staaten zu finden hoffen.

Ich traf zwei Herren, Dr. Pracht und Boetge. Der erste besitzt eine große schöne Farm am Cibolo, der andere war Ingenieur bei den Eisenbahnbauten in Rußland gewesen, jetzt Farmer am oberen Guadalupe. Beide luden mich höflich ein. Dr. Pracht ist ein eifriger Insektensammler und bot mir alles an, was mir dienen könnte. Von Interesse war es für mich, Näheres über den rauchenden Berg zu erfahren, der den Cibolo aufwärts liegt.

ÜBER GALVESTON NACH NEW ORLEANS

Am 27. April verließ ich Neu-Braunfels mit der Mail-stage in Richtung Austin. Die hügelreiche Landschaft ist üppig mit Rasenteppichen und Niederholz bewachsen. Sie wird von vielen Bächen durchfurcht, die von kräftigem, üppigem Baumwuchs beschattet werden und eine wahrhaft reizende Szenerie bilden, die die vorgefaßte üble Meinung von Texas sehr entkräftet. Von einer Höhe sieht man das Tal des Colorado und im Hintergrund das Städtchen Austin. Sowie man den Bottom des Flusses durchkreuzt hat, entfaltet sich den Augen eine lange Fläche von Sanddünen, die ein altes Bett des Stromes bezeichnen. Hier stand in voller Blüte die texanische, vollweiß blühende Argremone, die sich sehr deutlich von Argremone mexicana unterscheidet. Der tiefe breite Colorado wird von Austin durch hohe Uferwände getrennt. Die Stadt zieht sich nach Norden und Osten einen Hügel aufwärts.

In Austin blieb ich über Nacht in einem Gasthof, dessen Besitzer mich als einen alten Bekannten vom Missouri wiedererkannte. Die Stadt ist hübsch und regelmäßig durch breite, parallel zum Colorado verlaufende Straßen eingeteilt. Die breite, zum Kongreß- oder Legislaturgebäude führende Straße, die Kongreß-Avenue, wird von der anderen Hauptstraße durchkreuzt. Die Häuser, oft solide aus weißem Kalkstein oder Ziegeln gebaut, sind meist quadratisch. Die Stadt ist recht hübsch. Hier sind im kleinen Maßstab alle Eigentümlichkeiten der großen Städte der Union repräsentiert: Kaufläden aller Art, Gewerbe und Handwerker, Hotels, Boarding-houses, Groceries, Barbershops bieten alles, was zur Bequemlichkeit des Lebens gehört. Austin, als Sitz des Gouverneurs von Texas durch seine zentrale Lage begünstigt, muß eine Zukunft haben. Das Kongreßgebäude (Kapitol) beherrscht durch seine Lage im Norden die ganze Stadt. Es ist ein großes massives und hohes Gebäude, nur fand ich die

294

vier hohen Säulen am Eingang an der Vorderfront zu eng gestellt. Im Verhältnis zu ihrer Höhe sind die hinaufführenden Stufen zu hoch und demnach zu schmal, was dem ganzen Monument ein mesquines Aussehen gibt. Trotz der Hitze machte ich eine größere Exkursion auf den Austin.

Unter den Angloamerikanern von Texas nehmen die Knownothing-Bewegung* und die Temperenz überhand. Das Liquor law hat aber in den meisten Counties nur geringen Anhang gefunden. In San Antonio beschränkte man sich darauf, den Verkauf unter einer Quart zu untersagen. Rechte Trinker lassen es sich nicht verdrießen und trinken gemütlich einen ganzen Schoppen Whisky aus. Mit der Mail ging es weiter längs dem linken Ufer des Colorado durch sehr fruchtbares, in bester Kultur stehendes und eingefenztes Land. Später wird das Land hügelig, Buschwerk mit Gruppen von Eichen wechselt sich ab mit grünen Wiesen. Der Walnut Creek, dessen Bottom schöne Nußbäume enthält, ist ein sehr tiefer Bach, der schlimm zu durchfahren ist. Wir mußten aussteigen und über einen quer über den Bach gelegten Baumstamm gehen.

Nachdem die Pferde gewechselt waren, kamen wir nach Webberville, einem kleinen Settlement. Die Fahrt ging dann über den Colorado und hinauf durch meist gemischten Wald. Mächtige Stämme stehen hier, und Weinreben, oft sechs bis acht Zoll dick, steigen zu den höchsten Bäumen hinauf und verwandeln sie in eine Weinlaube. Gleich am linken Ufer beginnt die hübsche Stadt Bastrop. Hier wurden wir so mit Passagieren überladen, daß wir uns nicht mehr rühren konnten. Zudem wird der Weg sehr schlecht, bergig und mit Kiesgeröll bedeckt. Wir mußten alle Augenblicke aussteigen

---

* Partei, ursprünglich Geheimgesellschaft, die in ihrem Eid gelobt, von nichts wissen zu wollen, was sich nicht mit ihren Pflichten gegen das Land verträgt, und besonders die Einwanderung aus Europa zu hemmen, die Naturalisierung der Einwanderer zu erschweren und diese von öffentlichen Ämtern auszuschließen.

und meilenweit durch Sand und Steine dem Wagen nachgehen. Endlich besserte sich der Weg. Zehn Meilen von La Grange setzte der Wagen wieder über den Colorado über. La Grange ist ein größeres Städtchen und malerisch gelegen. Wir blieben zwei Stunden und wechselten den Wagen, noch mehr mit Passagieren überladen, die sich auf dem Deck der Postkutsche wie Reisende auf dem Rücken eines Elefanten ausnahmen. Der Weg führte durch Mischwald und angebautes Land bis zum Rocky Creek.

Brenham ist ein blühender, auf hügeliges Gebiet gebauter Platz. Hier wurden die Wagen getauscht. Wir stiegen in den Wagen nach Washington. Es wurde Nacht, als wir in das hübsche Städtchen Washington kamen, das am Brazos liegt. Der Weg führt acht Meilen über hügeliges, meist bewaldetes Land bis zur Fähre, die über den Brazos führt, dessen Wasser zwischen hohen Ufern dahinflutet. Nach und nach lichtete sich der Wald, und die große Ebene mit ihrer in der nassen Jahreszeit so sumpfigen Prärie zwischen dem Brazos und Houston breitete sich vor uns aus. In der Nähe befinden sich deutsche Ansiedlungen. Große Züge Texaswagen, mit fünf bis sechs Ochsen bespannt, unterbrachen die Einsamkeit des Weges. Gewöhnlich sind die Treiber zerlumpte Neger, zu Fuß oder zu Pferd, mit langen Peitschen bewaffnet.

Houston ist ein freundliches Städtchen am Rande des Bayou Buffalo, hat zierliche Häuser und breite Straßen. Es zählt jetzt fünftausend Einwohner, hat einige schöne Gebäude, viele Stores und Handwerkerläden, Bar- und Billardräume. Das ehemalige Kapitol dient als Gasthof. Dort fand ich ein reinliches Zimmer, Bett und freundliche Bedienung. Ich machte die Bekanntschaft eines liebenswürdigen Mannes, Dr. Schmidt, der seine Studien in Paris gemacht hatte und vollkommen der französischen Sprache mächtig war. Houston ist mit Galveston durch Dampfboote, mit Austin und Richmond durch die Mail-stage verbunden. Daß es ebenso verrufen ist wie die meisten anderen texanischen Städte, ist unverdient. Durch seine Lage am Ufer des Bayou ist es im Sommer zwar etwas warm und ungesund, auch ist man den Moskitos stark ausgesetzt, trotzdem dürfte Houston noch immer wohnlicher sein als die meisten kleineren Städte der südöstlichen Union.

Das schöne Dampfboot »Eclipse« war bereit, seine Passagiere und Güter nach Galveston aufzunehmen. Das Boot lag am Bayou und lud Cotton-Ballen, wodurch das Einladen der Passagiere sehr erschwert wurde. Da ich mein Gepäck voller Gläser mit Insekten und Reptilien hatte und außerdem etliche Packen mit getrockneten Pflanzen mitführte, war ich natürlich besorgt, die Sachen möchten durch Fahrlässigkeit der Neger verderben, und hatte deshalb viel Qual beim Transport auszustehen. Sowie der Negersklave außer Reichweite seines Herren und dessen Peitsche steht, ist er indolent, faul und gegen Fremde naseweis, sucht denselben nachzumachen und benimmt sich unbeschreiblich unartig. Gegen einen Amerikaner wagt er es freilich nicht, denn dieser stellt ihn nicht einmal auf die Stufe eines Tieres. Bei Fremden ist dies aber anders. Soviel ist ausgemacht, daß jemand, der die Stellung eines Afrikaners in Nordamerika besser kennt, bei einiger Vernunft trotz seiner angeborenen Abneigung gegen die Sklaverei von Abolitionismus keine so philosophische Ideen hegen kann wie viele eingefleischte Negrophile.

Die Fahrt den Buffalo herab bis Harrisburg war reizend. Birken mit blätteriger Rinde wechselten mit Linden, Eschen, Ahornbäumen, Platanen, Fichten, Ulmen und Eichen. Die Bäume waren oft bis zum Wipfel mit Schlingpflanzen durchrankt, was sich sehr gut ausnahm. Etwas Schöneres kann man sich nicht denken als diesen Fluß mit seinen vielen Krümmungen, eingefaßt in eine so innige Waldvegetation. Nur einzelne Häuser durchbrechen die Wildnis.

Von Harrisburg geht eine Eisenbahn, die einzige bis jetzt in Texas gebaute, nach Richmond. Der ganze April war kühl und wolkig, aber neblig. Fast jeden Abend ging die Sonne mit großer Pracht unter. Einen eigentlichen Frühling gibt es in diesen Breiten kaum. Während der ganzen Zeit meines Aufenthaltes in Texas regnete es keinen Tropfen. Wir erreichten die Mündung des Buffalo in den San Jacinto. Die Niederlassung gleichen Namens liegt auf der rechten Seite des Flusses gegenüber Lynchburg. San Jacinto ist in der neueren Geschichte von Texas ein sehr bedeutungsvoller Name. An den Ufern dieses Flusses, etwas landeinwärts von der Niederlassung gleichen Namens, schlug Houston, der texanische General, am 21. April des Jahres 1846 den mexikanischen General Santa Ana auf das Haupt und entschied so das Los des damaligen Freistaates Texas. Houston hatte den Rest der Texaner nach und nach gesammelt und sich vor dem mexikanischen Präsidenten zurückgezogen. Das Gemetzel in der Kirche von Alamo und San Antonio, wo hundertsechzig bis hundertsiebzig Personen jeden Alters und Geschlechts niedergemacht wurden, und der schmähliche Treuebruch der Mexikaner nach der Kapitulation in Goliad am Guadalupe hatte die Texaner auf das fürchterlichste erbittert und zur Rache gereizt. Ich will Mut und militärisches Genie dem kühnen Santa Ana nicht absprechen, doch die Mexikaner, schlecht bewaffnet, nicht organisiert und für einen solchen Krieg zu weit von ihren Heimstätten entfernt, waren nicht geeignet, sich mit den besten Jägern, den bravsten Hinterwäldlern und den trefflichsten Schützen Nordamerikas zu messen.

Als nämlich die Mexikaner im ersten Schrecken zurückwichen, warfen sich die Ranger wie Dämonen mit Blitzeseile auf die fliehenden Reihen, mit ihren Bowiemessern die Gegner hinschlachtend. Es muß ein abscheuliches Gemetzel gewesen sein, und die Geschichte kennt wenig furchtbarere Kriegstaten, als es die Schlacht von San Jacinto möglicherweise war.

Nur acht bis zehn Ranger fielen, während der Fluß und die Ebene sechs- bis achthundert Leichen des Feindes zählten.

Was würde der große Cortez zu solchen Nachfolgern sagen? Hundert tapfere Kastilianer des 16. Jahrhunderts hätten die Schlacht mit Houstons Scharen gewagt und mutig bestanden. Santa Ana wurde nachher gefangen, er entging der Rache, die sein Leben bedrohte, nur durch den Einfluß des Generals Houston, der seinen Namen durch eine Bluttat nicht beflecken wollte.

Am 3. Mai fuhr das Boot in Galveston ein. Ich fuhr in das Fremont-Hotel, wo man mich, da ich für einen gewöhnlichen Ausländer gehalten wurde, eine Stunde an der Tür stehen ließ – es war noch früh am Tag –, ohne daß es einem der faulen Neger eingefallen wäre, auch nur mein Gepäck ins Haus zu tragen. Der Hotelier machte ein langes Gesicht, und obgleich ich mich in das Buch eingetragen hatte, so entsann er sich nicht und würdigte mich kaum eines Blickes. Mir riß zuletzt die Geduld, da ich glaubte, meine Dollars wären so viel wert wie die anderer Leute. Ich fragte, ob ich Gelegenheit haben könnte, meinen Anzug zu ordnen. Er erklärte mir dann, der Porter sei nach dem Steamer gegangen. Zuletzt entzifferte er doch meinen Namen und fand sich bewogen, einen anderen Neger zu beordern. In Deutschland standen früher die Posthalter im Geruch sehr negativer Höflichkeit, während die Wirte durch Titulaturen und Kratzfüße die Gäste belästigten. Hier ist es das entgegengesetzte Verhältnis. Die Wirte sind meist steife Gentlemen und ihre Clerks personifizierte Flegel. Nachdem man einmal wußte, wer ich bin, und mein Tagebuch erblickte, wurde man doch fix höflich, denn Journalisten und Reisende können dem Hotelier unbequem werden. Übrigens war das Hotel ein gutes Haus, die Zimmer reinlich und alles in besserer Aufmachung. Es konnte mit den feineren in der Union wohl konkurrieren. Für Galveston war es sogar vorzüglich zu nennen.

In Galveston traf ich einen Landsmann, Herrn Sautter, der sich seit fünfzehn Jahren in Texas aufhält und ein großes Vermögen erworben hat. Wir fuhren am Strand entlang, der durch eine Reihenfolge niederer Dünen gekennzeichnet ist. Das Ufer ist harter Sand mit Muscheltrümmern, unter denen hin und wieder ein ganzes Exemplar ein- oder zweischaliger Mollusken, Seesterne und Medusen erscheinen. Das Merkwürdigste war ein sechs Fuß langer, achtzig bis hundert Pfund schwerer, großschuppiger, in das schönste Blau spielender Megalops, dessen Rückenfloßpinsel über fünfzehn Zoll lang war. Durch den schweren Orkan von 1854 – 19. bis 21. September –, der aus SSW kam, sowie durch die heftigen Oststürme hat sich die Insel Galveston sehr gegenüber ihrer früheren Gestalt verändert. Das Meer bedroht die Stadt immer mehr. Bei dem großen Sturm von 1843 war nicht nur die Insel unter Wasser gesetzt worden, es war auch die Schanze nebst Geschützen, die den südöstlichen Teil und die Einfahrt deckte, weggeschwemmt und ein Teil des Landes vom Meer hinweggerissen worden; der Orkan von 1854 überschwemmte ebenfalls den größten Teil der Stadt.

Ich fand mehrere Württemberger in Galveston, unter anderem Ch. W. Schmidt aus Neustadt a. d. L., dessen Söhne in Mergentheim sind, und einen Schneidermeister, der früher in unserer Artillerie gedient hat.

Am 6. Mai schiffte ich mich auf dem Steamer »Louisiana« ein. Da es Sonntag war und eine Menge guter Schiffe im Hafen lag, war der ganze Damm mit Neugierigen bedeckt. Die See war ruhig, der Himmel heiter, das Schiff komfortabel, und die Passagiere waren angenehm. Der Tisch war vorzüglich, wie immer auch auf amerikanischen Dampfschiffen auf See, ganz im Gegensatz zu den Gasthäusern zweiten und dritten Ranges auf dem Land in USA. Auch die englischen Steamer und Segler stehen in dieser Beziehung den amerikanischen nach.

An der Küste von Louisiana tauchte Last Island auf, ein als Sommeraufenthalt beliebter Platz, wo mehrere große Häuser stehen. Die reicheren Bewohner des Landes strömen im Mai und Juni sowohl wegen der Seebäder als auch wegen der angenehmen Luft an Seeplätze wie Mandeville, Madisonville, Pontchartrain, Biloxi Bay, St. Louis, Ocean Springs. Die Küste von Louisiana ist außer bei heftigen Südweststürmen ungefährlich, diese wehen aber nur selten. Die Nordwest- und Ostwinde sind gefahrlos, obgleich sie in den Wintermonaten sehr heftig wehen, aber die Schiffe können die hohe See halten oder durch Annäherung an die Küste dem hohen Wellenschlag entgehen. Obgleich es in diesem Teil der Nordküste des mexikanischen Golfes an Haifischen nicht fehlen kann, hört man selten von Unglücksfällen. An den sandigen, zum Baden geeigneten Ufern fürchtet man, ich glaube ohne Ursache, den Alligator. Ich beobachtete zwei Arten dieser Tiere, die Brack- und Salzwasser suchen, aber auch im Süßwasser leben. Der erste hat eine sehr kurze Schnauze, die mit einem fürchterlichen Gebiß bewaffnet ist, und wird bis zu acht Fuß lang. Ich fand ihn nur an und in der Nähe der Küste. Ich nenne ihn Lepidosteus lucius. Der andere ist kleiner, aber vielleicht gefährlicher, hat einen längeren Kopf, doch auch mit runder Schnauze und verschieden gebildeten Schuppen (Lep. ferox). Von diesem trägen, freilich furchtbar aussehenden und mit mehreren Reihen spitzer, starker Zähne bewaffneten Tier rühren die kursierenden Fabeln her. Der sehr weit verbreitete langschnauzige Hornochse, auch Panzerechse (Lep. osseus) genannt, erreicht zwar oft sehr große Dimensionen – ich fand zentnerschwere Exemplare in den Swamp Waters des Mississippi und Missouri Bottom –, ist aber ein ganz harmloses Ungeheuer, dessen Kopf an den indischen Gavial erinnert.

Der Biß des im Golf von Mexiko so häufigen Ancylodon mag wohl sehr gefährlich sein, so daß man annehmen kann, daß der oft nur einfach im oberen Vorderkiefer stehende Zahn – im normalen Zustand stehen die zwei langen, einzeln stehenden Zähne an beiden Seiten nicht weit voneinander – beim Biß in der Wunde abbricht oder steckenbleibt und zu gefährlichen Verwundungen und Geschwüren Anlaß gibt.

Die Rücken-, Seiten- und Brustflossendornen der Pimeloden sind ebenfalls sehr gefährliche Defensivwaffen für den Fisch, wenn man ihn unvorsichtig aus Netzen oder Angeln nimmt. Ich habe mich selbst in Biloxi an der Art mit langen pinselförmigen Rücken- und Seitenstrahlen verwundet. Der gefährlichste Fisch aber ist der Stingaree oder der Stachelrochen, dessen Schwanzstachel die schwierigsten, in manchen Fällen tödlichen Verwundungen verursacht, da man beim Baden leicht auf den trägen Fisch treten oder in Netzen unter anderen Fischen in Kontakt mit dem gefährlichen Stachel kommen kann.

Diesmal hatten wir fast keine Seekranken, obschon der Wellenschlag nicht geringer war als bei der Hinreise. Ich habe die Erfahrung gemacht, daß eine trockene Luft wirklich günstiger für Seereisen ist als eine feuchte, nebelige Atmosphäre, denn das sehr feuchte Wetter trägt mehr zur Seekrankheit bei als eine frische Brise. Der Genuß kühlender, säuerlicher Getränke wirkt bei Seekrankheit vorteilhafter. Milchtee ist dem Kaffee vorzuziehen. Alkoholika taugen gar nichts. Unter den Weinen ist ein guter Xeres am vorzüglichsten. Das Brechen muß man zu erleichtern suchen, und das Trinken von Seewasser ist von Vorteil. Das beste Nahrungsmittel, namentlich für Damen und Kinder, ist eine leichte Fleischbrühe mit etwas Zitronensäure. Kleine Dosen Äther und etwas Alkali fand ich bei krankhaftem Erbrechen wohltätig wirkend. Bei heftigen Kopfschmerzen helfen kalte Umschläge auf den Kopf. Das Liegen auf dem Rücken mit geschlossenen Augen bringt Erleichterung. Ruhe und Schlaf sind sehr wohltätig. Prophylaktika und Spezifika aber gibt es für Personen, die dieser Qual ausgesetzt sind, keine. Ich werde nie seekrank, sah aber einzelne Passagiere so leiden, daß ihr Zustand einem Kampf zwischen Leben und Tod gleichen kann.

Wir fuhren bei sternenhellem Himmel in das Fahrwasser des Mississippi. Die niederen Schilfufer erschienen wie schwarze Striche, die die Uferränder bezeichneten. Alles war auf den Beinen. Die Damen waren guter Dinge, sangen und lachten oder bildeten Gruppen auf dem Deck. Die ganze Nacht fuhr die »Louisiana« den Strom hinauf und legte am 8. Mai morgens um sieben Uhr an der Julia Street in New Orleans an.

Nachdem 1851 das Vorhaben, in die Rocky Mountains zu reisen, wegen des frühen Wintereinbruchs gescheitert war, machte Herzog Paul einen neuerlichen Versuch. Am 15. Juni 1855 brach er mit dem Dampfer »Nikolaus« auf und wechselte in Cairo auf den Dampfer »Atlantic«. Am 23. Juni traf er in St. Louis ein und rüstete drei Wochen lang für die Expedition. Doch wegen der Nachrichten über die Indianeraufstände in Kansas gab er seinen Plan wieder auf.

Den Rest des Sommers und den Herbst verbrachte der Herzog in Illinois, den Winter in St. Louis. Am 2. April kehrte er wieder nach New Orleans zurück. Dort fand er ein Schreiben von Möllhausen vor, das er sogleich beantwortete:

New Orleans, La., den 6ten Mai 1856

Mein lieber Möllhausen!
Mit innigstem Vergnügen durchlas ich Ihr liebevolles Schreiben, welches ich durch die Vermittlung unseres Freundes, des Herrn Consul Angelrodt, gestern hier erhielt. Mein Erstes ist, Ihnen meine innige Teilnahme zu Ihrem häuslichen Glück auszusprechen und zu der Vaterfreude zu gratulieren. Sie sehen, daß die Menschen denken und der gute alte Gott es zu ihrem Besten lenkt. Derselbe große Vater alles Erschaffenen, der uns auf so wundervolle Weise aus der drohendsten Todesnot und vielfachen, beinahe übermenschlichen Beschwerden und Gefahren errettete, erhörte mein Gebet an jenem verhängnisvollen Abend in unserem Indianerzelt und führte Sie und mich auf den Weg des Heiles weiter. Ich gratuliere Ihnen ebenfalls, lieber Möllhausen, daß es Ihnen gelungen ist, das Wohlwollen eines so großen Mannes wie

das unseres unvergleichlichen Alexander von Humboldt zu gewinnen. Dies gereicht Ihnen zur größten Ehre, denn Herr von Humboldt hat nicht als irdischer Herrscher oder Eroberer sich viele Blätter in der Geschichte dediziert, das unvergängliche Reich des Wissens um Jahrhunderte aber befördert und wird gleich einem Aristoteles oder Herodotos unter den Vätern der Wissenschaft den ersten Platz einnehmen. Nur mit Ehrfurcht nenne ich den Namen des großen gelehrten Mannes und rechne es mir zu der unbedingtesten Ehre und zu den glücklichsten Rückerinnerungen, von Sr. Exzellenz persönlich gekannt zu sein. Ich bitte, Hr. von Humboldt mich achtungsvollst zu empfehlen.

Durch Ihre letzte Expedition nach der Westküste, mitten durch die Steppenwüsten, welche den oberen Rio Grande von dem Rio Gilo und dem westlichen Colorado trennen, bewohnt von wilden Horden, unter denen die Apachen die bedeutendsten sind, haben Sie sich einen Namen gemacht, der sehr ehrenwert ist, um so mehr, als Sie sich nicht durch arge Not abschrecken ließen, welche Sie mit mir bestanden haben, eine neue gefahrvolle Reise zu unternehmen. Auch ich habe seit den letzten vier Jahren lange Reisen zu Ende gebracht. Im Winter 52/53 von New York nach Australien in See gegangen, mußte (in größter Détresse) mein Schiff aus den Gewässern des Vorgebirges d. G. H. nach der südamerikanischen Küste zurücksegeln.

Nachdem ich einen großen Teil Brasiliens bereist hatte, ging ich in die La-Plata-Länder über, besuchte den weniger erforschten Uruguay bis zu den Crahdeischen Missionen, dann Entre Rios und die Pampas von Buenos Aires. Das Glück war mir günstig. Ein kaiserlich-französischer Schraubendampfer, die »Duroe«, nahm mich auf. Sein Zweck, ganz Magellanien und Feuerland, die südlichen und nordwestlichen Canäle bis zum Cap Ares los montes mit inbegriffen, zu besuchen, glückte vollständig, und viele wohl wie in einer Reihe zusammengefügte Landschaften sah ich in einem ganzen Bilde vereinigt. Ein längerer und ein kürzerer Aufenthalt in Chile und Peru vermehrten die interessevollen Erinnerungen. Sehr umfangreiche Sammlungen waren die Früchte nicht unbedeutender Anstrengungen. Die zwei letzten Jahre bearbeitete ich Kanada, die südlichen atlantischen Staaten und beinahe ganz Texas. Ein Versuch, durch die Sioux-Länder nach Oregon vorzudringen, mißlang vollständig an den feindseligen Gesinnungen unserer alten Bekannten, der Oglala und Teton-Sioux. Sie erinnern mich an die riesigen Formen einzelner Indianer dieser Stämme. Die größten menschlichen Gestalten der roten Rasse im nördlichen Kontinent fand ich unter den Osagen, Utah und den Oglala. In der südlichen Hemisphäre sind es wohl die Patagonier, welche nachhaltig sieben Fuß engl. Maß erreichen und deren Oberkörper namentlich im Gegensatz der Beine auffallend ausgebildet ist, so daß ich sie sitzend noch größer als stehend wähnte...

Ich grüße Sie herzlichst, gehe im Juni nach Europa zurück und sende eben meine Leute und Sachen ab. Zu dieser letzten Expedition hatte ich sorgfältige Vorbereitungen gemacht, gute Wagen, Leute und Pferde gekauft und mußte alles vereitelt sehen. Nun mit Gott der Ihrige als Ihr treuer alter Freund
Paul von Württemberg.

Vergeben Sie die große Eile, mit der ich diese Zeilen hinkritzle. Ich empfehle mich Ihrer Gattin unbekannterweise.

Reise durch die Südoststaaten der USA nach New York und Rückkehr nach Europa
(22. Juni bis 28. Juli 1856)

===

Die Zeit von April bis Juni verbrachte ich mit vielfachen Ausflügen an die Küste des Lac Pontchartrain, nach Mandeville und Madisonville sowie mit einer Fahrt nach Osyka, das auf dem Weg nach Jackson in Mississippi liegt. Ich streifte botanisierend und jagend durch die Urwälder und machte reiche Beute. Unter anderem fing ich auch eine Korallenschlange, die schwarze, sehr giftige Kongoschlange. Das Klima war aber seit dem Mondwechsel drückend heiß geworden. Die Theater hatten bereits geschlossen, die reicheren Bewohner hatten die Stadt verlassen. Am 22. Juni nahm ich den Dampfer »Cuba«, der mit der eleganten Welt besetzt war, die in die Seebäder reiste. Die Luft war kühl, was mir um so lieber war, als ich an einem Rotlauf im Gesicht und schmerzhaften, durch Insektenstich verursachten Karbunkeln litt. Am nächsten Tag früh morgens um vier Uhr waren wir bereits in Mobile, ich selbst wenig später in Battlehouse, einem der übelsten Gasthöfe des Südens der Vereinigten Staaten. Abends bestieg ich den »Czar« mit dem Ziel Montgomery. Das Boot hielt kurze Zeit in Clairborne an. Eine hohe, mit einem Dach bedeckte Stufentreppe und eine Rutschbahn führten den Berg hinan. Die ersten Ansiedler der Mobile sahen die Krokodile des Alabama River als groß, gewaltig und gefährlich an. Jetzt sind sie seltener geworden

306

Ein Fahrt durch den Urwald

und haben sich in die Seen und Sümpfe zurückgezogen. Der Kapitän sagte, daß sie oft sehr alt erschienen, weil ihr Rücken ganz mit Moos und Tang bedeckt gewesen sei. Die Ufer werden, je weiter stromaufwärts, desto steiler und felsiger.

Es fing des Morgens an, wieder sehr heiß zu werden, und um acht Uhr brannten die Sonnenstrahlen schon wie Feuer. Dabei wehte kein Lüftchen. Man kann sich keinen Begriff von der Hitze in den südlichen Vereinigten Staaten machen, insbesondere während der Sommermonate. Die heißen Sonnenstrahlen der afrikanischen Sahara sind nichts dagegen, denn die Feuchtigkeit der Atmosphäre in den südlichen Staaten versetzt das Hautsystem in eine ewige diaphoretische Aufregung, gleich in einem türkischen Schwitzbad. Dabei herrscht tagsüber keine Milderung, da durch fünf Sommermonate die Winde stets südlich wehen. In New Orleans zeigen sich auch bei akklimatisierten Personen bei Fieber andere pathologische Erscheinungen, wie Furunkeln, Rheumatismen und bösartige Durchfälle, besonders in den Monaten Mai und Juni, wenn die Gewitter beginnen. Die Zeit der endemischen hektischen Fieber ist dagegen für an das Klima gewöhnte Personen weniger nachteilig als der Vorsommer.

So voll von Passagieren auch das Boot war, fand ich doch lauter Natives. Es wurde daher nur englisch gesprochen, ein Beweis, daß die Foreigners in vielen Teilen der südöstlichen USA nur noch selten sind. Der Charakter der angloamerikanischen Engländer ist festgesetzt, doch viel weniger engherzig als der der Yankees der Nordoststaaten. Die Gesellschaft benahm sich sehr still und sittsam. Kein lautes Wort wurde gehört. Einige feine Gentlemen bildeten meinen Zirkel, darunter waren mehrere recht gut unterrichtete Leute. Ein junger Mann, Mr. Mc Intyre, schenkte mir eine sehr reiche Kupferstufe aus seiner Mine bei Cherokee City, Georgia.

Zu Mittag erreichten wir Catawba, die ehemalige Kongreßstadt des Staates Alabama. Sie liegt am rechten Ufer am Abhang eines sanften Hügels, hundertdreißig Meilen von

Montgomery, und ist vom Strom aus kaum sichtbar. Der kleine Catawbafluß fließt nördlich der Stadt in den Alabama.

Der Kapitän wollte wahrscheinlich den hohen Personen seines Schiffes Ehre machen und gab uns ein reiches Dinner. Da der Zufall es wollte, daß gerade mein Geburtstag war, so fand ich es ganz komisch, an diesem Tag in der Neuen Welt ein großartiges Festessen zu halten. Mit vorzüglichem Wein tranken meine Tischnachbarn auf meine Gesundheit und ahnten nicht, wie tief im Herzen mich ihr Toast bewegte. Wir kamen nach Selma, einem der bedeutendsten Plätze am Fluß. In der Nähe, in Shelby und St. Clair, sind die großen Kohlenbergwerke. Dasjenige in Shelby wird von Herrn Hess betrieben, einem Deutschen, der Superintendent der Alabama Mining Company ist.

Ganz eigene Breccie-Formationen, sogar ganz neu gebildete, mit Flußwassermollusken der Tertiär-Formation gemengt, bilden sich mit dem Geröll am Wasserspiegel. Die pilzförmigen Köpfe sind im Gestein des Felsens enthalten und werden vom Wasser ausgewaschen. Sie widerstehen, weil sie kompakter als die Gebirgsmassen sind. Dem Strom entlang laufen mehrere Inseln parallel miteinander. Sie sind sandig und kiesig und werden Gargners Islands genannt. Der Strom wird durch sie in schmale Fahrwasser geteilt. Aus der Breccie treten in größeren Lagern eisenhaltige Tongebilde hervor. Später nimmt diese Uferbildung immer mehr ab, Ton und Sand gewinnen die Oberhand.

Am 26. um neun Uhr landeten wir in Montgomery. Montgomery, mit vier- bis fünftausend Einwohnern, ist eine hübsche Stadt mit vielen Kirchen, schönen Häusern und breiten Straßen, wenigen großen Hotels und dem Kongreßgebäude. Sie wurde auf einem schattenlosen Hügel erbaut. Der Bahnhof liegt hier hundertsechzig Fuß über der Bai. Von Mobile sechzig Fuß über dem mittleren Stand des Alabama, der also bei achthundertachtzig engl. Meilen ein Gefälle bis Mobile von vierhundert Fuß hat. Mittags zeigte das Thermometer 52° C. Die in oft bizarren Formen gebauten, inmitten der Stadt zusammengereihten und von Backsteinen oder Bausteinen aufgeführten amerikanischen Häuser passen nicht für eines der in den Sommermonaten heißesten Länder der Welt. Dies und die großen, von hohen Matratzen strotzenden Betten mit Moskitonetzen von dichtem Baumwollzeug verursachen unerträgliche Nächte. Die Stadt ist wie alle neuen amerikanischen Städte quadratisch mit parallel sich kreuzenden Straßen angelegt. Der Stadtkern, gleichzeitig Geschäftsviertel, besteht aus dicht aneinandergebauten, hohen Backsteinhäusern in breiten baumlosen Straßen und ist der größten Hitze ausgesetzt. Hier liegen auch die größeren Hotels wie »Exchange House« und »Montgomery Hall«. Der äußere, luftige Teil der Stadt besteht aus Grundstücken, die oft ein ganzes Quadrat einnehmen, in dessen Mitte, von den schönsten und baumreichsten Gärten umgeben, die Wohnhäuser und die Villen liegen. Hierin haben die Angloamerikaner oft viel Geschmack, und ihre Vorliebe für Gärten, seltene Bäume und Pflanzen läßt sie keine Unkosten scheuen, ihre Wohnsitze schön und angenehm zu gestalten. Eine Menge bodenständiger oder fremder Bäume ziert oder beschattet diese Villen und die leeren Plätze. Die Orangen allerdings wollen nicht gedeihen, denn zu warm ist der Sommer, zu naßkalt sind die Winter, mit harten eisigen NNO-Winden, so daß die Extreme im Sommer oft plus 35° bis 40° C, im Winter manchmal minus 5 bis 7° C erreichen. In den letzten Jahren haben die bösartigen Fieber hier gehaust, so etwa entzündliche Gallentyphoidfieber, die in gelbes Fieber übergehen. An mehreren Stellen genießt man eine Aussicht auf das mit mächtigen Waldflächen bedeckte Land und auf den malerischen Alabamafluß.

Ich nahm die Eisenbahn, und da der Zug nur aus einem Passagier- und einem Packwagen bestand, so ging es blitzschnell durch die gemischten Felder des östlichen Alabama nach Georgia. Die Kiefern sind ungemein schlank und geben

Mit der Eisenbahn unterwegs

treffliches Bau- und Sägeholz. An den feuchten Ufern der
Bäche und an sumpfigen Stellen erscheinen Platanen, Tul-
penbäume, Lorbeer, Magnolien, Buchen, Erlen und Eschen,
seltener Nußbäume. Das Land wird um so hügeliger, je mehr
man sich Buttlar nähert, und ist sehr selten angebaut. Ehe der
Zug Macon erreichte, hatte ich den imposanten Anblick
eines in voller Glut stehenden Kiefernwaldes. Wie eine
Windsbraut eilte der Zug durch die tosende Lohe.

Macon ist eine schöne Stadt inmitten eines Gartens von
Villen und schönen Bäumen. Der Bahnhof ist einer der
schönsten und komfortabelsten der Union. Er bietet alle
möglichen Bequemlichkeiten, einen schönen großen Speise-
raum und Säle für Herren und Damen. Das Reisen bei Nacht
ist kein Vergnügen, weil Gruppen von Schlafenden, vom
Säugling bis zum Greis, auf jede Weise es sich bequem zu
machen suchen. An Familienmüttern mit einem ganzen Ru-

del Kinder fehlt es nie. Im Süden schleppen sie nun noch einen Troß von alten und jungen Negern beiderlei Geschlechts mit sich. Dazu kommt ein Berg von Hut- und anderen Schachteln, Vogelkäfige mit Kanarienvögeln und Papageien und sonstiger Hausrat, der allen Platz in Beschlag nimmt. Eine weitere Erscheinung bei Eisenbahnfahrten bilden die spuckenden und tabakkauenden Passagiere, die beim Sitzen die Beine stets höher stellen als den Kopf und gerne zwei oder drei Plätze usurpieren. Dessenungeachtet ist es doch ein gutes Ding mit den amerikanischen Eisenbahnen. Es gereicht der jungen und tatkräftigen Nation zur höchsten Ehre, in fünfundzwanzig Jahren ein solch ungeheures Schienennetz organisiert zu haben und für wenig Geld den Reisenden Tausende von Meilen zu befördern.

Wir erreichten nun den großen stattlichen Bahnhof von Savannah, dieser ausgezeichneten Hafenstadt des Staates Georgia. Bald saß ich im Omnibus und fuhr durch die sandigen, aber von hohen majestätischen Bäumen beschatteten Straßen nach dem Pulasky Hotel am Monument Square. Savannah zählt zwanzig- bis zweiundzwanzigtausend Einwohner, ist einer der besten Seeplätze der Union und liegt achtzehn engl. Meilen vom Atlantischen Ozean entfernt. Die Bai ist über eine Meile breit und hat eine mittlere Tiefe von achtzehn bis einundzwanzig Fuß. Das Hotel in der Nähe des Stadthauses, von dem man eine treffliche Ausicht auf den Savannah und die Umgebung genießt, war sehr gut. Treffliches Wasser fand ich hier vor, was eine wahre Wohltat ist. Obwohl die Straßen, wie bemerkt, breit sind, ungepflastert und sandig, sind sie noch mit vielen Plätzen versehen, von denen der Monument Square der bedeutendste ist. Riesige Bäume beschatten diese Plätze und zum Teil die Straßen, die übrigens alle Alleen bilden. Die großen steinernen oder gemauerten Häuser sind im altenglischen Stil gebaut. Die inneren Stadtteile sind mit Gärten geschmückt, die aber wie Klostergärten von hohen Mauern eingeschlossen sind. Der tiefe Sand, besonders am Flußufer, macht das Gehen sehr beschwerlich. Um von der höher gelegenen Stadt zum Kai zu kommen, muß man steile Treppen oder schlecht gepflasterte, jäh abfallende Straßen herabsteigen. Das Tal, das der Fluß bildet, ist reizend. Das Leben der Geschäftswelt stockte, da die Saison vorüber war. Savannah hält regelmäßig Dampferverbindung mit New York und Florida. Im Sommer ist es zwar ebenfalls sehr heiß, aber keineswegs wie in New Orleans, Montgomery oder Houston.

Auffallend ist es, daß Savannah auch trotz seiner hohen, sandigen und trockenen Lage jeden Sommer von bösartigen, entzündlichen Fiebern heimgesucht wird, die sich bis zur Höhe des schwarzen Erbrechens steigern und namentlich vielen Fremden das Leben kosten. Diese Fieber sind eine arge Plage der ganzen atlantischen Küste und ihrer größeren Buchtungen sowie der Antillen und der karibisch-mexikanischen Inselwelt und erstrecken ihre Verheerungen von 40° nördl. Breite bis 30° südl. Breite. Selbst die Westküste ist im Laufe dieses Jahrhunderts ergriffen worden, und die Seehäfen von Mazatlán, San Blas, Acapulco, Realejo, Panama und Guayaquil erleiden öfters große Verheerungen.

Die verseuchte Luft hat sich im letzten Jahrzehnt sogar bis zu den Hafenstädten Perus hingezogen. In den letzten drei Jahren ist es mit ungeheurer Heftigkeit auch als höchster Grad des Typhoid-Literal-Fiebers unter der Form des Vomito pricta oder gelben Fiebers aufgetreten, das beinahe stets tödlichen Verlauf nahm. Ich habe übrigens fast immer die Beobachtung gemacht, daß gewisse Symptome sich gleich nach der Erkrankung unfehlbar äußern und dann der Krankheit durch zweckmäßige Behandlung oft vorgebaut oder ein milderer Charakter gegeben werden kann: Emetika von vegetabilischen Substanzen wie der Extrakt lobeliae inflathe, ein streng diätetisches Verfahren; Kampfer, Äther, kalte Bäder, Klistiere bei Verstopfung, Warmhalten der Füße und kalter Kopf wirken oft wie Zaubermittel. Die Krankheit äußert sich stets durch allgemeine Schwäche und Müdigkeit, Kopfweh, Flimmern vor den Augen und Schmerzen in Gelenken und Schienbeinen sowie durch nervöse Affektionen.

Am Sonntag hörte ich den ganzen Morgen kein anderes Geräusch als das monotone Geläute der vielen Glocken, die die Andächtigen in die Kirchen und Bethäuser der evangelischen Glaubensgenossenschaften riefen. Auch hier bilden die folgenden Gemeinschaften die Majorität: die bischöfliche Episkopalkirche, kongregationalistische Presbyterianer, reformierte Presbyterianer, bischöfliche Methodisten, reformierte Methodisten, Wesleyaner, Baptisten, Unitarier. Katholiken und Reformierte sowie Lutherisch-Evangelische gibt es weniger, ebenso nur eine kleine Zahl Quäker und Juden.

Meine Weiterreise nach Wilmington führte mich über Branchville und Kingsville. Gleich hinter diesem Ort durchschneidet die Bahn einen wohl zehn engl. Meilen breiten Bottom, der ein mächtiges Waldmorastgebiet bildet, dessen fürchterliche, undurchdringlich scheinende Urwaldwildnis für den Landschaftsmaler einen unvergleichlich prachtvollen Anblick gewähren würde. Dies ist der großartigste Waldcharakter, den ich unter der Gestalt eines Bottom in Amerika gesehen habe. Und es scheint, daß die Axt, außer am schmalen Schienenweg, noch nie diese mächtige Vegetation gestört hat. Kein Wunder ist es, daß die Urvölker so lange ihrer Vertreibung nach Westen Widerstand leisteten und in früheren Kriegen ihren Verfolgern in Carolina ebenso wie heute in Florida Trotz bieten konnten.*

Es schien, als wenn von Tag zu Tag die Wärme sich steigern wollte. Die Haltestationen, in denen man ein Essen einnehmen kann, sind noch sehr verbesserungsbedürftig. Gewöhnlich hat man fünfundzwanzig bis dreißig Minuten

---

* Herzog Paul bezieht sich hier auf die 1855 neuerlich aufgeflammten Kämpfe der Seminolen gegen die Amerikaner (3. Seminolen-Krieg).

Im Speisesaal eines Hotels

Zeit, um ein Frühstücks- oder Mittagsbrot oder ein sogenanntes Dinner hinunterzuwürgen. In den ländlichen Niederlassungen wird eine Kochkunst gehandhabt, die alles andere ist als die Zubereitung genießbarer Speisen. Eine ganze Reihe Speisen, wie Fisch, Roastbeef, Beefsteaks, Koteletten, sogenannte Roasts und Boiled meat, sind so durch Feuer verdorben, daß man nur Rudimente von durch Feuersbrunst verunglückten Tieren darin erblicken kann. Da ich nach solchen Mahlzeiten jedesmal Ekel und Würgen fühlte, so verzichtete ich gewöhnlich auf diese Genüsse und trank etwas Tee, wofür ich aber ebenso fünfzig Cent wie für das Essen bezahlen mußte. Meist waren auch die anderen Passagiere hinsichtlich des Essens meiner Meinung.

Ein unvergleichlich schöner Anblick entfaltete sich, wenn man über den hohen und langen Viadukt fährt, der die Schienenstraße über das breite, romantische Tal des James River mit Richmond, der alten Hauptstadt Virginiens, trägt. Der Strom ist ein wildes, über Felsen rollendes und viele Stromschnellen bildendes Wasser, das bei hohem Wasserstand eine ungemein rauhe Szenerie darbieten muß. Auf seinen vielen Hügeln ruhend, trägt das alte Richmond als eine der ältesten Kolonien Englands noch das Gepräge des 16. und 17. Jahrhunderts und spielt in der Geschichte der Begründung der angelsächsischen Rasse in der Neuen Welt eine so hervorragende Rolle, daß es für den Geschichtsforscher eines langen Aufenthaltes bedarf, um alle jene historischen Punkte zu besuchen, die durch den tapferen und ritterlichen Begründer Virginiens* eingeweiht wurden. Die mittelalterliche und die neuenglische Bauart spielen eine bedeutsame Rolle in Richmond. Die Straßen sind aber, soweit es der unebene Boden erlaubt, breit und mit Alleen von Tulpenbäumen beschattet. Alte und neue Häuser – diese oft im gemischt englischgotischen Geschmack des Mittelalters – wechseln untereinander ab. Man sieht viele Kirchen und Fabriken, namentlich Tabakfabriken, von denen es den Produkten des Landes entsprechend eine Menge gibt.

Am 1. Juli fuhr ich weiter. Das Land ist immer stärker angebaut. Reiche Weizenfelder lagen schon gemäht, wegen der Trockenheit stand der Mais schlecht. Die Landschaft gleicht im Anbau derjenigen Süddeutschlands. Fredericksburg mit großen breiten Eichen ist eine der hübschesten Städte Virginiens und ziemlich lebhaft bevölkert. Der Fluß ist bis zur Mündung der Chesapeake Bay für kleine Schiffe fahrbar und führt braungelbes Wasser. Von hier an bedeckt die Kiefer üppig die Hügel. Wir erreichten bald Abhänge, die uns eine herrliche Szenerie vorführten, nämlich den breiten

* Gemeint ist Walter Raleigh, der 1584 die Kolonie Virginia gründete.

Die Eisenbahn erschließt Amerika

Potomac. Die Ufer sind zum Teil bewaldete Dünen, das Wasser hellgelblich. Der Acquia Creek bildet eine Bucht, in der an einer vorgebauten Brücke der Steamer anlegt, der die Verbindung mit Washington unterhält und gegen Mitternacht und Mittag den Kurs dahin nimmt. Wir fuhren den Potomac schnell hinauf. Wenn auch seine Ufer nicht besonders reizvoll sind, so sieht der Strom durch seine Breite majestätisch aus und bildet eine der größten Stromszenerien Nordamerikas. Die Brise wehte freundlich fort, und ich fühlte mich seit zwei Monaten endlich einmal wieder behaglich. Um ein Uhr befanden wir uns dem einfachen, auf einem Hügel der Südseite liegenden Landsitz Washingtons gegenüber. Der große Mann ruht hier in derselben Bescheidenheit, in der er gelebt hat. Das Haus des verstorbenen Staatsmannes ist jedoch ganz von Bäumen verdeckt. Fort Washington, auf der Nordseite auf einem Hügel gelegen, ist nach allen Regeln der Kunst angelegt und bestreicht das Fahrwasser des Stromes. Ob es aber stark genug ist, um einer größeren Flotte von Kriegsdampfern die Spitze zu bieten, bezweifle ich. Bald kommt die Stadt Washington mit dem Kapitol in Sicht, das Marinearsenal und andere große Bauwerke werden deutlich. Von der Flußseite nimmt sich Washington recht freundlich aus, wird aber dennoch nur eine politische Stadt bleiben, da die Handelsinteressen ganz in den Hintergrund treten.

Wir fuhren dicht am Arsenal, das aus vielen Gebäuden aus roten Backsteinen besteht, vorbei. Nicht weit oberhalb des Kapitols landeten wir.

Ich erreichte gerade noch durch die Hauptstraße den Bahnhof, um den nach Baltimore abfahrenden Zug zu besteigen. Unweit von Baltimore ist das Riley House, eine kleine Bahnstation an einer felsigen, von Kiefern bedeckten Stelle. Ein hübscher Garten und ein von einem Deutschen, Herrn Müller, proper gehaltener Gasthof laden das lebenslustige Baltimorer Publikum zu häufigen Spazierfahrten dorthin ein. Mich interessierten die dort üppig wachsenden Kiefern.

Baltimore und Richmond haben eine wahrhaft malerische Lage. Ich stieg in dem sehr sauber gehaltenen Gillemore House ab. Am nächsten Morgen war die Witterung sehr kühl, und Regen wechselte mit Sonnenschein sowie mit kälteren und wärmeren Luftströmungen ab.

Von Baltimore fuhr ich nach Washington, um dort die Smithsonian Institution zu besuchen. Herrn von Gerold, den preußischen Gesandten, den ich kannte und mit dem ich vor fünfundzwanzig Jahren in Mexiko befreundet war, fand ich nicht, dagegen den Legationsrat von Grabe. Ein glücklicher Zufall wollte es, daß ich Herrn Kohl antraf, den bekannten reisenden Geographen, mit dem ich mich sogleich in das Institut unweit des Potomac begab. Es ist von einer großen, parkartigen Grasfläche umgeben. Das Gebäude selbst ist ein von Türmen umgebenes Quadrat, von der barockesten mittelalterlichen Bauart, in einem Stil, der keiner Baukunst angehört und von allem etwas hat. Es zeigt die Nachahmung einer Burg aus der Periode der ersten Normannenkönige in England, und man sieht, wie diese Form bei gotischem Stil dem byzantinischen und arabischen Geschmack huldigt, den die Kreuzzüge namentlich über England verbreiteten.

Ich war erfreut, den Direktor der Smithsonian Institution, Dr. Henry, kennenzulernen. Ich wurde von ihm sehr freundlich empfangen und sogleich in den schön gelegenen, großen, amphitheatralischen Lehrsaal und in den daneben liegenden Saal geführt, in dem sich die Ölgemälde, Indianerköpfe darstellend, befinden. Manche sind talentvoll ausgeführt, und ich fand manches bekannte Gesicht unter den meist frappant ähnlichen Porträts. Nachher begab ich mich mit dem Herrn S. F. Baird in die zoologische Abteilung. Dort sind viele Säugetiere und Vögel Nordamerikas ausgestellt, meist alles in Bälgen. Vollständig sind die Reptilien, und die Herren Baird und Girard ließen als Frucht mühseliger Arbeit den streng wissenschaftlichen »Catalogue of North American Reptiles in the Museum of Smithsonian Institution« 1853 erscheinen. Die ganze Familie erlebt hier eine völlige Revolution, dies könnte von höchstem Wert sein, wenn nämlich die ganze ophidiologische Wissenschaft sämtlicher Schlangen der Erde einer nochmaligen Revision unterworfen würde, obgleich die Verdienste Schlegels und der Herren Duneril und Bibron nicht verkannt werden dürfen. Wenn ich nun nicht alle Genera als solche anerkennen kann und auch viele Species als Subspecies ansehen muß, so ist es doch ein erfreulicher Fortschritt in der Wissenschaft, die einzelnen Geschlechter und Gruppen wieder klar hervortreten zu sehen, nachdem Schlegel in seiner »Physiognomie des serpents« vielleicht aus Mangel an Individuen so vieles zusammenhäufte, was getrennt zu werden verdient. Bei dem großen Material an nordamerikanischen Schlangen, das ich besitze, wird es mir leicht sein, die nordamerikanische Monographie der Ophidien zu vergleichen. Leider fehlt ein großes illustriertes Werk über diesen so wichtigen Teil der Wissenschaft. Sehr interessant sind die letzten an die Schleicher anschließenden Genera, an denen in Nordamerika ein neuer Schatz gehoben wurde. Von den Giftschlangen, deren Revue ich bei der beschränkten Zeit dennoch so genau wie möglich durchlief, bemerke ich, daß etliche Species nur als Subspecies figurieren dürften. Von den übrigen Sammlungen Einsicht zu nehmen, erlaubte mir die Zeit nicht.

Ich fuhr wieder nach Baltimore zurück, wo die morgigen Festlichkeiten (4. Juli) sich bereits in drolligen Aufzügen, Schießereien auf der Straße und Massenfeuerwerken aus Fröschen und Schwärmern bemerkbar machten. Vom Bahnhof der Ohio-Baltimore-R. R. fuhr ein langer Zug in die Nähe von Springfield bei Sykesville, Maryland, wo ein Volksfest gefeiert wurde, bei dem man den Präsidenten Pierce erwartete. Dieser höchste Staatsbeamte war aber keineswegs mehr so populär wie bei seinem Regierungsantritt. Es gebührt ihm als Haupt der Demokratenpartei das Lob großer Mäßigung; dieses ehrenhafte Benehmen zog ihm jedoch viele Feinde in seiner Partei, namentlich bei den Foreigners und Flibustophilen, zu. Die gemäßigte Partei fühlte sich dadurch gekränkt, daß General Scott in den Wahlen der Verlierer war, und verzieh den Sieg dem Gegner nie. Die aufkeimende und wie eine Lawine heranwachsende Bewegung der Knownothings haßt von vornherein jeden Native, der nicht dem Absolutismus der Eingeborenenpartei huldigt. Durch die Enthebung der Exequatur der britischen Konsuln in New York, Cincinnati, und durch Entlassung des englischen Gesandten Crantsfort stärkte er seine Stellung nicht. Seine Partei fand den Schritt nichtssagend, und seine Feinde erklärten laut, er habe den Schritt nur getan, um sich wie ein Ertrinkender an einen Strohhalm zu klammern. Alle Provokationen der Vereinigten Staaten gegen England seien nur von ehrgeizigen und neuerungssüchtigen Leuten ausgeheckt, die bei politischen Umwälzungen oder Begebenheiten im trüben zu fischen suchen. Daß England das Treiben jener Partei, die Streit suche und Flibustierexpeditionen die Hand böte, nicht beachte, zeige, daß das englische Volk, ja selbst die Regierung sich passiv verhielten, auf die bessere Masse und den vernünftigen Sinn des Volkes bauten und nicht viel Notiz von der Sache nähmen, sondern vielmehr auf eine neue Präsidentenwahl warteten. Soviel ist gewiß, daß man auf das ewige Gewühle fremdländischer, neu eingewanderter Agitatoren schlecht zu sprechen ist. Deren Verbindung mit den Locos und ihr häufiges Eintreten unter die Fahnen der Freibeuter macht viel böses Blut. Es bringt der Partei der Natives nur Nutzen und wird, wenn auch nicht gleich, so doch später, entscheidend dazu beitragen, der fremdenfeindlichen Partei der Knownothings einen sicheren Sieg zu verschaffen, dessen Folge Veränderung der Urverfassung, völliger Ausschluß des fremden Elements und Entziehung des Stimmrechts für alle nicht im Lande geborenen Bürger sein können. Dies schroffe politische System der einen Partei, ferner das tolle fanatische Benehmen der Temperenzler, die rücksichtslose Tendenz der Abolitionisten, den Süden und Westen durch Entziehung der Sklaven zu ruinieren, die Religionskrämerei, das selbstsüchtige Auftreten des unduldsamen römischen Klerus und die mystischen Machinationen der unter sich neidischen, oft an kümmerlichen Satzungen und Spitzfindigkeiten ihrer Priester leidenden evangelischen Sekten und Winkelkirchen, wo einerseits Presbyterianer in strenger orthodoxer Gelehrtheit auf ihren Vorschriften beharren, andererseits die Methodisten in kindlicher Einfalt, aber erfüllt von warmherziger Nächstenliebe, mit blindem Schriftglauben gepaart ihren Ermahnungs- und Beschönigungseifer öfters bis zur größten Schwärmerei treiben, all dies bereitet einen Bürgerkrieg vor, der nicht ausbleiben kann, wenn nicht unvorhergesehene, ganz außerordentliche Einwirkungen das die Union bedrohende Gift neutralisieren.

Mittags wurde ein großes Dinner zu Ehren des 4. Juli aufgetragen, besonders war das Dessert splendid. Leider war es beim besten Willen und bei aller eingeführten Ordnung unmöglich, eine schnelle, pünktliche Bedienung herzustellen, da man sich der Neger bedienen mußte. Der Neger mag sich ausbilden, wie er will, vom Affen klebt etwas an ihm, was keine Erziehung ausmerzt. Er mag sich so eilig gebärden, wie er will, es geht nicht voran, und zwei oder drei Gegenstände auf einmal faßt sein Gedächtnis nicht. Der Schädel des Negers, selbst des Mulatten wird für den Kraniologen immer ein tüchtiges Stück Arbeit bleiben.

Das Fest verlief im Gegensatz zu New York, New Orleans oder St. Louis, wo es wegen des Lärmens, Schießens und anderen tollen Treibens nicht angenehm ist, auf den Straßen zu sein, hier in Baltimore recht ruhig. Das Holiday-Theater gab eine Nachmittags- und eine Abendvorstellung. Die erste brachte ein russisches Nationalstück, »Der Waffenschmied von Moskau«, die zweite ein recht amerikanisches Spektakelstück mit vielem Fechten und Schießen. Einige Schauspieler spielten gut, die Handlung hätte sich aber besser in Szene setzen lassen. Es ist mir unbegreiflich, wie die Angloamerikaner, obwohl sie in ihrer Mitte außerordentlich begabte Novellendichter besitzen, wie einen W. Irving und J. F. Cooper, sowie reichen Stoff in ihrer Geschichte, unfähig sind, etwas Taugliches in der Bühnendichtung zu leisten. An braven Künstlern fehlt es nicht, und namentlich gibt es unter den Schauspielerinnen eminente Größen, wie eine Herold, Dean, Howard, Robertson usw. Ich besuchte am folgenden Abend noch einmal das Theater, wo ein recht hübsches Lustspiel gegeben wurde. Die Besetzung war sehr gut, und Mr. Langton und Mrs. Morant, zwei junge Künstler, boten Leistungen, die meine Erwartungen übertrafen.

Die Handlung des erwähnten Spektakelstücks war aus den Unabhängigkeitskriegen geschöpft und ließ den Haß und die Rücksichtslosigkeit der Nordamerikaner gegen ihre stammesverwandten Vorfahren spüren, nach meiner Ansicht auf eine dem Geschmack einer großen Nation unwürdige Weise. Es war eine mutwillige Herabwürdigung der englischen Nation, der es gewiß nicht an Mut fehlt, deren unzulängliche militärische Organisation aber die Schuld tragen mag, daß ihre Resultate im letzten Krimkrieg den kühnen Proklamationen nicht entsprachen. Soviel ist mir zur Gewißheit geworden, daß die Verhältnisse, wie sie stehen, nicht fortfahren können, ohne zu einem Zusammenstoß zu führen. Die Amerikaner können sich sehr täuschen, wenn sie die englische Militärmacht unterschätzen. Auf der See und bei der Verteidigung von Häfen und Küstenstrichen, die vom Meer aus angreifbar sind, sind sie England unterlegen, denn es fehlt an brauchbaren Schiffen und an Befestigungswerken, die einer größeren Flotte Widerstand leisten könnten, sowie an Artillerie, einer Waffe, die mit Miliz nicht organisiert werden kann. Ins Innere des Landes eindringen zu wollen, möchte ich der englischen Armee jedoch nicht raten, da der amerikanische Landmann ein guter Schütze ist, in Massen aufstehen würde und den Vertilgungskrieg rücksichtslos mit anerkannt tollkühnem Mut führen würde. Kanada würde sich gegen einen Freischarenkrieg ebenfalls nicht halten, wogegen Kalifornien und Oregon sich entweder von der Union losreißen oder durch England schwer bedroht werden würden. Zudem würden die von mir stets nachdrücklich gerügten groben Fehler der Regierung völlig zutage treten, nämlich die gewissenlose Vernachlässigung der Binnenverbindung mit Kalifornien, das Aufkommenlassen der Mormonen und die kindischen Kriege mit den Indianern, ein einer Nation wie der Vereinigten Staaten gegenüber Barbaren unwürdiges Spiel. Das Entsenden kleiner Streitkräfte gegen wilde Völker, wo die Frage der Zivilisation auf dem Spiel steht, ist ein Beweis von Unfähigkeit im Auffassen einer Lebensfrage. Sind die Vereinigten Staaten so weit gegangen, sich zu Herren des Landes zu erklären, das bisher herumziehenden Horden mit dem Recht des regierenden Besitzes gehörte, so erfordert es die Konsequenz, energisch durchzugreifen, der Bevölkerung und der Besiedlung die Straßen zu öffnen und es den kühnen Settlern zu überlassen, die Indianer zurückzudrängen, ein Unternehmen, das wahrhaftig nicht der acht oder zehn Jahre bedurft hätte, seitdem nun Kalifornien im praktischen Besitz der Union steht.

Man mag sagen was man will, wenn die Vereinigten Staaten auch nicht offen Expeditionen gegen Flibustier und Südkalifornien, Sonora, Zentralamerika, ja sogar die Kubagelüste durch ihre Regierung unterstützten, so geschah doch positiv nichts dagegen, und die neueste Anerkennung des Padre Vigil, eines von Walker nach Washington gesandten Intriganten, beweist, daß das Gouvernement im geheimen mit den Flibustiern sympathisierte. England wird in dem allen kompromittiert und provoziert, dennoch rührt es sich nicht. Das amerikanische Publikum deutet dies vielleicht anders als die europäische Diplomatie. Ich aber, der ich an Ort und Stelle den Eindruck ermesse, erlaube mir zu bemerken, daß er bei mir nicht günstig ist. Mag es mich bei meiner

anerkannten Sympathie für das russische Herrscherhaus etwas bitter stimmen, daß England mit Feuer und Schwert
Rußland heimsuchen könnte, wegen einer Frage, bei der
Rußland denn doch nur der Verfechter opprimierter Men-
schenrechte und einer entwürdigten fürstlichen Kirche der
ältesten bestehenden orthodoxen Gemeinschaft war, so ist es
mit den ritterlichen Ansichten eines Soldaten nicht zusam-
menzureimen, wie das gewaltige unüberwindliche Albion
sich vom Weißen Haus aus Fußtritte geben läßt. Freilich steht
Napoleon III. hier nicht mit seinen mutigen Legionen und
herrlichen Schiffen dem edlen Lord Palmerston an der Seite,
indessen dürfen die Freunde des Friedens, zu dessen Erhal-
tung man die Vorsehung anrufen wird, ihre Hoffnungen
nicht auf die die Völkerschaften aufregenden Elemente bau-
en, deren Beschwichtigung im weitesten Felde liegt, sondern
auf die großen staatlichen und Handelsinteressen beider Nationen, die ein Krieg zerstören würde. Der Süden verläßt sich
auf seine Baumwolle, auf die England angewiesen ist. Der
Süden nimmt daher die Sache mit weniger Aufregung auf als
der Nordosten, wo das Yankeetum, Englands größter Wi-
dersacher, lebt.

Baltimore zählt jetzt schon zweihundertzwanzigtausend
Einwohner (1850: etwa hundertsiebzigtausend). Die Lage
der Stadt an der Chesapeake Bay ist vortrefflich. Schiffahrt
und Verkehr sind lebhaft. Man macht sehr viele Geschäfte in
Tabak vorzüglicher Qualität. Ich verließ Baltimore mit der
Philadelphia-Bahn am 7. Juli. Der Bahnhof, einer der größten in den USA, liegt in Falls Avenue dicht am Basin und an
den City Docks. Die Bahn fährt noch durch ein gutes Drittel
der Stadt selbst, passiert dann die Brücke über den Dock
River und dann die große, meilenlange Brücke über die
Gunpowder Bay. Binnenwasser, Marschen, Seen, Moore
und nasse Grasebenen bilden im Herbst und Frühjahr einen
prächtigen Jagdgrund für Wasser- und Sumpfgeflügel, von
denen man bis auf wenige Arten alle Familien findet, die es in

den USA gibt. In Havre de Grace, einem Städtchen am Susquehanna, mußte mit einem Ferry-Boot über den Strom gesetzt werden. Von Wilmington am Brandy Wing folgt die Bahn immer dem rechten Ufer des mächtigen Delaware, dessen inselreicher, breiter Wasserspiegel sich wunderschön ausnimmt. Einen großartigen Anblick gewährt der Fluß mit seiner lebhaften Bewegung von Dampf- und Segelschiffen. Die Boote müssen die enge Gasse, die zwischen den zwei Inseln den Strom führt und die mit hohen Palisaden an beiden Ufern verwahrt ist, passieren. Die obere Insel dient als Badeanstalt und heißt Smith's Island. Philadelphia zählt jetzt fünfhundertfünfzigtausend Seelen. Nach einem halbstündigen Aufenthalt auf dem Ferry-Boot landete dieses seine Passagiere auf dem linken Ufer des Delaware, wo ich die Bahn bestieg.

Camden ist hübsch gebaut, mit einer lebhaften baumreichen Hauptstraße und netten soliden Häusern aus Backsteinen. Bis Amboy passiert man meist unansehnliche Städtchen, doch ist das Land reichlich bewohnt und angebaut und mit recht hübschen Wohnhäusern und Gärten ausgestattet. Hochstämmige Waldungen sind selten. Von hier führte uns das Boot am Liebreiz der Ufer des an Villen reichen Staten Island und deren nördlichen Spitzen vorbei nach New York, wo ich im Astor House Wohnung nahm und die folgende Zeit mit Vorbereitungen für meine Abreise nach Europa zubrachte.

Ich traf den Baron v. Müller, der nach mir den Sudan und Kordofan bereist hatte und nun im Begriff war, eine Expedition nach Mexiko zu machen. Bei Mr. John Bell sah ich noch manche guten naturhistorischen Gegenstände, die ich z. T. mit mir nahm. Es waren namentlich noch über zweihundert Species nordamerikanischer Vögel, die mehr oder weniger wertvolle Doubletten für mich bildeten, den meisten Museen aber fehlten. Außerdem waren bedeutende Sendungen von Neu-Granada, Zentralamerika und Paraguay für mich nach

New York gekommen. Ich arbeitete mehrere Tage daran, diese Sachen zu sortieren.

Am 9. Juli machte ich einen Ausflug nach Staten Island, um Herrn A. Rodewald einen Besuch abzustatten. Im East River, dicht bei Governors Island, wurde der für den Hafen so gefährliche Diamond Rock gesprengt.

Von mehreren herrlich gelegenen Punkten hatte man die schönste Aussicht auf die Einfahrt der Bucht, den Hudson, den Kill van Kull und die Narrows. Ich sah das ehemalige Landhaus der Mrs. Graham, das der Kaiser Louis Napoleon bewohnte. An der Ostküste, die wie die Nordküste eine ununterbrochene Reihe Häuser und Dörfer trägt, werden fast genau gegenüber von Fort Hamilton (Long Island) flache, bedeckte Batterien angelegt. Derartige bombenfeste, dem Wasserspiegel fast gleichstehende, sehr stark beschützte Batterien für das schwerste Kaliber haben sich in den letzten Kriegen in Europa praktisch bewährt.

Das Klima des nördlichen Teils der Insel ist sehr gesund, der Süden aber von Wechselfieber heimgesucht. Schiffe, die Kranke oder der Krankheit Verdächtige führen, machen ihre Quarantäne auf der Ostseite. Nach einigen frohen Stunden Aufenthalts bei Herrn Rodewald kehrte ich nach New York zurück. Man brauchte etwa dreißig Minuten zur Überfahrt. Der Hudson wimmelte von Schiffen aller Art und aller Dimensionen.

Ich hatte noch vieles zu besichtigen und war daher sehr in Anspruch genommen. Besonders gefiel mir die sehr bedeutende Sammlung des Dr. Lawrence, dem wir viele neue Vogelbestimmungen verdanken. Seine Sammlung ist in Bälgen systematisch geordnet und eine der an Vögeln reichsten der Vereinigten Staaten, die ich gesehen habe.

Ich hatte selbst eine sehr bedeutende Sammlung von nahezu vierhundert Species angekauft, darunter befanden sich höchst wertvolle Süd- und Nordamerikaner, namentlich von der Westküste in teils sehr großen Exemplaren. In der Buch-

327

handlung von C. S. Francis & Co. erwarb ich eine sehr schöne Ausgabe von Audubon für hundertzehn Dollar. Wilson, Audubon und Cassin geben schon eine recht hübsche Monographie der Vögel vom 24. bis 55. Breitengrad. Nur finden sich Lücken vom Westen Mexikos aus den Staaten Tamaulipas, Nuevo León, Coahuila, Durango, Sinaloa und Sonora, da diese unter mexikanischer Herrschaft stehen und von amerikanischen Naturforschern noch nicht vollständig bearbeitet werden konnten.

Am 12. Juli bestieg ich das Dampfboot »Hermann« der Bremen-New-York-Steamer-Company, ein Schiff, das sich durch Reinlichkeit, Eleganz und vortreffliche Nahrung auszeichnete. Ebenso vortrefflich soll die Hamburger Propeller-Linie sein. Beide machen die Fahrt in sechzehn bis siebzehn Tagen bei einem Aufenthalt von beinahe achtundvierzig Stunden in Southampton, den die Geschäftsleute gewöhnlich zu einem Abstecher nach London benützen. Man kann die Fahrt von Hamburg oder Bremen hin und zurück in sechs bis sieben Wochen machen und hat für dringende Geschäfte acht bis elf Tage zur Verfügung. In dieser Zeit kann man Boston, Montreal, Buffalo oder Washington in einem, Richmond, Wilmington, Cincinnati in zwei und St. Louis in drei Tagen erreichen. Der Preis in der Kabine 1. Klasse ist hundertdreißig Dollar, in 2. Klasse hundertzehn Dollar. Auch die 3. Klasse, die sechzig Dollar kostet, ist ganz komfortabel und bietet dem Passagier reinliche, gute Betten und ganz gute frische Kost.

Dies ist jedenfalls der 1. Klasse auf Segelschiffen mit Auswanderern weit vorzuziehen, wo abgesehen von der langen und widrigen Überfahrt die neu erfundenen Schikanen, Betrügereien und das unwürdige, in Amerika stets auf das Prellen durch die Auswandereragenturen abgesehene Verfahren in Castle Garden, wo die neuen Ankömmlinge in New York nun aus angeblichen kosmopolitischen Gründen eingepfercht werden, vermieden wird. Der Unterschied ist

Auf dem Hudson in New York

lediglich der, daß früher der Emigrant von Loafern und Rowdys sowie von seinen eigenen Landsleuten beschwindelt wurde, während es nun eine hochherzige Gesellschaft systematisch und auf das schamloseste unter dem Deckmantel eines Gesetzes tut. Früher geschah es durch Leute, die vom Tag lebten und gegen die der Polizist rücksichtslos verfuhr, oder durch Spelunkenwirte, von denen es namentlich in Greenwich Street eine reiche Fülle gab. Gegen alle derartigen Beschwindelungen gab es Vorsicht und gesetzliche Hilfe. Nun aber wird jeder, er mag sein, wer er will, auf dem Segelschiff, das Emigranten führt, in Staten Island entweder in das Spitalschiff als krank oder krankheitsverdächtig geschickt oder vom Steamer der Castle Garden Company aufgegriffen und in den Rundturm gesteckt. Aus demselben kommt er nur heraus, wenn er nach langem Hin- und Herziehen von Freunden erlöst wird oder ein teures Fahrticket nach entfernten Orten der Union einlöst. Dies ist jetzt die New Yorker Hospitalität gegen Fremde. Ich gebe allerdings zu, daß eine solche Gesellschaft, wenn sie in den Händen ehrlicher Leute wäre und nach rein menschlichen Grundsätzen geleitet würde, lobenswert wäre, da New York früher von herumirrenden Auswanderern wimmelte, die in Not und Elend versunken herumbettelten und der Bevölkerung zur Last fielen.

Wir näherten uns der großen Neufundland-Bank. Im Süden tauchten Eisberge auf. Unser nächstes Land im Norden war nun die Küste von Grönland. Trotz der schwimmenden hohen Eisberge war die Temperatur im Laufe der Nacht milder geworden. Diese Eisberge machten einen gigantischen Eindruck auf Passagiere, die noch keine so imponierende Szene gesehen hatten. Ihre riesigen, allerlei phantastische Gestalten bildenden Massen leuchteten geisterhaft im Mondschein. Wir nahmen nun direkten Kurs nach Osten. Am 24. fanden wir den ersten Grund mit zweihundertfünfzig Faden, befanden uns also im Bereich des irländisch-biskayischen Meeres in den ersten europäischen Längen von 10° 40′ westl. Länge, und bald erblickten wir Cape Lizard.

Die Bucht von Plymouth wird durch zwei vorragende, scharf abgeschnittene Vorgebirge genau gekennzeichnet. Die Breite der Öffnung beträgt fünf Meilen. Zwei Leuchttürme bezeichnen Stadt und Hafen bei sechs bis sieben Faden Wasser. Das Dampfschiff setzte seinen Kurs auf die wilde Felsgruppe der Westseite der Isle of Wight fort, wo ein drittes Licht auf der Spitze des hohen Bergrückens steht. Der Kanal ist hier mit Schiffen und Booten im regsten Treiben bedeckt. Das weltberühmte Portsmouth zog sich mit seiner Hafenszenerie an unseren Augen hin. Auf der Reede lagen noch viele Kriegsschiffe von hohem Bord, zum Teil solche, die vom anglo-französisch-russischen Krieg heimgekehrt waren. Bei Bishopstone näherten wir uns der Küste. Cape Beachy Head ist ein gewaltiges Vorgebirge mit hoher steiler Wand, dessen weißer Fels weit ins Meer hinausleuchtet. Wir streiften unter den Batterien von Dover hin, dessen Schloß mittelalterlich vor uns lag. Nunmehr hielten wir uns nahe der holländischen Küste. Es kam die Wesermündung mit einem neuen Leuchtturm. In Bremerhaven verließen die Passagiere die »Hermann«.

Der Weserdampfer »Roland« brachte mich am 28. Juli 1856 nach mehr als siebenjähriger Abwesenheit nach Bremen, und von da ging es in die Heimat.

Wenige Wochen nach seiner Rückkehr zog Herzog Paul in einem Brief an Alexander von Humboldt die Bilanz seiner siebenjährigen Reise:

BRIEF AN ALEXANDER VON HUMBOLDT

Carlsruhe in Schlesien, den 28. August 1856

Euer Exzellenz!
Haben durch Dero gütiges Schreiben mich ungemein erfreut
und beehrt. Die gütige Nachsicht, mit welcher Dieselben
meine Anstrengungen im Fache des geographischen und na-
.turhistorischen Wissens aufnehmen, kann nur den Drang
vermehren, durch rastloses Fortschreiten in dieser Bahn
mich des Anerkenntnisses eines Mannes würdig zu zeigen,
den das Jahrhundert bewundert und mit vollem Rechte in
Hochderenselben als den größten Gelehrten verehrt. Wie oft
schweiften meine Gedanken in jenen entfernten Ländern zu
dem berühmten Verfasser des »Cosmos«, zu dem Manne
hin, der zuerst helles Licht leuchten ließ in jene damals uner-
forschten Länderstrecken der amerikanischen Tropenzone,
dessen Name noch heute, nach mehr denn fünfzig Jahren, die
Bewunderung aller Reisenden erregt, welche Mexiko, die
Orinoco-Gestade oder die südliche Westküste bearbeiten. In
der Hauptstadt des Aztekenreiches, so wie an den Ufern des
Rima, wurde ich lebhaft und im wärmsten Interesse für die
Wissenschaft nach dem Befinden Euer Exzellenz befragt,
und in den entferntesten Regionen Süd- und Nordamerikas
gilt Dero Ausspruch als entscheidend.
Ich habe in den letzten sieben Jahren sehr viele Gegenden
der westlichen Welt berührt und durchkreuzt, welche Stoff
liefern für eine längere Arbeit. Von hohem Interesse war es
für mich, gleich im ersten Jahr der letzten Reise (1849) das
westliche Texas, den südlichen Rio Grande, zu bearbeiten.
Ich verwendete hierzu fünf Monate und hatte viel von den
räuberischen Comanchen und Lipan zu leiden. Eine für den
naturhistorischen Geographen wichtige Strecke, von Monterey bis Durango, Chihuahua und der Westküste von Sinaloa und Sonora, eröffnete sich mir auf den vulkanischen

332

Alexander von Humboldt

Hoch-Kordilleren, als Fortsatz der Sierra Nevada und der großen Sierra, welche sich in Neu-Mexiko nach Westen abdacht.

Euer Exzellenz haben so gründlich dieses Gebiet studiert, daß ich natürlich nichts sagen kann, was nicht Dieselben längst wissen, nur bemerken will ich, wie das Studieren Ihrer Schriften meine Aufmerksamkeit vermehrte und ich mich am Anblick des Cerro de Mercado im Norden von der schönen Stadt Durango nicht satt sehen konnte. Eine wundervolle Szenerie bilden die Gebirge im Westen Durangos, wo der Turafluß zuerst seine schäumenden Wasser gegen den Pazifischen Ozean wendet, bis Echevarias inmitten einer Region geselliger Koniferen, und welch ein Anblick von der Höhe des Vatel hinab in das Küstengebiet des »Meeres von Cortez« . . .

Von meinen Kreuz- und Querzügen in Nord- und Südkalifornien werde ich mir später erlauben, Euer Exzellenz zu referieren. Die Jahre 1851–52 benutzte ich, nachdem ich über den Isthmus von Panama (damals freilich noch über Cruces und Gorgona auf dem Rücken von Tieren bei grundlosen Wegen oder in einem Kahn auf dem Chagresfluß) nach New Orleans zurückgekehrt war, den Norden und Westen wieder in Angriff zu nehmen. Hier begleitete mich der treue, biedere Möllhausen, den Euer Exzellenz so gütig in Schutz nahmen und wofür ich stets Deroselben höchlichst verpflichtet sein werde. Wie viele Drangsale und Gefahren wir bestanden haben, wird Hochderenselben bekannt sein, und die Geschichte vom Schluß dieser westlichen Expedition klingt so fabelhaft, daß ich es für geratener halte, so wenig wie möglich darüber verlauten zu lassen. Von dem merkwürdigen Chimney Rock habe ich gute Croquis angefertigt, und Möllhausen wird Euer Exzellenz alles mitgeteilt haben. Im Jahre 1853 schiffte ich mich zu New York ein, um nach Australien zu gehen. Mangel aller Art und Havarien nötigten das Schiff, von der Südküste Afrikas nach Brasilien zurückzukehren. Ich bearbeitete die Gegenden um Bahia und Rio, fuhr nach Montevideo und ging den Uruguay bis nördlich der Saltos und besuchte Buenos Aires und die Pampas. Auf dem K. franz. Schraubenschiff »Duroe«, Commandant Vcte. de la Seissieres, einem trefflichen Nautiker, bereisten wir die Küsten Patagoniens und fuhren am Kap der Jungfrauen in die Meerenge von Magellanien ein. Da die Bestimmung des Schiffes, die nördlichen Kanäle zu untersuchen, vollständig gelungen ist und wir öfters landeten, so hatte ich die Gelegenheit, diese entfernten, wenig erforschten Küsten bis Chiloe wie das südliche Alpenland von Südwestchile und Feuerland und deren wilde Urbewohner kennenzulernen. Über Chile und Peru kehrte ich zurück, konnte aber leider von Guayaquil nicht bis zum Chimborazo gelangen und mußte mich mit der Fernsicht begnügen. In Chile war ich glücklicher und konnte mehr in der Nähe die mächtige Andenkette und die riesigen Spitzen des Aconcagua und Tumpengato besichtigen.

Die höchste Gnade Seiner Königlichen Majestät erfreute mich sehr, und ich werde später meine respektvollste Aufwartung machen.

Genehmigen Dieselben die Wiederholung meiner aufrichtigen Hochschätzung und die Gefühle der ehrfurchtsvollen Freundschaft, mit denen ich mich nenne

Euer Exzellenz
ganz ergebenster Diener
Paul Wilhelm
Herzog von Württemberg

Ethnologische Anmerkungen zu Herzog Pauls dritter Amerikareise

DIE REISEN DURCH TEXAS UND NORDMEXIKO

Im Vordergrund stehen für diese Gebiete die Begegnungen des Herzogs mit den Reiternomaden des mittleren und südlichen Plains-Prärie-Areals und des angrenzenden Südwestens. Folgende Stammes-Bezeichnungen verwendet er: Apachen, Arapaho, Comanchen, Lipan, Mimbres, Navajo, Pawnee und Tonkawa. Diese Indianer betrachtet er als »wilde Indianer« bzw. »Indianos/Indios bravos«, weil sie Siedlungen überfallen, deren Einwohner berauben, töten oder verschleppen und ein unabhängiges, von der europäischen Zivilisation anscheinend nicht beeinflußtes Leben führen.

Eine dominierende Stellung hatten die Comanchen inne, bedingt durch die Größe ihres Stammes, durch ihre einzigartige Geschicklichkeit als Reiter und durch ihre erfolgreichen Kriegsstrategien, die sie mit der Übernahme des Pferdes entwickelt hatten. Kein Stamm, der mit ihnen in Berührung kam, konnte es sich leisten, sie auf die Dauer zu Feinden zu haben, es sei denn, er hatte die Möglichkeit – wie die Apachen –, sich in gebirgige Gebiete zurückzuziehen, wo die Reiterkrieger der Comanchen nicht oder nur wenig erfolgreich zu kämpfen vermochten. Begonnen hatte ihr Nomadenleben in den südlichen Ebenen mit der Übernahme des Pferdes zwischen 1660 und 1690. Bereits 1705 unternahmen sie die ersten Kriegszüge in die Gebiete südlich der Ebenen, zuerst in das heutige New Mexico, dann in den Norden Mexikos.

Dort stießen sie mit den spanischen Kolonisatoren zusammen, mit Siedlern, Missionaren und Militärs. Spanischer Besitz waren damals alle Gebiete von Texas bis Kalifornien und vom Rio Grande bis an die Grenzen der heutigen Staaten Oregon, Idaho und Wyoming. Die Spanier, später dann die Mexikaner, versuchten, die Indianer dieser Gebiete, wenn schon nicht zu verdrängen und zu vernichten, so doch unschädlich zu machen. Dadurch kam es für ca. hundertzwanzig Jahre zu wechselseitigen Überfällen und Vergeltungszügen. Die »Comanche Barrier« konnte die Expansion des spanischen Weltreiches in Nordamerika und später die Etablierung Mexikos in diesem Raum verhindern. Diese historische Entwicklung war auch die Ursache für den Haß der Comanchen auf alles, was Spanisch sprach. So ist es nicht verwunderlich, daß sie die militärische Schwäche des unabhängigen Mexiko nützten, um verstärkt in die besiedelten Gebiete Nordmexikos einzufallen und damit die Besiedlung ihres Lebensraumes einzudämmen.

Die Apachen lebten, seitdem sie Reiternomaden geworden waren, zum geringeren Teil in den Ebenen, zum größeren Teil in den angrenzenden Gebirgs- und Wüstenregionen des Südwest-Areals. Der Name »Apachen« hat eine übergeordnete Funktion und bezeichnet alle Stämme des Südwestens, die eine athapaskische Sprache sprechen.

Die geradezu sprichwörtliche Feindschaft zwischen Apachen und Comanchen rührt im wesentlichen daher, daß die Apachen noch im 16. und 17. Jahrhundert die südlichen Ebenen bewohnt und auch beherrscht hatten, mit der Einführung des Pferdes durch die Spanier jedoch von den von Nordwesten her eindringenden Comanchen, die sich kurz zuvor zu Reiternomaden entwickelt hatten, vertrieben und teilweise vernichtet wurden.

Hier soll nun auf die eigenen Erfahrungen Herzog Pauls mit diesen Indianern sowie auf die ihm berichteten Geschichten eingegangen werden. Wiederholt erwähnt er die große Gefahr, die den Amerikanern, Mexikanern und den »zahmen« Indianern von Texas bis weit hinein nach Mexiko durch die Reiternomaden, vor allem durch die Comanchen, drohe. Seine Kontakte mit diesen Reiternomaden verlaufen jedoch ganz anders. Zwischen dem Bolsón de Mapimí und Parras trifft er auf einen Trupp Comanchen, denen er furchtlos entgegentritt. Sie rauchen mit ihm die Friedenspfeife – zum Schrecken der Mexikaner, denen er kurz danach begegnet und die sofort die Flucht ergreifen.

Den positiven Erfahrungen des Herzogs entsprechen auch die guten Beziehungen zwischen den deutschen Siedlern in Texas und den Comanchen. Darauf verweist er im Bericht von seiner Texas-Reise 1855 mehrfach und bemerkt, daß einige Comanchen-Häuptlinge des öfteren bei deutschen Siedlern zu Gast seien. Solche freundschaftlichen Kontakte hätten die Deutschen früher von Überfällen verschont. Inzwischen habe sich die Situation jedoch geändert, und auch deutsche Siedlungen seien bedroht.

An dieser Stelle erscheint es sinnvoll, einige Bemerkungen zu Leben und Haltung der Comanchen zu machen, die als besonders harte und grausame Krieger galten. Sie hatten, wie die Forschung gezeigt hat, einen hohen Moral- und Ehrenkodex, der dem der Europäer nicht nachstand. Allerdings waren sie mit Feinden konfrontiert – das gilt zuerst für Spanier und Mexikaner, später aber auch für die Amerikaner –, die kaum beschreibbare Beispiele von Brutalität lieferten. Bei den Comanchen standen persönlicher Mut, Tapferkeit und Ritterlichkeit in hohem Ansehen. Sie gerade im Krieg einzusetzen, gehörte zum Ehrenkodex des Mannes.

Auf der anderen Seite waren Fürsorge für die Familie, Treue gegenüber Freunden und ein verantwortungsbewußtes Verhältnis zu allen Stammesmitgliedern ebenfalls hohe

Werte. Der Umgang der Comanchen miteinander war herzlich und ungezwungen. Dadurch war das Leben in der Comanchen-Gesellschaft angenehm und sorglos, wenn es nicht von außen her bedroht wurde. Dies berichten auch die vielen Gefangenen, die unter den Comanchen meist als vollwertige Mitglieder lebten und nur in seltenen Fällen wieder in ihre Ursprungsgesellschaft zurückkehren wollten.

Der zunehmende Widerstand der Comanchen gegen die immer stärker werdende weiße Besiedlung war der Anfang vom Ende ihrer Unabhängigkeit und Eigenständigkeit als Stamm. Zwischen 1845 und 1875 wurden die Comanchen von den Texas Rangers und der amerikanischen Armee in mehreren Rachefeldzügen vernichtend geschlagen. Der auf einen Bruchteil seiner früheren Stärke reduzierte Stamm wurde schließlich in eine Reservation in Oklahoma gezwungen.

Neben den Comanchen hält Herzog Paul vor allem die Lipan für besonders gefährlich. Das »ärgste Gesindel« sind für ihn allerdings die Tonkawa, die auch durch ihre Menschenfresserei bekannt seien.

Es gab tatsächlich auch in Nordamerika einige Formen von rituellem Kannibalismus, und zwar bei bestimmten Stämmen im Nordosten, an der Nordwestküste, im Plains-Prärie-Gebiet und der Golfregion.

Gegenüber diesen vom Herzog als »wild« bezeichneten Indianern erscheinen die »zahmen Indianer« als bloße Statisten, die bis auf eine Gruppe nicht einmal mit ihren Stammesnamen bezeichnet werden, was daraus zu erklären ist, daß die Stammeszugehörigkeit dieser Indianer weitgehend unbekannt war. Er trifft auf sie im südwestlichen Texas, auf der mexikanischen Seite des Rio Grande und auf dem nordmexikanischen Hochplateau. Sie bauen Mais, Wassermelonen und Bohnen an, sind Hirten und arbeiten auch für die Weißen in der Landwirtschaft oder als Hausburschen und Diener. Auch der Herzog verpflichtet einen jungen Indianer als Diener.

Als einzigen konkreteren Hinweis auf eine Stammeszugehörigkeit nennt der Herzog die Bezeichnung Garises und
meint damit wohl in erster Linie die indianischen Schaf- und
Ziegenhirten, die ihm begegnen und offenbar in besonderem
Maß durch die Überfälle der »wilden Indianer« gefährdet
sind. In der Fachliteratur findet sich dieser Begriff nicht,
dafür aber ähnliche Bezeichnungen, nämlich Carrizo, Carri-
so und Guariqueche, die in den Gebieten auf indianische
Gruppen angewendet wurden, in denen der Herzog mit den
Garises zusammentrifft.

Die Bezeichnung Carrizo/Carriso verwendete man für
mehrere indianische Gruppen, deren Gemeinsamkeiten darin
bestanden, daß sie an Flußufern lebten und/oder mit Ried
und Gras bedeckte Hütten hatten. Von den Reiternomaden
wurden sie verächtlich als »schuhloses Volk« bezeichnet,
weil sie keine Mokassins, sondern Sandalen trugen. Die
Mehrheit der Indianergruppen bzw. -stämme dieser Region
wird heute mit dem Namen Coahuiltec(o) bezeichnet. Er
erfaßt primär mehrere Gruppen mit einer oder mehreren
verwandten Sprachen und kulturellen Gemeinsamkeiten.
Die Carrizo/Carriso könnten Coahuiltec gesprochen haben,
aber auch Comecrudo, das ebenfalls in dieser Region verbreitet war.

Darüber hinaus erwähnt der Herzog »halbwilde Indianer«,
die er in der Stadt Durango sieht und die, wie er erfährt, aus
den nördlichen Gebirgen des Staates Durango stammen. Er
bezeichnet sie als harmlos und meint damit wohl in erster
Linie nicht-kriegerisch. Geht man von dem geographischen
Hinweis aus, so könnte es sich um Tepehuan oder um Acaxee
gehandelt haben.

Von weiterem Interesse sind die Bemerkungen des Herzogs über die Mumien- und Schädelfunde im kaum zugängli-
chen Bolsón de Mapimi, der, so wird ihm gesagt, viel Rätselhaftes berge und nach dem Glauben der Indianer verzaubert
sei. Die Untersuchung einiger Schädel bringt ihn zu der

Überzeugung, daß es sich nicht um frühzeitliche Menschen gehandelt haben könne, sondern um direkte Vorfahren heutiger Indianer. Er vermutet, daß es die Vorfahren der Comanchen, Apachen und Navajo seien, vor allem aber der Comanchen, die ihre Toten dort begraben hätten, um die Gräber vor Feinden zu schützen.

Dazu ist zu vermerken, daß sich die Mumifizierung von Leichen vor allem aus den besonderen klimatischen und geologischen Bedingungen dieses Gebietes erklärt. Präzise Ortsangaben der Fundstätten werden leider nicht gemacht. So kann hier nur festgestellt werden, daß die Funde von den Vorfahren der Concho oder Toboso stammen könnten, die die Spanier bei ihrem Eindringen in dieses Gebiet vorfanden, keinesfalls jedoch von den Reiternomaden.

DIE REISE DURCH DIE EBENEN WESTLICH DES MISSOURI

Der Herzog traf zu einem Zeitpunkt in diesem Gebiet ein, als der Aufbruch in den Westen seinem Höhepunkt zustrebte. Große Auswanderer- und Goldsucher-Trecks zogen durch das Plains-Prärie-Gebiet, zum Teil über die nördliche Route, den Oregon Trail, zum Teil über die südliche Route, den Santa Fé Trail. Sie mußten ständig mit Indianerüberfällen rechnen. Die Indianer, die sich in ihrer Existenz bedroht und herausgefordert fühlten, setzten die Mittel ein, die ihnen zur Verfügung standen. Das heißt nicht, daß es keine von beiden Seiten getragenen Versuche gab, solche Konflikte zu vermeiden. Fast zum gleichen Zeitpunkt, an dem der Herzog seine Reise begann (Herbst 1851), schlossen Amerikaner und Indianer in der Nähe von Fort Laramie, Wyoming, den ersten von zwei Verträgen (den zweiten 1853 in Fort Atkinson, Kansas), die den freien Durchzug der Trecks durch die Indianergebiete garantieren sollten. Die Indianer selbst sollten dafür in genau abgegrenzten Gebieten leben und jagen und dafür von der amerikanischen Regierung für fünfzig Jahre mit Lebensmitteln und Ausrüstungsgegenständen versorgt werden. Der amerikanische Senat reduzierte diese Verpflichtungen auf fünfzehn Jahre. Der Frieden, der nie vollkommen war, hielt nur bis 1854 an, einem Zeitpunkt, zu dem die Indianer endgültig begriffen hatten, daß für die Mehrheit der weißen Eindringlinge nicht die Verträge galten, sondern das Recht des Stärkeren. Was jetzt folgte und bis 1890 fortdauerte, war ein Krieg, der von der Mehrheit der Reiternomaden getragen wurde und aus lauter Einzelaktionen und Scharmützeln bestand. Er führte schließlich zum Untergang dieser Stämme oder zu ihrer Einpferchung in Reservationen.

Ein Dreh- und Angelpunkt des Kontaktes zwischen Indianern und Weißen war damals Fort Laramie, das als Fort William 1834 von Pelzhändlern gegründet worden war, 1849 an die amerikanische Regierung verkauft wurde und sich zu einem der wichtigsten Militärposten des Plains-Prärie-Gebietes entwickelte. Es war eine Schutzbastion für durchreisende Auswanderer, war aber auch als Handelsposten weiterhin von Bedeutung.

Während dieser Reise, auf der Herzog Paul auch in ihm bereits bekannte Gebiete kommt, trifft er Indianer zahlreicher Stämme, die er nach seinem oben erläuterten Schema in »wilde« bzw. »rohe« und »zivilisierte« unterteilt. An »wilden« Indianern begegnen ihm Arapaho, Cheyenne, Crow, Iowa, Jicarilla, Kansa, Kiowa, Pawnee, Potawatomi, Schoschonen (Shoshoni), Utah (Ute), Oglala und »Verbrannte Hintern« (Brûlés). Delawaren, Shawnee und Wyandotte (Wyandot) sowie eine andere Gruppe der Potawatomi rechnet er zu den »zivilisierten« Indianern. Mit Ausnahme der Potawatomi handelt es sich bei den »wilden« Indianern um die in den Ebenen sowie in südlichen und westlichen Randzonen beheimateten Reiternomaden, bei den »zivilisierten« – einschließlich der Potawatomi – um Indianer aus dem Seengebiet und der Ohioregion, die von der »wandernden Grenze« nach Westen gedrängt wurden.

Um Fort Laramie begegnet er einer Reihe von Indianerstämmen, die er stichwortartig charakterisiert und dabei teilweise erstaunlich harte Urteile fällt. So nennt er die Cheyenne schmutzig, lumpig und diebisch, die Arapaho dagegen eine stattliche und gute Nation, die Crow große stattliche und kriegerische Leute, die Kiowa und die Ute wiederum verräterisches Gesindel, feige und mordlustig, die Shoshoni hingegen harmlos. Bei den Cheyenne wird das negative Urteil dadurch relativiert, daß er sie an anderer Stelle auch vortreffliche Reiter und Bisonjäger nennt. Sehr positiv schreibt er von den Sioux, vor allem von den Oglala, deren Aussehen er bewundernd hervorhebt.

Cheyenne und Arapaho waren von dem Zeitpunkt an Gegner der Weißen, als diese in ihre Jagdgründe eindrangen, die sie erst wenige Jahrzehnte zuvor ihren indianischen Nachbarn abgerungen hatten. Sie kamen beide vom östlichen Rand der Ebenen und hatten eine ähnliche Entwicklung vom Maispflanzertum zum Reiternomadentum durchgemacht, waren also über ihre Sprachverwandtschaft hinaus in ihren kulturellen Traditionen miteinander verbunden. Sehr viel mehr als die Arapaho waren jedoch die Cheyenne durch ihr wohlorganisiertes Stammesleben und durch ihre Fertigkeit in der Herstellung von Kleidung, Verzierung und Schmuck bekannt. Das heruntergekommene Aussehen der Cheyenne, das der Herzog beobachtet, mag durch Umstände wie Strapazen und Notsituationen bedingt gewesen sein, galt aber auf keinen Fall generell. Die Crow, als Dandys bekannt, waren zwar auch sehr kriegerisch, hatten aber kaum Konflikte mit den Weißen, sondern vor allem mit den Teton-Sioux. In den Kriegen um die Besiedlung des Plains-Prärie-Gebietes durch die Weißen standen sie auf deren Seite und unterstützten sie aktiv.

Die Kiowa waren zweifellos schon sehr früh Gegner der

Weißen, zunächst der Spanier und Mexikaner, gegen die sie gemeinsam mit den Comanchen kämpften. Ebenso erfolgreich waren sie in ihrem Widerstand gegen die Besiedlung ihres Lebensraumes aus dem Osten. Ihre Kriegszüge waren wegen ihrer Grausamkeit ebenso gefürchtet wie die der Comanchen und führten nicht selten zu spektakulären Erfolgen. Die Ute hatten in dieser Phase, abgesehen von einigen Konflikten mit den Mormonen, zu den Weißen relativ gute Beziehungen, die sich erst ab 1860 verschlechterten, als ihr Gebiet von Minengesellschaften beansprucht wurde. Bekannt geworden waren sie vor 1850 vor allem durch die erfolgreichen Diebstähle von Pferden, die bei den Reiternomaden bekanntlich sehr hoch im Kurs standen. Die Shoshoni, die zwar schon sehr früh durch Epidemien und durch ihre Kriege mit den Blackfeet – einem weiteren Algonkin-Stamm des Plains-Prärie-Areals – dezimiert wurden, waren alles andere als harmlos. Sie waren zwar den Weißen nie so feindlich gesonnen wie ihre nächsten Verwandten, die Comanchen, an deren Seite sie sogar gegen die Blackfeet kämpften, wußten sich jedoch energisch zur Wehr zu setzen, als ihre Jagdgründe von weißen Eindringlingen besetzt wurden.

Ein weiteres Abenteuer besteht der Herzog mit den Pawnee, denen er in der Nähe von Fort Kearney am Platte River begegnet.

Von besonderem Interesse ist dabei des Herzogs Hinweis auf seine dreißig Jahre zurückliegenden Erfahrungen mit den Pawnee, die er in seinem ersten Reisebericht schildert. Er beklagt, daß sich die Pawnee in diesem Zeitraum sehr verändert hätten, und meint damit wohl ihre Betteleien, Frechheiten und Diebstähle. Ein direkter Vergleich mit seinen damaligen Erfahrungen unter den Pawnee scheint seine Behauptung auf den ersten Blick zu bestätigen. Bei jener Begegnung werden er und seine Begleiter nämlich nur von einigen wenigen Stammesmitgliedern nachts bestohlen und auch nur versteckt angebettelt, darunter von einer Frau, die ihm zudem eindeutige Angebote macht. Kurz zuvor allerdings hält er sich in einem Dorf der Oto auf (sie sind Nachbarn der Pawnee und sprechen eine Sioux-Sprache) und wird von einer großen Zahl von Stammesmitgliedern offen belästigt und bestohlen, also ähnlich wie bei der oben geschilderten späteren Begegnung mit den Pawnee.

Von der historischen Entwicklung her betrachtet, hat sich die kulturelle Situation der Reiternomaden in diesem Zeitraum ungeachtet des massiven Eindringens der Weißen in ihre Gebiete jedoch nicht so gravierend verändert, daß aus dem vom Herzog beobachteten Verhalten bereits Zerfallserscheinungen abgeleitet werden könnten. Immerhin haben die Pawnee gerade während der späteren Begegnung sein mutiges Verhalten eindrucksvoll anerkannt und ihm Bewunderung gezollt. Die Ritterlichkeit, die mit solchen Reaktionen verbunden war, gehörte zum Ehrenkodex der Reiternomaden und war für sie charakteristisch, solange die Eigenständigkeit ihrer Gesellschaften und damit ihre Wertordnungen erhalten blieben. Zu beiden Zeitpunkten, zu denen der Herzog mit ihnen zusammentraf, waren diese Wertordnungen noch Maximen des täglichen Handelns und damit grundsätzlich intakt.

Mit gewissen Einschränkungen waren die oben genannten Stämme des Seengebietes und der Ohioregion – Potawatomi, Delawaren, Shawnee und Wyandot – um die Mitte des vorigen Jahrhunderts bereits stark an die Kultur der europäischen Einwanderer angepaßt, was sich u. a. in der Kleidung und der Wirtschaftsweise zeigte. Ein weiterer Wandel fand bei diesen Stämmen dadurch statt, daß sie auf ihren langen Wanderungen von Osten nach Westen auch Züge von Indianerkulturen der westlichen Gebiete übernahmen, mit denen sie in engeren Kontakt kamen, vor allem des Plains-Prärie-Gebietes. Einflüsse von Zügen der Kultur der Weißen fanden sich relativ gleichmäßig bei den Delawaren, Shawnee und Wyandot, damit vermischte Einflüsse der Plains-Prärie-Kul-

turen dagegen vor allem bei einigen Delawaren- und Shaw-
nee-Gruppen. Bei den Potawatomi gab es zwei Gruppen,
eine, die sich ohne starken Einfluß der Kultur der Weißen zu
Reiternomaden entwickelte, eine zweite, deren Wandel vornehmlich von ihr beeinflußt wurde. Delawaren, Potawatomi
und Shawnee sprachen Algonkin-Sprachen, die Wyandot
eine Irokesen-Sprache.

Die Delawaren hatten ihre Wohngebiete bei Eintreffen der
ersten weißen Siedler in Nordamerika an der Ostküste, und
zwar in New Jersey, Delaware und dem östlichen Pennsylvania. Sie wurden in ihrem Lebensraum zuerst von schwedi-
schen und holländischen Siedlern eingeschränkt, dann von
englischen Siedlern in die Alleghanies verdrängt, dabei
gleichzeitig von ihren irokesischen Nachbarn bekriegt und
unterdrückt, gelangten so in das Ohiogebiet, wo sie teilweise
missioniert wurden, teilweise aber mit den Ohiostämmen
sich gegen die weiße Flut stemmten. Nach dem Zusammenbruch des indianischen Widerstandes in diesem Gebiet wurden sie schrittweise über den Mississippi in das Plains-Prärie-
Gebiet gedrängt, und zwar weit verstreut nach Texas, Kansas
und dem westlichen Teil des damaligen Indian Territory
(dem späteren Staat Oklahoma). Kleinere Gruppen drangen
noch weiter nach Westen vor, einige bis zur Nordwestküste.
Ein Teil von ihnen hatte sich dem Leben der Reiternomaden
angepaßt, ein weiterer Teil lebte vom Anbau, andere waren
Jäger und Trapper oder dienten als Scouts.

Die Reservation in Kansas, wo der Herzog eine größere
Gruppe Delawaren vorfand, wurde 1829 vertraglich begründet und ab 1830 von ihnen besiedelt, aber nach einem weiteren
Vertrag 1866 wieder von ihnen verlassen. Dazu kam es trotz
erfolgreicher Bewirtschaftung des Landes deshalb, weil die
Delawaren von den Weißen in Kansas übel behandelt wurden. Sie ließen sich dann im Indian Territory nieder, wo sie
größtenteils von den Cherokee aufgenommen wurden.

Die Shawnee hatten ursprünglich ihre Wohnsitze im Südosten der USA, dann im Ohiogebiet und mußten ebenso wie die Delawaren nach dem Zusammenbruch des indianischen Widerstandes in diesem Gebiet ihre Wohnsitze verlassen. Auch sie wurden weit im Westen verstreut. Ein Teil begab sich auf der Grundlage eines Vertrages in eine Reservation nach Kansas. Wie die Delawaren hatte diese Gruppe mit den Weißen in Kansas Schwierigkeiten und begann sich ab 1846 in Richtung Indian Territory abzusetzen, also schon bevor der Herzog in dieses Gebiet kam. 1854 wurde dann der Verzicht der Shawnee auf die Reservation in Kansas vertraglich geregelt.

Was das Ausmaß der Vertreibung und den Umfang der Wanderungen betrifft, wurden beide Stämme noch von den Wyandot übertroffen. Ihre Vorfahren, die Huronen und Petun, wurden im 17. Jahrhundert von den Stämmen der Irokesenliga weitgehend vernichtet. Der Rest wurde zum größten Teil von den Irokesen adoptiert oder in das Seen- und Ohiogebiet vertrieben. Dort leisteten sie Mitte des 18. Jahrhunderts Widerstand gegen das Vordringen der Weißen, mußten jedoch nach ihrer Niederlage dieses Gebiet verlassen und sich notwendigerweise nach Westen wenden. Ihre Bezeichnung als Wyandot kam in dieser späteren Entwicklung auf und leitet sich von Wendat, der Eigenbezeichnung der Huronen, ab. Ein Teil von ihnen erklärte sich bereit, nach Kansas in eine Reservation zu gehen (1843). Unter dem Druck der weißen Infiltration gab diese Gruppe – wie die dort lebenden Delawaren und Shawnee – ihre Wohnsitze in Kansas auf und zog in das Indian Territory.

Die Potawatomi lebten um 1600 im Gebiet der Michigan-Halbinsel, wurden dann unter dem Druck der weiteren Entwicklung von den Stämmen der Irokesenliga und den Weißen nach Wisconsin gedrängt und mußten schließlich, nachdem der Mittelwesten durch den indianischen Widerstand nicht mehr zu halten war, ihre Wohngebiete wiederum aufgeben und verteilten sich in verschiedene Regionen des Westens. Ein Teil, der in Iowa lebte, wurde als Prärie-Potawatomi bekannt, der andere Teil, der 1857 nach Kansas gelangte, wurde als Waldland-Potawatomi bezeichnet. 1846 sah die amerikanische Regierung eine neue Reservation für beide Gruppen in Kansas vor, wo außerdem noch andere Algonkin-Stämme angesiedelt werden sollten, wohin schließlich nur die Mehrheit der beiden Potawatomi-Gruppen gelangte. Diesen Neuankömmlingen widersetzten sich die Pawnee, die in diesem Gebiet lebten, so daß es zu einem Krieg zwischen beiden Stämmen kam, den die Potawatomi, inzwischen zu hervorragenden Reiternomaden geworden, gewannen. Wie die drei anderen Stämme aus dem Osten bekamen auch die Potawatomi zunehmend Schwierigkeiten mit der weißen Bevölkerung von Kansas. Unter diesem Druck erklärten sich die Waldland-Potawatomi schließlich mit der Aufhebung des Reservations-Sonderstatus ihres Landbesitzes einverstanden. Jeder von ihnen konnte nun sein Land verkaufen, was auch die Mehrheit tat und zum Indian Territory zog. Dort entstand eine neue Potawatomi-Reservation. Diese Gruppe wurde als Citizen-Potawatomi bekannt, während sich die Prärie-Potawatomi der Aufhebung des Sonderstatus ihres Landes widersetzten und eine neue Reservation in Kansas erhielten, auf der sie heute noch leben.

DIE REISE INS MITTLERE KALIFORNIEN

Die Kontakte des Herzogs mit den Indianern Kaliforniens beschränken sich im wesentlichen auf die Stämme in den Zuflußgebieten des Sacramento River und des San Joaquin River, im ersten Fall vor allem in der Umgebung des American River, des Feather River und des Yuba River, im zweiten Fall vornehmlich in der Umgebung des Consumnes River und des Mokelumnes River.

Herzog Paul war zu einem Zeitpunkt nach Kalifornien

gekommen, als die Situation durch die riesige Einwanderungswelle besonders unübersichtlich war und sich Kulturen und Gesellschaften der Indianer in den Einzugsgebieten des Sacramento River und des San Joaquin River unter diesem Druck rapide aufzulösen begannen.

Dies dürfte einer der Gründe sein, warum es ihm nicht gelungen ist, eine exakte kulturelle Zuordnung der sonst von ihm sehr gut beobachteten Indianer vorzunehmen. Ein weiterer Grund dürfte darin zu sehen sein, daß die Indianer Kaliforniens nie eine so bedeutende historische Rolle bei der Besiedlung ihres Landes durch die Weißen gespielt haben, wie dies für die Indianer des Plains-Prärie-Gebietes und des östlichen Waldlandes zutrifft. Sie waren und blieben relativ unbekannt und lebten zudem in Dorfgemeinschaften, die gegenüber den Stämmen als Ganzes ziemlich eigenständig und unabhängig waren. Diese Dorfgemeinschaften hatten Namen, die von Indianern und Weißen benutzt wurden und offensichtlich von den Weißen meist mit Stammesbezeichnungen gleichgesetzt wurden. Außerdem wurden diese Namen auch für geographische Lokalitäten und Flüsse verwendet, wie die Ausführungen gezeigt haben. Bis auf eine sind alle Bezeichnungen, die der Herzog nennt und die identifiziert werden konnten, keine Stammesnamen, sondern Dorf- und/oder Orts- bzw. Flußbezeichnungen.

Die indianischen Stämme, die in diesem Gebiet lebten, haben folgende Namen: Nisenan (bzw. Southern Maidu), Konkov, Lake Miwok, Patwin, Wappo, Miwok und Northern Valley Yokut. Die Sprachen, die in diesen Stämmen gesprochen wurden, gehören folgenden Sprachfamilien an: die Sprachen der Konkov und der Nisenan der Maidu-Sprachfamilie, die Sprache der Patwin der Wintu-Sprachfamilie, die Sprachen der Lake Miwok und der Miwok der Utian-Sprachfamilie und die Sprache der Northern Valley Yokut der Yokut-Sprachfamilie.

Die Bezeichnungen Hok (bzw. Hoc, Hock), Eske (bzw.

E'skem, Eskim), Yuba (bzw. Uba, Yupu), Willi (bzw. Wili) und Kulu (bzw. Ku'lu) sind Namen von Dörfern der Nisenan. Tanku (bzw. Tainkoyo, Tanko, Tankim, Tan'köma) ist ein Name, den die Northern Maidu für die Nisenan (Southern Maidu) verwendet haben (die ersten beiden und die letzten beiden der in der Klammer stehenden Namen bezeichnen jeweils wahrscheinlich nochmals Untergruppen der Nisenan). Konsumes (bzw. Consumnes) ist der Name eines Flusses, in dessen Gebiet eine Miwok-Gruppe lebte, so daß davon ausgegangen werden kann, daß diese Gruppe danach bezeichnet wurde und in einem oder mehreren Dörfern lebte. Mariposa ist der Name eines Baches im Einflußgebiet des San Joaquin River und außerdem in der Verbindung Mariposa-Chowchilla die Bezeichnung einer Dialekt-Untergruppe der Southern Sierra Miwok. Der Name Digger wurde von den Weißen als herabsetzende Bezeichnung für Indianerstämme benutzt, deren Ernährung zum Teil aus Wurzeln bestand. Auch die Nisenan wurden – und werden auch heute noch – Digger genannt. Der Herzog bezieht sich bei der Erklärung dieses Namens irrtümlicherweise auf einen anderen Stamm – gemeint sind die in Utah lebenden Paiute –, deren Bezeichnung als Digger am weitesten verbreitet war. Alle weiteren, von ihm aufgeführten Namen lassen sich zum gegenwärtigen Zeitpunkt auch nicht mit der neuesten Fachliteratur lokalisieren. Vielleicht tragen des Herzogs Notizen dazu bei, die geographisch zum Teil sehr genau sind, bisher unklare Zusammenhänge im vergleichenden Quellenstudium aufzuhellen.

Was die offenbar schwierige Situation der kalifornischen Indianer um die Mitte des 19. Jahrhunderts betrifft, so macht der Herzog nur Andeutungen. Deshalb hier einige Stichworte zu dieser Situation. Nachdem die Indianer in der langen spanischen Besetzung ihres Gebietes (1769–1821) und in der kürzeren mexikanischen Periode (1821–1848) trotz massiver Missionierung, Unterdrückung und Zwangsarbeit doch einigermaßen gut überlebt hatten, insbesondere in Innerkalifornien, brach mit der Übernahme Kaliforniens durch die Amerikaner das Verhängnis über sie herein. Spanier und Mexikaner versuchten die Indianer für ihre Interessen zu benutzen und sie vor allem in ihr ökonomisches System zu integrieren. Die Amerikaner waren daran überhaupt nicht interessiert, sondern betrachteten die Indianer als nutzlos. Vor allem mit den Goldfunden kamen Glücksritter und alle Arten von Gesindel ins Land, die ohne jegliche Skrupel ihren Weg zum Erfolg suchten und dabei die Indianer wie Tiere behandelten, die man, um sie loszuwerden, nur totzuschlagen brauchte. Die amerikanische Regierung gebärdete sich in der Behandlung der Indianer nicht besser und gab Hunderttausende von Dollars für ihre Vernichtung aus. Jeder, der sich bereit erklärte, eine Truppe von Freiwilligen zur Verfolgung der Indianer aufzustellen, konnte mit der finanziellen Unterstützung der Regierung rechnen. Auf diese Weise wurden an mehreren Stämmen grausame Massaker begangen und ganze Dorfgemeinschaften ausgerottet. Man kann davon ausgehen, daß die »wilden Stämme«, die nach des Herzogs Ausführungen vor allem in unzugänglichen Gebieten lebten, auf diese Weise Vernichtungskampagnen zu entgehen suchten, aber gleichzeitig auch dort Widerstand leisteten, wo es ihnen möglich war.

Die bisherigen Ausführungen zeigen, daß der Herzog über die Wiedergabe von ethnographischen Daten hinaus auch versucht, bestimmte Aspekte seiner Beobachtungen über die Indianer zu werten. Natürlich war der Herzog – gerade mit seiner weit über dem Durchschnitt liegenden Bildung – ein Kind des 19. Jahrhunderts und gebunden an das Credo seiner Zeit, nämlich daß es eine Evolution der menschlichen Kultur vom Einfachen zum Komplexen gebe, die sich an den vorhandenen Zivilisationen, Völkern und Stämmen ablesen lasse.

Wie auch in seinem ersten Reisebericht über Amerika erweist er sich als ein Ethnograph, der das Beobachtete in einer klar formulierten Sprache wiederzugeben vermochte, vergleichbar mit den Ergebnissen berühmter Ethnographen wie Heckewelder, Prinz zu Wied, Catlin und Schoolcraft. Wenn er sich weniger als diese um die Erfassung ethnographischer Daten bemüht hat, dann liegt dies an seinen anders gelagerten Interessen. Was er jedoch an ethnographischen Daten aufzeichnete, steht in seiner Qualität den von diesen Ethnographen erzielten Resultaten nicht nach und ist mit dem gleichen Wirklichkeitsverständnis wiedergegeben, mit dem er seine sonstigen naturwissenschaftlichen Beobachtungen niederlegte.

Dr. Egon Renner

Anhang

AUSSCHNITT AUS HERZOG PAULS ZEITUNGS-BERICHT ÜBER SEINE DRITTE AMERIKAREISE

Der folgende Ausschnitt aus Herzog Pauls einziger Veröffent-lichung über seine dritte Amerikareise in der Zeitschrift »Das Aus-land« (vgl. S. 42) soll einen Begriff von der exakten Arbeit des Naturforschers vermitteln, der Haupttriebfeder seiner Reisen.

Meine erste wissenschaftliche Arbeit war dem südwestlichen Texas zugewendet, da ich die Landstrecke vom 25–28° n. B. zwischen dem Nueces und Rio Grande für unerforscht hielt. Sowohl das Thierreich als das Pflanzenreich, wenn gleich letzteres, wie in allen flachen Grassteppen und trockenen Niederwaldungen, nicht sonderlich reich ist, bietet interes-sante, zum Theil neue Formen, die oft an Pracht des Farben-schmuckes mit der reichsten Vegetation wetteifern; ich be-gab mich über Reinosa nach Roma am linken Texasufer, bestellte dort meine Reiseequipage und begab mich 10 Le-guas nach NO an einen tiefen Giesbach, den Aroyo Perez, der zwar im heißesten Sommer austrocknet, zur Zeit meiner Ankunft aber noch Wasser hielt, um daselbst zu jagen und zu sammeln. Während eines vierzehntägigen Aufenthaltes in dieser wildreichen Gegend habe ich meine Sammlungen mit manchem guten Exemplar vermehrt. Das mexicanische wil-de Schwein, Dicotyles torquatus, Cuv., das schwarze Gürtelthier, Dasypus niger, der mexicanische Luchs, Felis (Lynx) mexicana, mit weißem Halbmond hinter dem Ohr, die Gabelgemse, Antilocapra americana und der am. Damhirsch, Dama virginiana oder vielmehr die Spielart D. (cervus) mexicana (mazame), sind hier in Menge zu Hause. Zahlreiche Wolfsarten, der Cojote, Canis campivagus (von C. latrans verschieden), Pr. Württ., ein ächter Schakal und Höhlenthier, ein großer großohriger Wolf (Megalocerda), beinahe nackt, mit Borstenhaaren auf dem Rücken und Hals und niederm Hintertheil, kurzer Ruthe, bildet den Uebergang zu den Hyänenhunden und nähert sich in Sitten und Lebensweise dem Canis pictus von Afrika. Ein anderer Wolf, wahrscheinlich Canis nubilus, Say, ist ein ächter Wolf und scheint dem Norden mit anzugehören. Ersterer und letzterer sind sehr verbreitet, nicht scheu und oft in großen Truppen vereinigt; arge Heuler welche die Ruhe der Nacht unterbrechen und nur vom Aase leben. An Nagern besitzt das südliche Texas mehrere Arten, einen überaus niedlichen Spermophilus und drei Hasen; zahllose wilde Rinder und wilde Pferde (Mustangs), durchziehen die mit Dornensträuchern und Cactus bedeckten Flächen (Chaparal), so wie die mit hohem Gras und Kräutern belebten Steppen. Acazien, Inga, Zizyphus, Carissa, Parkinsonia u. a. dornentragende niedere Baumformen, Agave und Jucca-Arten und eine Masse Cacteen, Opuntia, Cereus, Melocactus und Mamillaria bilden oft undurchdringliche Gehäge, und die Klapperschlange (Crotalus tergeminus, Say) erschreckt den Wanderer durch ihre Menge, wenn gleich ungereizt, harmlos und furchtsam.

An Vögeln ist dieser Theil von Texas wenn gleich nicht reich, doch insofern beachtenswerth als seltene und theilweise neue Arten erscheinen. Unter den Raubvögeln sind die zwei Aasgeier Amerika's, Percnopterus atratus (Jota) und Cathartes Aura, so wie Polyborus brasiliensis, der auch ein Aasfresser ist, sehr gemein. Diese Luftreiniger gehen auf dem Kamm der Cordillera, so wie in den brennenden Flächen ihrer Nahrung nach. Das wahre Vaterland eines bisher sehr seltenen Raubvogels fand ich hier, ich meine den schönen Buteo (Poicilopternis, Kaup), Harristi des Audubon, der in allen Gewändern, alt und jung, Mann und Weib, dem von dem Entdecker gegebenen Charakter treu bleibt und nicht mit Buteo unicinctus verwechselt werden darf. Eine große Ohreneule, wie der europäische Schuhu von den Mexicanern Tecolote genannt, erscheint paarweise, und der amerikanische Fischadler, ganz dem der alten Welt ähnlich, ist nicht selten. Unter den rabenartigen Vögeln ist der mexic. Kolkrabe mit keilförmigem Schwanz und langen Halsfedern, Corvus mexicanus, und die Fischkrähe Corvus ossifragus gemein. Ein wunderschöner Heher aus der Sippe der grüngelben, von denen C. peruvianus der Typus ist, scheint gewiß neu zu seyn, ich möchte die Sippe als subgenus unter Chrysocorax aufstellen und die Art des Rio Grande Chrysocorax personatus nennen. Kopf schwarz, Stirn und Wangen vom herrlichsten Blau, Rücken grün, Bauch und Schwanz goldgelb, Länge 11″. Aus der reichen Familie der Cassiceen erscheinen auch zwei mir unbekannte Arten, die eine dem Cassicus mexicanus, die andere dem Cassicus Guirahuro zunächst stehend. Sporadisch sah ich im Lauf des Sommers den seltenen Cassicus Bullockii, gemein dagegen Cassicus niger (der Hahn mit gelber Iris), und Cassicus phoeniceus. Aus der Zahl der Atzeln ist der schöne und sehr vertraute Quiscalus caudatus, dessen Männchen prachtvoll schwarz, das Weibchen braun ist, und Quiscalus versicolor ganz gemein. Von Staaren ist Sturnella magna im Herbst, im Sommer die kleine Sturnella hippocrepis nicht selten. Aus der Zahl der Finken und Ammern zählte ich sehr viele Arten, zwei Cardinäle, ein Coccoborus, eine prachtvolle neue Euspiza, zwei Geospiza, Spiza amoena und Cirris; zwei mir noch nicht bekannte Corydalina, Pyranga rubra, drei Ammodromus und vier ächte Ammern. Unter insectenfressenden Sängern, zwei Tyrannus, ein Vireo, drei Helinaia und zwei Zosterops, eine Meise mit großer schwarzer Haube auf dem Kopf. Lanus septentrionalis und carolinus, letzterer über die Andenkette bis zur Westküste verbreitet; zwei prachtvolle Milvulus (Tyrannus), mit langen Schwanzfedern, Milvulus verticalis, und eine Art mit sehr langen äußern Schwanzfedern und lebhaftem Orangeroth unter den Flügeln und den Seiten des Bauches, Milvulus cruentatus, Pr. Württ. Dem Weibchen fehlen die langen Steuerfedern. Eine Muscicapa, grau mit rosenrothem Bauch, halte ich auch für neu, und nannte sie einstweilen Muscicapa Rhodope. Aus der Gruppe der Drosseln bemerkte ich erstens zwei bekannte Arten, Turdus migratorius und melodus, von Mimus M. rufus, von Spottdrosseln, Orpheus polyglottus und von Toxostema mit feuerfarbenem Augenkreis den in Mexico sehr verbreiteten Nopaltencol, den Lichtenstein Turdus deflexus nennt. Unter den Klettervögeln ist der Coccyzus carolinus sehr verbreitet, und der Erdkukuk, Geococcyx viaticus, der in Größe und Lebensart die Penelope mit den Kletterfüßen verbindet, nicht selten. Von Spechten nur zwei Bundspechte, Picus aurifrons und eine kleine mir nicht bekannte Art.

Aus der Familie der Tetraos zwei Ortyx; Ort. virginiana und eine schöne Species mit großer weißer Haube; Ort. leucolopha, Pr. Württ.; ferner Meleagris gallopavo und Penelope garrula oder vetula, Wagn. Die Stelzfüßer sind sehr stark vertreten; Tantalus loculator, Ibis, I. rubra, alba, Guarauna, Ordii. Numenius longirostris, Limosa Fedoa, Scolopax noveboracensis, Talmatias sp? Tringa islandica, minuta, semipalmata, maritima, Totanus flavipes. Calidris arenaria, Hemipalama americana (Totanus semipalmatus), Charadrius vocifer, Wilsonius Haematopus ostralegus, Haematopus nigricollis, Platalea Ajaia, Ardeola exilis, Butaurus frontalis (nycticorax), Tigrosoma lineata, minor, Garzetta Egretta, Leuce, alba, candidissima, coerulescens, Pealii, Ludowiciana, cancrivorus violaceus (jamaicensis), scopularis, Cancromus cochlearius, Grus Struthio, americana, Podilimbus maculirostris, Fulica leucopyga, Phoenicopterus ruber, etc. Von Tauben: drei Ectopistes, E. carolinensis, inornata, d'Orb., albipennis sp. nov. Pr. Württ. Columba, zwei mit weißem Flügelfleck, C. leucoptera, Pr. Württ. C. an C. caribaea. Schwimmvögel; Phaeton aethereus, Larus argentatus, canus, zonorhynchos, tridactylus, atricilla, maritimus, Sterna fuliginosa, minuta, anglica cayennensis, Rhynchops nigra, Pelecanus platypus, Thajus, fuscus (raficollis Pr. Württ.). Dysporus Bassanus, Sula, Tachypetes Fregata, Colymbus Septemtrionalis, Cygnus buccinator, Anser hyperborea, Brenta leucopsis, Anser intermedia, Cygnanser canadensis, Dendrocygna autumnalis, Carina moschata, Anas Boschas, Aja sponsa, Rhynchaspis americana, Dafila sp. nova Mareca americana, fistularis, sp. nova, M. albiceps, Pr. Württ., an M. chiloensis. Clungula americana, Fuligula rufitorques, Melanetta americana, fusca, mergus merganser et cucullatus.

Große Seeschildkröten, oft 5–600 Pfd. schwer, erscheinen in Masse bei stürmischem Wetter in den Baien auf sandigem Strande, und eine große Landschildkröte mit gewölbtem höckerigem, schwarzem, roth und gelb gezeichnetem Schilde in den westlichen Prairien.

Von Sauriern ist ein flüchtiger Tejus, zwei Anolius, darunter A. bullaris, zwei Agamen und Phrynosoma orbicularis sehr gemein. Von Schlangen fand ich in Texas keine große Auswahl. Hydrodynaster (Coluber) constrictor oft bis 10' lang. Tropidonotus vittatus und Saurita, letztere in den stehenden Pfützen und Esteros, eine Homalopsis auf überschwemmtem Grasland, Trigonocephalus cenchris selten (bei den Mexicanern schlechtweg Vivora genannt), und allgemein verbreitet Crotalus tergeminus, mit drei schwarzen, weiß eingefaßten Flecken vor der Rassel, vulgo Cascabel. Sehr selten die oft 3–4 lange prächtige Elaps coralina (Cobra coral, furchtbar giftig, aber nicht gefürchtet, weil es eine schläfrige Schlange ist, die die Mundwinkel nicht weit öffnen und daher größere Glieder nicht umfassen kann.

Über die Insectenwelt will ich später berichten. Von Pflanzen bemerke ich, daß eine Auswahl baum- und strauchartiger Leguminosen, welche zum Theil ein sehr hartes farbiges Holz liefern, vorherrscht, außerdem eine Menge Dornen und Stacheln tragender Bäume von niederm Wuchs welche die sogenannten Chaparal und Mesquital bilden; eine Inga? wird Ebeno genannt und liefert ein rothes Holz, welches dem Holz des Hämatorylon nichts nachgibt. Das wahre Vaterland von Parkinsonia aculeata ist das westliche Texas. Eine herrlich blühende strauchartige Chamaetistula ist sehr verbreitet und mehrere empfindliche Mimosen sind entweder kurz- und vieldornige Sträucher oder sehr kleine, kaum zollhoch über den Boden ragende Pflänzchen. Auffallend endlich ist eine ganz winzige schön blühende Chamaecrista. Die Ipomeae liefern einen herrlichen Flor von weißen, rothen und blauen Arten. Ein Convolvulus trägt eine große prächtige rothe Blume, er nähert sich dem C. maritimus, der auch an dem Strande wächst. Eine andere Art trägt Knollen. Einige Onagreen tragen sehr schöne Blüthen, ebenso die stark vertretenen Apocyneen. Eine kleine lederblättrige Anona hat eine schwarze wohlschmeckende Frucht. Die Familie der Cacteen ist stark vertreten, besonders Opuntia und Mamillaria. Unter Cereus einige nette Formen; unter andern ein knollentragender, sehr feingliedriger, 7–9eckiger, dicht weißbestachelter, ruthenförmiger Cereus, dessen Gelende oft bei 1–1½ Länge kaum 2–3 ''' dick ist. Aus der Familie der Lilien fand ich drei Agaven, darunter Agave americana, atrovirens und eine unbekannte Art. Unter diese Gruppe gehörig eine schön blühende Knollenpflanze. Von Jucca sehen wir die Jucca aloefolia (Pita), die J. filamentosa (Palma), und eine feinblättrige zu Bonapartea sich neigende Art, welche sich nicht über den Boden erhebt. Unter den Giftpflanzen erscheint eine dickknollige, kurzstaudige Ienipha, aus der Familie der Solaneen 2 oder 3 staudige Arten, und ein Capsicum mit ganz kleiner Frucht; auch eine Physalis. Die ärgste Qual verursacht eine stachelige, brennende, aber schön blühende Loosa mit tiefgelappten Blättern, und der schönste Schmuck der Chaparales ist im Herbst ein prachvoll feuerrother Hibiscus und eine gelbblühende krautartige Pflanze aus der Familie Tropeolum. (?)

WORTERKLÄRUNGEN

Abolitionismus	Bewegung zur Abschaffung der Sklaverei
Acre	Flächenmaß (»Acker«): 40,5 ha
Alcalde	Amtmann, Richter
Algarobien	Dornengewächs
Animalische Intoxikation	Vergiftung durch Tiere
Antiphlogisticum	Entzündungshemmendes Medikament
Armadillos	Gürteltiere
Arriero	Maultiertreiber
Arroba	Hohlmaß: 16, 133 l
Arroyo	Wildbach
Arsenik	Arsenoxid (As_2O_3)
Artemisien	Beifußgewächse
Ausbalgen	Einem Vogel den Balg abziehen
Averrhoa	Gurkenbaum
Barbershop	Friseurladen
Baribal	Amerikanischer Schwarzbär
Barranca	Schlucht
Barre	Schranke
Bataten	Süßkartoffel
Bayou	Altwasser
Bluff Landing	Anlegestelle am Steilufer
Boarden	Beherbergen und verpflegen
Boarding-house	Herberge
Boiled meat	Gekochtes Fleisch
Bottom	Flußgrund
Breccie	Trümmer, Brockengestein
Brickhouse	Aus Ziegeln erbautes Haus
Bushel	Hohlmaß: 5 Scheffel, 36 l

Calesero	Kaleschenkutscher
Carne seca	Getrocknetes Fleisch
Cebollas	Zwiebeln
Celtis	Nesselbaum
Cerro	Hügel
Chaparral	Dornstrauchwüste
Chino	Mischling (Weiße oder Indianer mit anderen Rassen)
Cholerine	Leichter Brechdurchfall
Cornus	Hornstrauch
Corongo	Schwarz und braun gestreifte Decken
Cotton	Baumwolle
Court house	Amtsgebäude
Creek	Bach
Cristones	Zwei charakteristische Felsen an der Bai von Mazatlan
Croquis	Skizzen
Cuesta	Anhöhe
Dekokt	Abkochung
Diaphoretisch	Schweißtreibend
Dining-room	Speisezimmer
Driver	Kutscher, Fuhrmann
Dysenterie	Durchfall, Ruhr
Echantillon	Muster, Probestück
Elaps	Korallenschlange
Elle	Längenmaß: 61,2 cm (württembergisch)
Emeticum	Brechmittel
Endemie	Im Gegensatz zu Epidemie stete Erkrankungsgefahr, aber nur in bestimmten Gegenden
Eryngium	Pflanze Mannstreu

Faden	Längenmaß: 1,883 m (preußisch)
Fanega	Getreidemaß: 0,555 hl
Fenz	Zaun
Ferry-Boot	Fährschiff
Ficus	Feigenbaum
Fieberparoxismus	Fieberanfall
Flibustophilie	Anhänger der Flibustierpolitik (legalisierter Seeraub) gegenüber Spanien und England
Foreigner	Ausländer, Fremder
Fourcroya	Brennesselart
Framhaus	Holzhaus
Fuß	Längenmaß: preuß.: 0,314 m, engl./am.: 0,305 m, württemberg. 0,286 m
Gallone	Flüssigkeitsmaß: 3,785 l
Garbanza	Kichererbse
Garrotte	Würgeschraube
Gefährte (bergm.)	Gang
Geografische Meile	7,420 km
Giftsumach	Giftige Sumachpflanze
Grant	Zugewiesenes Siedlungsland
Grocery	Gemischtwarenhandlung
Guardia	Grenzwache
Gumpe	Wasserloch
Hacienda	Landgut mit Feldern
Heterodox	Andersgläubig
Hole	Wasserloch
Hyla	Baumfrosch
India-rubber	Kautschuk
Integamente	Haut, Hülle
Intermittierendes Fieber	Teilweise aussetzendes Fieber
Intestinalleiden	Eingeweideleiden

Intoxikation	Vergiftung
Itinerar	Marschroute, Reiseplan
Kanaken	Südseeinsulaner
Kazike	Häuptling
Klafter	Raummaß: $3,339\,\mathrm{m}^3$
Klafter	Längenmaß: 6 Fuß, ca 1,9 m
Knownothings	Ausländerfeindliche Bewegung in den USA
Konjektur	Lesart, Vermutung
Kraniologe	Schädelkundler
Lancha	Schaluppe
Leberaffektion	Leberreizung
Leggings	Gamaschen
Legua	Span. Meile: 6,687 km
Leguminosen	Hülsenfrüchtler
Levée	Anlegemauer
Liliaceen	Liliengewächs
Litoral	Küstengebiet
Llano	Ebene
Loafer	Taugenichts
Locanda	Herberge, Hotel
Locos	Amerikaner span. Abstammung
Loghaus	Blockhaus
Loma	Hügelkette
Ludern	Aas fressen
Maguey	Agavenart, aus der Pulque gewonnen wird
Manga	Mantelsack
Manta	Weißes Baumwollzeug
Mantequilla	Butter
Mäuseln	Nach Mäusen riechen oder schmecken

Mayoral	Aufseher
Mesquin	Ärmlich
Meteorismus	Blähungen
Mezcal	Branntwein aus Mais oder Reis oder Zuckerrohr
Miasma	Die Luft verunreinigender Krankheitsstoff
Milpa	Kleines Gehöft
Mitra	Name eines Berges (»Bischofsmütze«)
Monte	Kartenspiel (ähnlich dem deutschen Kümmelblättchen)
Mozo	Diener, Lastträger
Muchacha	Mädchen
Mula de carga	Lasttier
Murciélagos	Vampire
Muriatisch	Kochsalzhaltig
Native	Einheimischer, angelsächsischer Amerikaner
Nopal	Mexikanische Kaktusart
Ophidiologie	Schlangenkunde
Opprimiert	Unterdrückt
Otaheiti	Tahiti
Parlour	Salon, Gästeraum
Pasada	Durchgehende Stickerei
Pasto	Weide
Pedlar	Reisender Krämer
Peón	Knecht, Taglöhner
Pepita	Goldkorn
Permiso	Einfuhrerlaubnis
Phrynosoma	Gürtelschwanzechse
Pise	Gestampfte Erde

Placer	Fundort für Gold
Pleuritis	Rippenfellentzündung
Porotos	Bohnen
Posada	Gasthaus
Prahm	Breites Lastboot
Presidio	Regierungsgebäude
Pudizität	Schamhaftigkeit
Punch	Satirische Zeitschrift (London)
Quercus virens	Lebenseiche
Raft	Baumstamm
Rancho	Bauernhof
Ranchero	Bauer, Aufseher
Refektorium	Klosterspeisesaal
Regulinisch	Gediegen
Rehposten	Schrot
Remittierendes Fieber	Immer wieder auftretendes Fieber
Repartimiento	Verteilung, Einteilung
Resaca	Schlucht
Reunion	Zusammenkunft
Rhus	Efeu
Sagrario	Heiligtum
Santo	Heiliger
Sarape	Indianische Decke
Schritt	Längenmaß: 0,7619 m
Schuh	Längenmaß: 2,865 dm
Seemeile	1,853 km
Settlement	Ansiedlung
Settler	Siedler
Sinapsismen	Senfumschläge
Sinus	Bucht, Busen
Sloop	Boot, Schaluppe

Smilax	Sarsaparille (Schlinggewächs)
Snagger	Treibender Baumstamm
Spermophilen	Ziesel
Squatter	Ansiedler
Steamer	Dampfschiff
Swamp	Sumpf
Synochalfieber	Fieber mit anhaltender Schwäche
Tasajo	Getrocknetes Fleisch
Temperenz	Mäßigkeits- und Enthaltsam-keitsbewegung bzgl. Alkohol
Tertulia	Abendgesellschaft
Timberland	Von Bäumen bewachsenes Land
Tirailleurs	Infanteristen, die in zerstreuter Ordnung kämpfen (tiraillieren)
Tonisch	Stärkend
Tumulus	Hügelgrab, Grabhügel
Vaquero	Hirte
Venta	Wirtshaus
Ventana	Fenster
Volunteers	Freiwillige
Vomitus	Erbrechen
Yedra	Efeu
Yucca	Wüstenpalme, Palmlilie
Zambo	Mischling zwischen Indianer und Neger

ERLÄUTERUNGEN ZU PERSONEN

Frederike Bremer (1801–1866): Schwedische Roman- und Reiseschriftstellerin. Herzog Paul nimmt hier wohl Bezug auf ihr Werk »Heimat in der neuen Welt« (Leipzig 1854/55).

Anastasio Bustamente (1790–1853): Präsident von Mexiko

Don Ramón Cabrera (1810–1877): General der Karlisten

Ygnacio Comonfort (1812–1863): Präsident von Mexiko

James F. Cooper (1789–1851): Amerikanischer Schriftsteller

Millard Fillmore (1800–1874): Dreizehnter Präsident der USA

Friedrich Hecker (1811–1881): Politiker des Vormärz (Radikaldemokrat), Anführer des bewaffneten Aufstandes in Baden 1848; erst in der Schweiz, später in den USA im Exil, nahm auf seiten der Nordstaaten am Bürgerkrieg teil.

Henri Herz (1806–1888): Klaviervirtuose und Komponist

Washington Irving (1783–1859): Amerikanischer Schriftsteller

Don Augustin de Iturbide (1784–1824): Als Augustin I. Kaiser von Mexiko

Gottfried Kinkel (1815–1882): Ursprünglich Theologe, dann Dichter und Politiker des Vormärz

Fürst Felix Lichnowsky (1814–1848): Generaladjutant des spanischen Prätendenten Don Carlos; 1848 in Frankfurt/M. vom Pöbel ermordet.

Franklin Pierce (1804–1869): Vierzehnter Präsident der USA

Antonio Lopez de Santa Ana (1795–1876): Mexikanischer Präsident

Jean Pierre de Smet (1801–1873): Jesuitenpater, Missionar bei den Potawatomi

Gustav von Struve (1805–1870): Politiker des Vormärz (Radikaldemokrat), 1848 am Aufstand Heckers in Baden beteiligt; 1851–1863 im Exil in den USA

Zachary Taylor (1784–1850): Zwölfter Präsident der USA

Brigham Young (1801–1877): Mormonenführer

Don Tomas Zumala-Carrégui (1789–1835): Karlistischer Feldherr

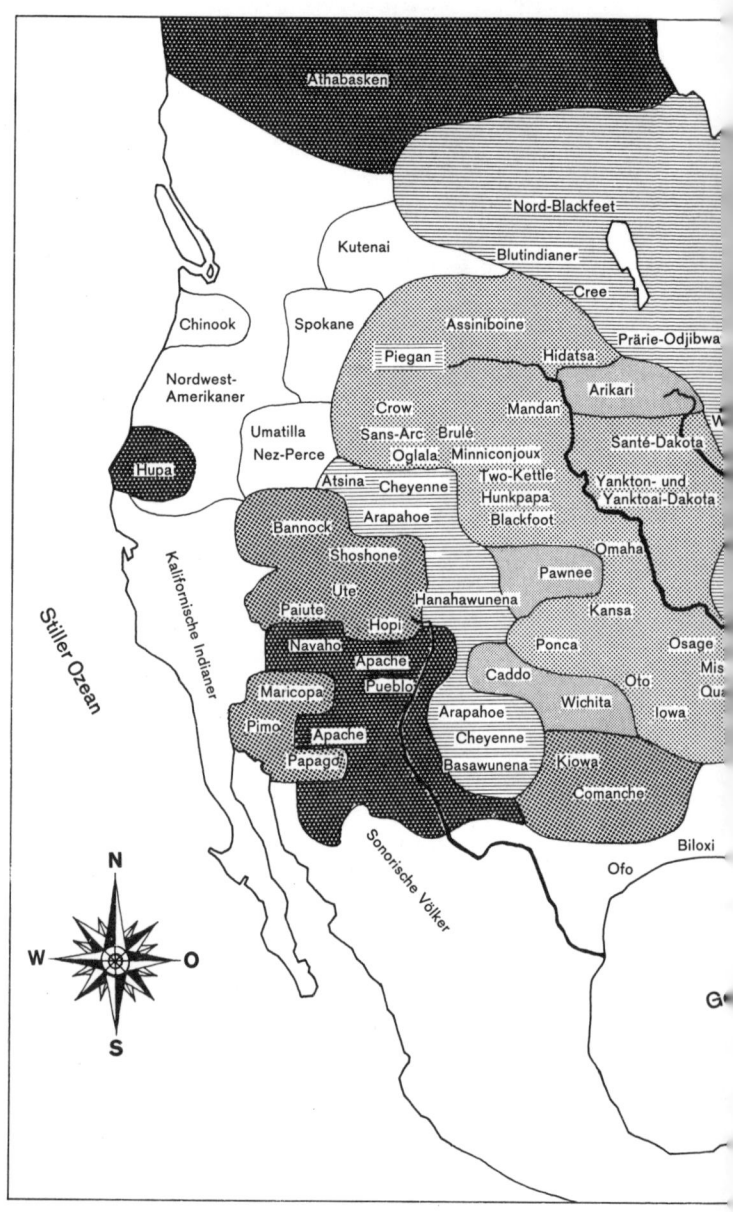

Athabasken

Nord-Blackfeet

Kutenai

Blutindianer

Cree

Chinook

Spokane

Assiniboine

Prärie-Odjibwa

Piegan

Hidatsa

Nordwest-
Amerikaner

Arikari

Umatilla
Nez-Perce

Crow

Mandan

Santé-Dakota

Sans-Arc Brulé

Oglala Minniconjoux

Hupa

Atsina

Cheyenne

Two-Kettle

Hunkpapa

Yankton- und
Yanktoai-Dakota

Arapahoe

Blackfoot

Bannock

Omaha

Shoshone

Pawnee

Kansa

Ute

Hanahawunena

Paiute

Hopi

Navaho

Ponca

Osage

Caddo

Oto

Mis

Stiller Ozean

Maricopa

Apache

Pueblo

Qu

Pimo

Arapahoe

Wichita

Iowa

Apache

Cheyenne

Papago

Basawunena

Kiowa

Biloxi

Comanche

Sonorische Völker

Ofo

N

W   O

S

G

Kalifornische Indianer

Die wichtigsten
nordamerikanischen
Indianerstämme und
Völkerfamilien
in ihren ursprünglichen
Siedlungsgebieten

	Algonkin
	Irokesen
	Muskhogee
	Sioux
	Caddo
	Shoshone
	Athabasken

Naskapi
Beothuk
Jibway
Abenaki
Algonkin
Penobscot
Huronen
Massachuset
Onondaga
Wampanoag
Narraganset
Mohawk
Pequot
Cayuga
Oneida
Mohikaner
Seneca
Delaware
Shawnee
Nanticoke
Piankashaw
Delaware
Montauk
Pomunkey
Chickahominy
Tuscarora
Cherokee
Tutelo
Catawba
Creek
Seminolen

Ottawa
Potawatomi

Atlantischer Ozean

LITERATURVERZEICHNIS

Primärliteratur:

Erste Amerika-Reise:
Friedrich Paul Wilhelm, Herzog von Württemberg: *Reise nach Nordamerika während den Jahren 1822, 1823 und 1824,* gedruckt von Johann Georg Thomm. Mergentheim 1828.
Paul Wilhelm, Herzog von Württemberg: *Erste Reise nach dem nördlichen Amerika in den Jahren 1822 bis 1824,* Verlag der J. G. Cotta'schen Buchhandlung, Stuttgart und Tübingen 1835.
(Neuausgabe unter dem selben Titel im Verlag L. Borowsky, München o.J. [1978], mit einer Einleitung von Dr. Siegfried Augustin.)
Auszüge aus dem Tagebuch dieser Reise in:
Reisen durch die Vereinigten Staaten von Nordamerika..., Band 4 von: Die Weltkunde in einer planmäßig geordneten Rundschau der wichtigsten neueren Land- und Seereisen, auf Grund des Reisewerkes von Dr. Wilhelm Harnisch dargestellt und herausgegeben von Friedrich Heinzelmann, Verlag von August Weichardt. Leipzig 1848.
Amerikanische Ausgaben:
First Journey to North America in the Years 1822 to 1824, translated by Dr. Wm. G. Bek. South Dakota Historical Collections, Compiled by State Historical Society, Vol. XIX, 1938.
Travels in North America 1822–1824, translated by W. Robert Nitske, edited by Savoie Lottinville, University of Oklahoma Press: Norman, 1973.

Dritte Amerika-Reise:
Paul Wilhelm, Herzog von Württemberg: *Reise von Texas nach Westmexico.* Das Ausland, 23. Jahrgang (1850), J. G. Cotta'sche Buchhandlung. Stuttgart und Tübingen

1850 (Beginn: S. 623–624, 1. Forts. S. 628, 2. Forts. S. 632, 3. Forts. S. 635–636, 4. Forts. S. 639–640).

Prince Paul Wilhelm of Württemberg: *An Account of Adventures in the Great American Desert,* translated by C. Butscher. New Mexico Historical Review, Vol. XVII, No. 3/4, published by the Historical Society of New Mexico and the University of New Mexico, July 1942 (No. 3, S. 193–217, No. 4, S. 294–323).

Prince Paul of Wurtemberg (!): *Excerpts from the Journal of Prince Paul of Wurtemberg, Year 1850,* translated by Charles Upson Clark. Southwestern Journal of Anthropology, University of New Mexico, Albuquerque, Vol 15, No. 3, Autumn 1959, S. 291–299.

Auszüge aus den Tagebüchern 1850 und 1855 in:

Augustin, Siegfried: *Unter Goldsuchern und Auswanderern. Die Besuche des Herzogs Paul Wilhelm von Württemberg in Kalifornien und Texas in den Jahren 1850 und 1855.* Old West, 10. Jahrgang, Heft 1 + 2, 1984.

Sekundärliteratur:

Barba, Preston A.: *Balduin Möllhausen. The German Cooper.* Publications of the University of Pennsylvania, 1914 (Vol. XVII der Americana Germanica).

Bauser, Friedrich: *The Journeys of Duke Paul, the Records Concerning them and their Literary Value.* South Dakota Historical Collections, Compiled by State Historical Society, Vol. XIX, 1938, S. 469–473.

Butscher, Louis C.: *A Brief Biography of Prince Paul Wilhelm of Württemberg.* New Mexico Historical Review, Vol. XVII, 1942, No. 3, S. 181–193.

Huber, Armin O.: *Weltreisender, Wissenschaftler und Abenteurer.* Raritätenjäger, Bertelsmann, Gütersloh 1966, S. 231–243.

Kurr, W. von: *Nekrolog des Herzogs Paul Wilhelm Friedrich von Württemberg*. Jahreshefte des Vereins für vaterländische Naturkunde in Württemberg, 18. Jahrgang, 1862 S. 20 – 24.

Möllhausen, Balduin: *Reisen in die Felsengebirge Nordamerikas bis zum Hoch-Plateau von Neu-Mexico*, 1. Band. Costenoble, Leipzig 1861.

Posselt, Louis: *Louis Posselt's Kreuz- und Querzüge durch Mexiko und die Vereinigten Staaten von Nordamerika. Nach Tagebuchaufzeichnungen*, herausgegeben von Felix Maurer. Heidelberg 1882.

Werne, Ferdinand: *Beitrag zur Kunde des Innern von Afrika. Die Völker Ost-Sudans und der Feldzug der Türken von Sennaar nach Taka, Basa und Beni-Amer.* H. W. Beck's Verlag, Stuttgart 1860.

Sekundärliteratur zu den ethnologischen Anmerkungen:

Clifton, J. A.: *The Prairie People: Continuity and Change in the Potawatomi Indian Culture 1665–1965*. Lawrence/Kansas 1977.

Dale, E. E.: *The Indians of the Southwest: A Century of Development in the United States*. Norman/Okl. 1949 (Ausgabe 1971).

Driver, H. E.: *Indians of North America*. Chicago, London 1961 (Ausgabe 1969).

Eggan, F. (ed.): *Social Anthropology of North American Tribes*. Chicago, London 1937 (Ausgabe 1970).

Fehrenbach, T. T.: *Comanches: The Destruction of a People*. New York 1974.

Hartmann, H.: *Die Plains- und Prärieindianer Nordamerikas*. Veröffentlichungen des Museum für Völkerkunde Berlin, Neue Folge 22. Abteilung Amerikanische Naturvölker II. Berlin 1973.

Heizer, R. F. (ed.): *California*. Handbook of North American Indians, Vol. 8. Smithsonian Institution. Washington, D. C., 1978.

Howard, J. H.: *Shawnee!: The Ceremonialism of a Native American Tribe and its Cultural Background*. Athens/Ohio 1981.

Kroeher, A. L.: *Handbook of the Indians of California*. New York 1925 (Ausgabe 1976).

Lamar, H. R. (ed.): *The Reader's Encyclopedia of the American West*. New York 1977.

Larsen, F.: *Die Comanche-Indianer*. Dakota-Scout/Fährte 1962, S. 129–133; Kalumet 1963, S. 6–11, 103–107, 139–142, 169–172; 1964, S. 153–157.

Lindig, W.: *Geheimbünde und Männerbünde der Prärie- und Waldlandindianer Nordamerikas*. Studien zur Kulturkunde, Band 23. Wiesbaden 1970.

Lindig, W., Münzel, M.: *Die Indianer: Kulturen und Geschichte der Indianer Nord-, Mittel- und Südamerikas*. München 1976.

Lowie, R. H.: *Indians of the Plains*. American Museum Science Books. Published for the American Museum of Natural History. New York 1954 (Ausgabe 1963).

Müller, W.: *Glauben und Denken der Sioux*. Berlin 1970.

Müller, W.: *Neue Sonne – Neues Licht: Aufsätze zu Geschichte, Kultur und Sprache der Indianer Nordamerikas*. Herausgegeben von Rolf Gehlen und Bernd Wolf. Berlin 1981.

Moorhead, M. L.: *The Apache Frontier: Jacobo Ugarte and Spanish-Indian Relations in Northern New Spain, 1769–1791*. Norman Okl. 1968.

Ortiz, A. (ed.): *Southwest*. Handbook of North American Indians, Vol. 9, 10. Smithsonian Institution. Washington, D. C., 1979.

Richardson, R. N.: *The Comanche Barrier to the South Plains Settlement*. Glendale/Cal. 1933.

Spencer, R. F., Jennings, J. D. et al.: *The Native Americans*. New York. Evantston, London 1965.

Swanton, J. R.: *The Indian Tribes of North America*. Smithso-

nian Institution, Bureau of American Ethnology, Bulletin
145. Washington, D. C., 1952 (Ausgabe 1979).

Trigger, B. G. (ed.): *Northeast*. Handbook of North American Indians, Vol. 15. Smithsonian Institution. Washington, D. C., 1978.

Wallace, E., Hoebel, E. A.: *The Comanches: Lords of the South
Plains*. Norman/Okl. 1952.

Wissler, C.: *North American Indians of the Plains*. Handbook
Series No. 1. American Museum of Natural History. New
York 1912.

Wright, M. H.: *A Guide to the Indian Tribes of Oklahoma*.
Norman/Okl. 1951.

Wood, W. R., Liberty M. (eds.): *Anthropology on the Great
Plains*. London, Lincoln/Neb. 1980.

BILDNACHWEIS

Armin, Th.: Das heutige Mexiko. Land und Volk unter
Spaniens Herrschaft, sowie nach erlangter Selbständigkeit
bis zum Tode Kaiser Maximilians. Leipzig 1868: 57, 61,
65, 68, 70, 93, 98, 101, 103, 133, 172, 191

Borch, R.: Alexander von Humboldt. Sein Leben in Selbst-
zeugnissen, Briefen und Berichten. Berlin 1948: 333

Catlin, G.: Letters and Notes on the North American Indians. New York 1975: 215

Dodge, R. I.: Die heutigen Indianer des fernen Westens.
Wien-Pest-Leipzig 1884: 249

Freeden, H. v., Smolka, G.: Auswanderer. Bilder und Skizzen aus der Geschichte der deutschen Auswanderung.
Leipzig 1937: 163, 288/89

Hartmann, H.: Catlin und Möllhausen. Zwei Interpreten der
Indianer und des Alten Westens. Berlin 1984: 232, 236, 245

Hesse-Wartegg, E. v.: Nord-Amerika, seine Städte und Na-

turwunder, das Land und seine Bewohner... Leipzig
1888: 41, 118, 218, 311, 315, 317, 329

Hopp, E. O.: Geschichte der Vereinigten Staaten von Nordamerika. Leipzig-Prag 1884: 22, 25, 211

King, I. M.: John O. Meusebach. German Colonizers in
Texas. Austin 1967: 283

Knox, J. A., Sweet, A. E.: Humoristische Reise durch Texas
von Galveston bis zum Rio Grande. Jena 1884: 50, 269

Misch, J.: Der letzte Kriegspfad. Der Schicksalskampf der
Sioux und Apachen. Stuttgart 1970: 368/69. Der Abdruck
erfolgte mit freundlicher Genehmigung des Union Verla-
ges, Stuttgart.

Preuss, Ch.: Exploring with Frémont. Translated and edited
by E. G. and E. K. Gudde. Norman 1958: 217

Sartorius, C.: Mexiko. Landschaftsbilder und Skizzen aus
dem Volksleben. Mit Stahlstichen vorzüglicher Meister
nach Originalaufnahmen von Moritz Rugendas. Darm-
stadt 1859: Vorsatz, 77, 106/07

Aus dem Archiv des Herausgebers: Frontispiz, 34, 148, 151,
154, 161, 167, 175, 180, 198/99, 225, 238/39, 307, Nachsatz

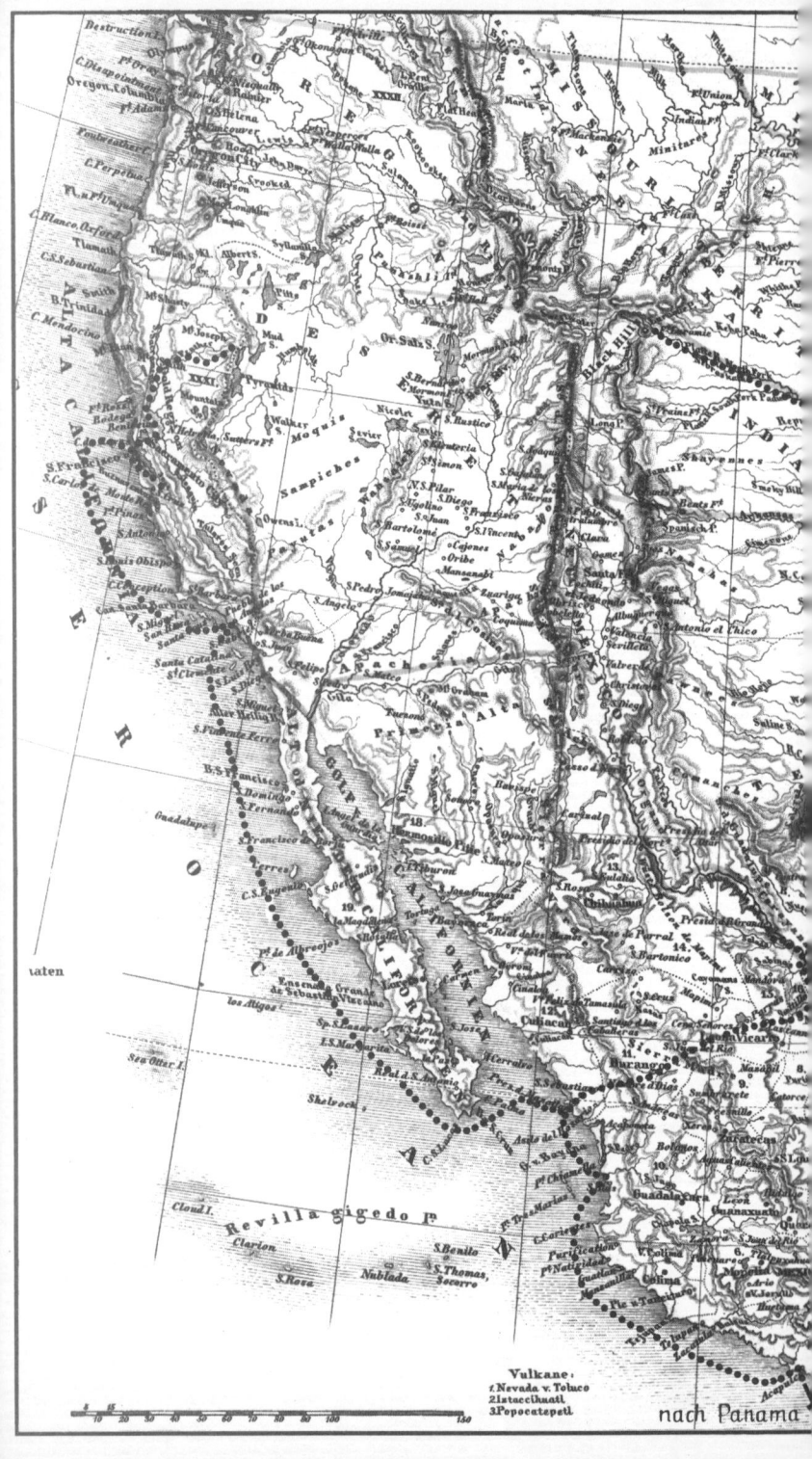

Vulkane:
1. Nevada v. Toluco
2. Iztaccihuatl
3. Popocatepetl

nach Panama